中国式现代化的哲学透视

—— 第四届中国哲学家论坛文集

赵剑英　主编

THE PHILOSOPHICAL PERSPECTIVE OF
CHINESE MODERNIZATION

中国社会科学出版社

图书在版编目（CIP）数据

中国式现代化的哲学透视：第四届中国哲学家论坛文集／赵剑英主编．—北京：中国社会科学出版社，2023.10（2024.12 重印）

ISBN 978 - 7 - 5227 - 2673 - 1

Ⅰ.①中…　Ⅱ.①赵…　Ⅲ.①中国共产党—执政—文集　Ⅳ.①D25 - 53

中国国家版本馆 CIP 数据核字（2023）第 194955 号

出 版 人	赵剑英	
责任编辑	喻　苗　曲　迪	
责任校对	冯英爽	
责任印制	李寡寡	

出　　　版	中国社会科学出版社
社　　　址	北京鼓楼西大街甲 158 号
邮　　　编	100720
网　　　址	http://www.csspw.cn
发 行 部	010 - 84083685
门 市 部	010 - 84029450
经　　　销	新华书店及其他书店

印刷装订	北京君升印刷有限公司
版　　　次	2023 年 10 月第 1 版
印　　　次	2024 年 12 月第 2 次印刷

开　　　本	710 × 1000　1/16
印　　　张	24
字　　　数	312 千字
定　　　价	128.00 元

凡购买中国社会科学出版社图书，如有质量问题请与本社营销中心联系调换
电话：010 - 84083683

第四届中国哲学家论坛合影

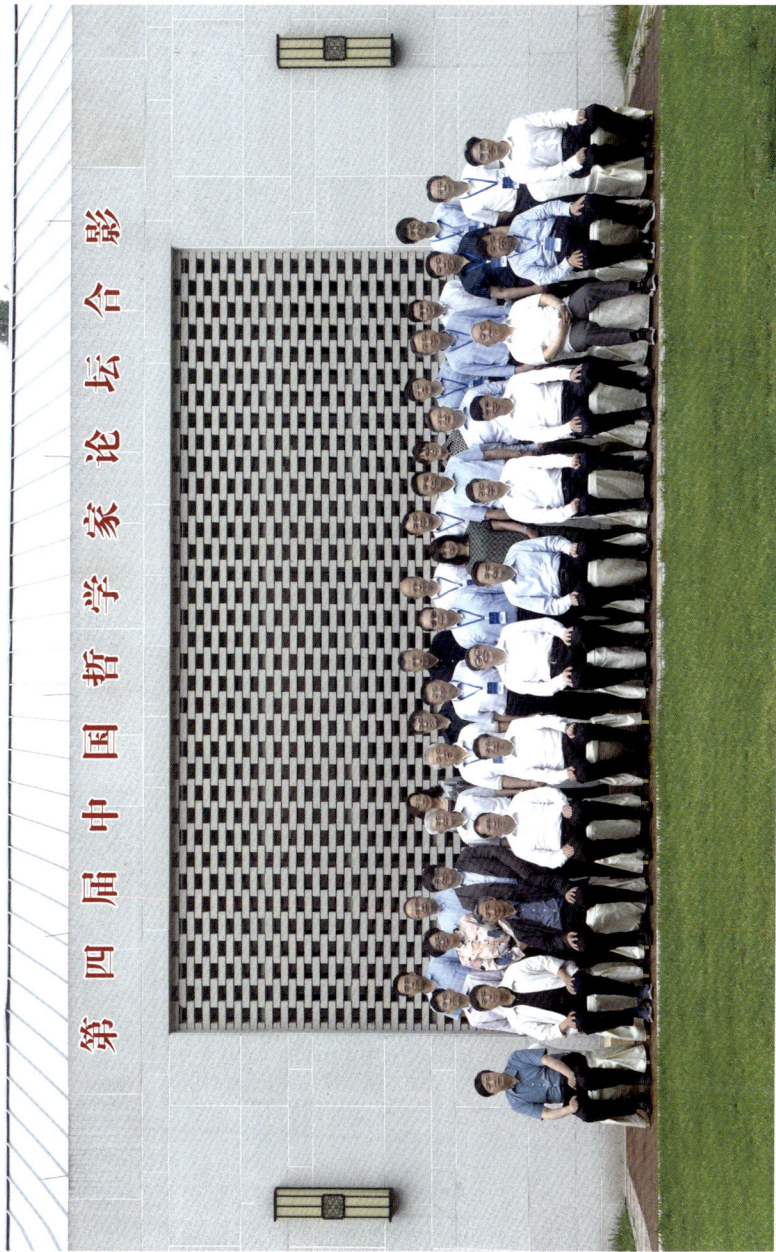

第四届中国哲学家论坛大会合影（2023年5月27日，浙江·德清）

开幕式致辞

深刻把握中国式现代化的哲学蕴含

在全党、全国上下深入开展学习贯彻习近平新时代中国特色社会主义思想主题教育，贯彻落实党的二十大精神之际，我们众多哲学名家会聚在中国式现代化的先行地——浙江·德清，共同探讨中国式现代化蕴含的哲学智慧，深入研究马克思主义哲学中国化时代化问题，对于新时代推动中国式现代化伟大实践和中国哲学创新具有重要的价值。在此，我首先对与会的各位专家学者表示热烈欢迎和衷心感谢！对承办此次会议的浙江省、湖州市的各位领导，特别是德清县的领导和同志们表示衷心感谢！同时，借此机会，我围绕今天的会议主题讲三点意见。

一　准确透彻地理解中国式现代化的哲学依据与实质内涵，为全面推进中国式现代化提供有力学理支撑

学习和研究科学理论，最重要的是把握其世界观和方法论。习近平总书记在哲学社会科学工作座谈会上指出："坚持马克思主义，最重要的是坚持马克思主义基本原理和贯穿其中的立场、观点、方法。这是马克思主义的精髓和活的灵魂。"[①] 要准确把握中国式现代化理论体系的丰富内涵，最重要的是深刻把握其蕴含的哲学思想。习近平总书记在学习贯彻党的二十大精神研讨班开班式上指出："中

---

① 《习近平在哲学社会科学工作座谈会上的讲话》，《人民日报》2016 年 5 月 19 日第 2 版。

国式现代化蕴含的独特世界观、价值观、历史观、文明观、民主观、生态观等及其伟大实践，是对西方式现代化理论和实践的重大超越。"① 我们要运用马克思主义哲学基本原理，对中国式现代化蕴含的独特世界观、价值观、历史观、文明观、民主观、生态观等进行深入研究，深刻认识中国式现代化的马克思主义哲学学理依据，从哲学高度准确把握中国式现代化区别于西方现代化的本质和特征，才能深刻理解中国式现代化对于推动中国和世界现代化理论和实践发展的重大意义。

二　开展中国式现代化的哲学创造性研究，推进新时代马克思主义哲学中国化时代化的创新发展

理论是灰色的，而实践之树常青，离开实践的润养，哲学将成为玄学，而不是认识世界和改造世界的锐利武器。当今中国哲学创新的实践基础就是新时代中国特色社会主义，研究主题就是以中国式现代化推动中华民族伟大复兴。中国式现代化理论体系蕴含丰富的哲学内涵，彰显了习近平新时代中国特色社会主义思想内含的世界观和方法论，是新时代中国特色社会主义伟大实践经验的哲学升华。习近平总书记在党的二十大报告中指出："继续推进实践基础上的理论创新，首先就要把握好新时代中国特色社会主义思想的世界观和方法论。"② 新时代推进哲学创新，首先就要研究习近平新时代中国特色社会主义思想的世界观和方法论。习近平新时代中国特色社会主义思想的世界观和方法论既是新时代哲学创新的重要内容，又是推进新时代哲学创新的重要遵循。要善于运用习近平新时代中

---

① 《习近平新时代中国特色社会主义思想学习纲要》，学习出版社 2023 年版，第 61 页。

② 习近平：《高举中国特色社会主义伟大旗帜　为全面建设社会主义现代化国家而团结奋斗——在中国共产党第二十次全国代表大会上的报告》，《人民日报》2022 年 10 月 26 日第 1 版。

国特色社会主义思想的世界观和方法论，总结中国式现代化的伟大实践，概括提炼中国式现代化的哲学要义、学理依据，以推进马克思主义哲学中国化时代化的创新发展。

三　对浙江经验展开哲学学理性研究，推动中国式现代化理论丰富发展

习近平总书记在党的二十大报告中指出："中国式现代化是人口规模巨大的现代化，是全体人民共同富裕的现代化，是物质文明和精神文明相协调的现代化，是人与自然和谐共生的现代化，是和平发展的现代化。"[①] 可以说，这几个方面的特征，浙江都具备，特别是在共同富裕、物质文明与精神文明的协调发展、人与自然和谐共生方面是走在全国前列的：浙江是中国高质量发展建设共同富裕的示范区，德清县是高质量发展共同富裕的排头兵；浙江在精神富有方面率先探索，德清县是全国精神富有建设的县域样板；浙江的生态文明建设领先全国，德清县是全面落实习近平总书记"绿水青山就是金山银山"理论的县级范本。浙江很多先行先试的做法充满创新精神，是中国式现代化的先行地，是中国式现代化理论的实践深化地，为当代中国哲学研究贡献了生动案例，为创新发展中国化时代化的马克思主义哲学提供了生动鲜活的原材料。希望我们的专家学者在深入调查研究的基础上，与浙江特别是基层工作者深入交流，相互启发，取得哲学创新的丰收。

同志们，2022 年中国哲学家论坛已经走过 5 年历程，因为疫情没有举办，至今已举办第四届了。论坛围绕党和国家的重大理论与实践问题进行深入的哲学研究，努力探索和研究中国共产党治党治国的哲学智慧和哲学创新，立足现实问题推动哲学基础理论研究，

---

① 习近平：《高举中国特色社会主义伟大旗帜　为全面建设社会主义现代化国家而团结奋斗——在中国共产党第二十次全国代表大会上的报告》，《人民日报》2022 年 10 月 26 日第 1 版。

努力为构建体现中国实际原色、中国实践本色、中国文化特色的中国化时代化的马克思主义哲学作出贡献，为广大党员干部学好用好马克思主义哲学看家本领提供支持。

历届论坛的成果都由中国社会科学出版社结集出版发行，在学界和社会上已经产生了较大影响，赢得了很好的口碑。中国社会科学出版社社长赵剑英同志为历届论坛的策划、举办和成果出版作出了奉献，历届论坛都得到众多哲学名家的大力支持，在此深表谢意。需要强调的是，四次论坛都是在浙江省举办，分别是在萧山、桐庐、仙居、德清，论坛的成功离不开浙江省各级有关党委和政府的大力支持，在此一并表示诚挚的感谢！希望大家再接再厉，共同努力，把"中国哲学家论坛"办得越来越好，将其打造成高端、权威的哲学学术论坛。

最后，预祝大会圆满成功，祝大家身体健康，工作顺利，生活愉快！谢谢大家！

王伟光

2023 年 5 月

目 录

实现中国式现代化是成就中国特色社会主义伟大事业的一篇大文章

王伟光

王伟光，中国社会科学院大学教授，南开大学终身教授、南开大学——中国社会科学院大学 21 世纪马克思主义研究院院长

实现现代化是中华儿女一百多年来孜孜以求的梦想。经过一百年来的艰苦奋斗，中国共产党以英明正确的理论指南和艰苦卓绝的精神品质带领中国人民走出中国特色社会主义现代化道路，开启以中国式现代化创造举世瞩目发展奇迹的成功路径，为世界社会主义发展注入了最磅礴的生机活力。在世界百年未有之大变局和中华民族伟大复兴战略全局相互交织的关键时期，中国如何实现现代化，如何推进中华民族伟大复兴，不仅决定中国人民的未来命运，也决定世界社会主义的发展，更决定人类文明的前进方向。我们的答案是以中国式现代化发展中国、发展社会主义、实现民族复兴、创造人类文明新形态。以中国式现代化推进中华民族伟大复兴是中国共产党的中心任务。中国共产党人必须准确把握中国式现代化的科学内涵，深刻理解中国式现代化的内在要求，以中国式现代化理论为引领，大力推进中国式现代化，以中国式现代化成就中国特色社会主义伟大事业。

一　中国式现代化理论，是习近平新时代中国特色社会主义思想的重要内容，是马克思主义中国化时代化的创新成果

中国式现代化理论是习近平新时代中国特色社会主义思想的重要组成部分，贯穿了马克思主义的基本立场、观点和方法，丰富和发展了中国特色社会主义理论体系，是马克思主义中国化时代化的最新理论成果。

（一）中国式现代化理论的提出和形成

中国式现代化理论是中国共产党带领中国人民在革命、建设、改革和新时代的伟大实践中逐渐形成并确立的科学理论。这一理论在中国共产党成立一百多年、中华人民共和国成立七十多年的伟大实践中，特别是改革开放四十多年、新时代中国特色社会主义十年的历史成就中逐渐成熟，时至今日，中国式现代化理论体系已经基本形成。这一理论具有深厚的理论渊源和鲜明的精神要义，具有重大的历史价值和现实意义，必将对中华民族的未来，对世界人类文明的发展产生深远的影响。

中国要实现现代化，最直接的目的就是摆脱落后、振兴中华。以鸦片战争为开端，中华民族所蒙受的一系列苦难，让中国人民深深地认识到落后就要挨打的道理，无数仁人志士开始探索救亡图存的道路。正如毛泽东同志所说："在一个半殖民地的、半封建的、分裂的中国里，要想发展工业，建设国防，福利人民，求得国家的富强，多少年来多少人做过这种梦。"① 洋务运动、太平天国起义、戊戌变法、辛亥革命等无一不是为国家富强、民族发展而积极努力，虽然都以失败告终，但是在探索民族独立、国家富强的道路上积累了宝贵经验，启动了中国式现代化的前奏。

俄国十月革命的胜利，给中国送来了马克思列宁主义。中国共产党的成立，让中国人民成功走上了救亡图存的道路，找到了走上现代化的正确方向。经过 28 年浴血奋战，中国共产党带领中国人民推翻了压在身上的"三座大山"，实现了民族独立、人民解放，建立了中华人民共和国，为摆脱落后、走上现代化发展道路奠定了最根本的社会条件。

中华人民共和国成立之后，为了摆脱落后局面，党和国家带领人民想方设法搞建设，逐步提出了"走自己的路"建设社会主义，实现"四个现代化"的主张。1959 年年底，毛泽东完善了社会主义现代化建设的构想，指出"建设社会主义，原来要求是工业现代化，农业现代化，科学文化现代化，现在要加上国防现代化"②。这是对

---

① 《毛泽东选集》第 3 卷，人民出版社 1991 年版，第 1080 页。
② 《毛泽东文集》第 8 卷，人民出版社 1999 年版，第 116 页。

中国式现代化的初次全面构思和系统阐释。从中华人民共和国成立到改革开放前夕，中国共产党通过"走自己的路"，探索适合中国国情的社会主义建设道路，初步建立起独立完整的社会主义工业化体系和国民经济体系，为社会主义现代化建设奠定了政治前提、制度保障和物质基础，也为成功开辟中国式现代化道路积累了一系列原创性、自主性的历史经验和理论准备。

1978 年党的十一届三中全会召开，中国开启了改革开放和社会主义现代化建设新时期，正式提出了"中国式现代化"命题。党的十一届三中全会之后，中国共产党带领全国人民一心一意搞建设，提出了"走自己的道路，建设有中国特色的社会主义"的科学论断，形成了社会主义初级阶段理论，1979 年邓小平指出："现在搞建设也要适合中国情况，走出一条中国式的现代化道路""中国式的现代化，必须从中国的特点出发"。[1] "我们要实现的四个现代化，是中国式的四个现代化。"[2] 在邓小平同志"中国式现代化"思想的引领下，中国取得了改革开放和社会主义现代化建设的伟大成就，实现了从生产力相对落后的状况到经济总量跃居世界第二的历史性突破，实现了人民生活从温饱不足到总体小康、奔向全面小康的历史性跨越，实现了中华民族从站起来到富起来的历史性跨越，中国式现代化从理念变成了实践。中国共产党人为中国式现代化理论的最终确立迈出了关键一步。

中国特色社会主义进入新时代，党和人民在中国式现代化理论和实践上取得巨大成功，现代化实践越发扎实，现代化道路越发成型，现代化理论越发成熟。党的十八大以来，以习近平同志为核心的党中央立足中华民族伟大复兴战略全局和世界百年未有之大变局，统筹推进"五位一体"总体布局，协调推进"四个全面"战略布局，推动党和国家事业取得历史性成就、发生历史性变革，成功推

---

[1] 《邓小平年谱（1975—1997）》（上），中央文献出版社 2004 年版，第 502 页。

[2] 《邓小平年谱（1975—1997）》（上），中央文献出版社 2004 年版，第 582 页。

进和拓展了中国式现代化的新局面、新境界，提出了一系列新理念、新思想、新论断、新战略。新时代十年中国式现代化发展取得了重大成就，国内生产总值突破百万亿元大关，人均国内生产总值超过了1万美元。在经济总量不断增加的同时，经济结构也不断优化，城镇化率有了显著提高，社会发展有了很大进步，国家经济实力、科技实力和综合国力跃上新台阶。

习近平总书记在擘画和推进中国式现代化的实践过程中，不断思考中国式现代化的理论与实践问题。在党的十九届五中全会上明确提出了"中国式现代化"这个重大命题，系统阐发了中国式现代化的基本特征，在中国共产党成立100周年大会上的讲话中使用了"中国式现代化新道路"和"人类文明新形态"的概念，将这两者的辩证关系置于中国特色社会主义的实践全局进行整体性考虑。在党的二十大报告中习近平总书记再次聚焦中国式现代化问题，明确提出了中国式现代化理论，对中国式现代化进行了系统阐发，确立了中国式现代化的理论体系。这一理论体系的形成进一步丰富、完善了习近平新时代中国特色社会主义思想，为实现中国式现代化提供了根本遵循。

（二）中国式现代化的理论内涵和实质要义

中国式现代化是基于中国国情，具有中国特色，符合中国实际，区别于西方现代化的社会主义现代化。中国式现代化道路是适合中国国情，具有中国特性，已经并将最终能够实现现代化的正确途径。中国式现代化理论是关于中国式现代化性质、内涵、任务、目标、实现路径、战略举措的理论体系，是实现中国式现代化的理论指南。习近平总书记指出，"中国式现代化，是中国共产党领导的社会主义现代化，既有各国现代化的共同特征，更有基于自己国情的中国特色。中国式现代化是人口规模巨大的现代化，是全体人民共同富裕的现代化，是物质文明和精神文明相协调的现代化，是人与自然和谐共生的现代化，是走和平发展道路的现代化"①。这是我们党站在新的历史起点上，基于世情国情党情的新变化，扎根中国具体实践，以社会主要矛盾的变化为依据，以马克思主义和科学社会主义为指引，充分吸收中华优秀传统文化，坚持以人民为中心的发展理念，对中国式现代化所做出的科学判断、战略构想和理论确定。

1. 中国式现代化是人口规模巨大的现代化

人口规模巨大是中国的基本国情。从世界现代化历史进程来看，在人口规模如此大的基础上实现现代化，在人类社会发展史上既没有先例可循，又没有成功经验可以借鉴。只有立足中国人口规模巨大的基本国情，才能创造性地探索出适合自身人口规模特点的现代化发展方式。"无产阶级的运动是绝大多数人的，为绝大多数人谋利益的独立的运动。"②区别于为资产阶级这一少数人谋利益的西方现代化，中国式现代化始终坚持以人民为中心，坚持实现现代化"一个都不能少"，让14亿人口整体迈入现代化。中国式现代化这一国情特征，不仅是对西方国家现代化的历史性超越，也为人口众多的发展中国家通往现代化提供了可资借鉴的成功经验。

2. 中国式现代化是全体人民共同富裕的现代化

实现全体人民共同富裕，是中国全体人民的共同期盼，是社会主义的本质要求。西方资本主义国家在实现现代化过程中，只注重资产阶级少数人的利益，导致出现贫者越贫、富者越富，穷国越穷、富国越富的两极分化现象，随之而来的便是政局不稳、社会动荡、冲突不断、战争流血，这是一种片面、畸形的现代化。吸取西方国家现代化的教训，中国式现代化必须努力消除分配差距、地区发展差距、城乡差距等发展不平衡不充分的问题，最终实现共同富裕。

---

① 《高举中国特色社会主义伟大旗帜　为全面建设社会主义现代化国家而团结奋斗——在中国共产党第二十次全国代表大会上的报告》，《人民日报》2022年10月26日第1版。

② 《马克思恩格斯选集》第1卷，人民出版社2012年版，第411页。

最终实现共同富裕是中国式现代化的实质要义，要求中国式现代化要始终把实现人民对美好生活的向往作为现代化建设的出发点和落脚点，着力维护社会公平正义，坚决防止两极分化，推动共享发展，朝着全体人民共同富裕的目标稳步推进现代化。

3. 中国式现代化是物质文明和精神文明相协调的现代化

"物质富足、精神富有是社会主义现代化的根本要求。物质贫困不是社会主义，精神贫乏也不是社会主义。"① 中国式现代化不仅要有丰厚的物质条件来夯实人民美好生活的物质基础，同时还要进行精神文明建设。如果精神文明滞后于物质文明建设，就会导致人的精神迷失、道德滑坡、思想退步、国家的意识形态领域受到严峻挑战，就会丧失实现现代化的精神动力。物质文明和精神文明协调发展构成了中国式现代化的基本要求，明确要求中国式现代化是建设物质文明和精神文明相协调的现代化，是发展社会主义先进文化，加强理想信念教育，牢固树立社会主义核心价值观，实现人的物质与精神两个文明的全面发展的现代化。

4. 中国式现代化是人与自然和谐共生的现代化

人与自然和谐共生的现代化，是对马克思主义自然观的坚持与自觉，是对中华优秀传统文化天人合一、道法自然观念的继承和发展。人与自然和谐共生的现代化是中国式现代化的重要内涵。实现人与自然和谐共生的现代化，就要彻底贯彻新发展理念，坚持"绿水青山就是金山银山"的绿色发展观，将经济发展与环境保护统一起来，形成以绿色为导向，包括绿色发展观、绿色政绩观、绿色生产方式、绿色生活方式等科学的生态发展观，坚定不移走生产发展、生活富裕、生态良好的文明发展道路，坚持把建设美丽中国的理念转化为全体人民的自觉行动，集中力量优势共同保护生态环境。

---

① 《高举中国特色社会主义伟大旗帜　为全面建设社会主义现代化国家而团结奋斗——在中国共产党第二十次全国代表大会上的报告》，《人民日报》2022 年 10 月 26 日第 1 版。

5. 中国式现代化是走和平发展道路的现代化

治国者常富，而乱国者常贫。和平与发展是相互联系、辩证统一的。和平是发展的前提，发展是和平的保障。面对前所未有的世界之变、时代之变，中国一以贯之地选择走和平发展之路。"我国不走一些国家通过战争、殖民、掠夺等方式实现现代化的老路"①，这种通往现代化的老路充满着野蛮与血腥、剥削与压迫，给发展中国家人民带来了深重苦难。坚持走和平发展道路是中国式现代化的根本原则。中华民族自古以来就是爱好和平的民族，我国始终坚定地站在历史正确、文明进步的一边，高举和平、发展、合作、共赢旗帜，以胸怀天下的大国情怀将本国发展与世界和平统一起来，为世界和平与发展注入强大力量。

（三）中国式现代化的现实和历史意义

中国式现代化是中国人民推进国家富强、民族复兴的正确选择，打破了"现代化等于西方化""现代化等于私有化""现代化等于资本主义化"的发展老套路，丰富了人类文明新形态，为世界上其他发展中国家实现现代化提供了可借鉴的选择。中国式现代化是科学社会主义理论和实践的最新体现，为世界社会主义发展指明了方向，提供了样板，贡献了方案。

1. 中国式现代化为国家富强、民族伟大复兴提供方向和路径

习近平总书记在党的二十大精神研讨班开班式上，强调中国式现代化是"强国建设、民族复兴的唯一正确道路"②。中国共产党自成立以来，特别是改革开放 40 多年以来，中国共产党带领中国人民之所以能够取得举世瞩目的成就，关键在于走中国特色社会主义道

---

① 《高举中国特色社会主义伟大旗帜　为全面建设社会主义现代化国家而团结奋斗——在中国共产党第二十次全国代表大会上的报告》，《人民日报》2022 年 10 月 26 日第 1 版。

② 《习近平在学习贯彻党的二十大精神研讨班开班式上发表重要讲话强调　正确理解和大力推进中国式现代化》，《人民日报》2023 年 2 月 8 日第 1 版。

路，以中国式现代化引领中国特色社会主义伟大实践，实现了从站起来、富起来到强起来的伟大飞跃。站在新的历史起点上，党的二十大对中国式现代化进行了系统和全面的阐释，重点部署未来五年全面建设社会主义现代化国家战略任务和重大举措，对"建设什么样的社会主义现代化强国、怎样建设社会主义现代化强国"这一重大时代课题作出新的探索。习近平总书记强调："从现在起，中国共产党的中心任务就是团结带领全国各族人民全面建成社会主义现代化强国、实现第二个百年奋斗目标，以中国式现代化全面推进中华民族伟大复兴。"① 这一新的论断凸显了"以中国式现代化全面推进中华民族伟大复兴"的时代感召力和理论伟力，明确了到 2035 年中国发展的总体目标，重点部署了未来五年的战略任务和重大举措，制定了走向现代化和实现中华民族伟大复兴的时间表、路线图。党的二十大确定从 2025 年到 2035 年基本实现社会主义现代化，从 2035 年到本世纪中叶把中国建成富强民主文明和谐美丽的社会主义现代化强国，这一宏伟蓝图深刻揭示了以中国式现代化实现中华民族伟大复兴目标的科学性、可行性和实践性，向全党发出了坚定走中国式现代化道路的冲锋号和动员令，向全国各族人民描绘了未来中国的光明前景，向世界展示了以中国式现代化实现中华民族伟大复兴的坚定决心。

2. 中国式现代化为发展中国家实现现代化提供了新的选择

深刻认识中国式现代化的伟大现实意义和历史价值，既要把握其特殊的中国意义，也要把握其世界普遍意义。中国是世界上最大的发展中国家，中国式现代化既有中国特殊价值也有其世界普遍意义。中国式现代化道路的成功探索不仅证明了实现现代化道路的多样性，同时也打破了广大发展中国家对西方现代化发展道路的盲目

---

① 《高举中国特色社会主义伟大旗帜　为全面建设社会主义现代化国家而团结奋斗——在中国共产党第二十次全国代表大会上的报告》，《人民日报》2022 年 10 月 26 日第 1 版。

崇拜和路径依赖，为发展中国家提供了现代化新选择。

世界上从来没有哪一个人口大国像中国一样在 40 多年的改革开放中取得如此举世瞩目的成就，使一个积贫积弱、一穷二白的落后国家变成如今经济快速发展、综合国力明显增强、日益走近世界舞台中央并不断扩大其国际影响力的大国。中国不输出现代化发展模式，但是愿意主动与广大发展中国家分享中国探索现代化道路的成功经验，特别是在解决广大发展中国家面临的包括贫困等共同问题时提供有益借鉴。中国式现代化既使本国实现了各方面的快速发展，取得了历史性成就，也使中国保持自身发展的独立性。中国式现代化以无比雄辩的事实证明了通往现代化道路是多样的，拓展了发展中国家走向现代化的途径，打破了西方垄断称霸的格局，为世界上其他发展中国家探索一条具有本国特色、符合本国实际的现代化发展道路提供了中国智慧和中国方案。正如习近平总书记指出的："中国式现代化为广大发展中国家独立自主迈向现代化树立了典范，为其提供了全新选择。"①

3. 中国式现代化为世界社会主义发展注入了生机活力

长期以来，由于人类社会现代化的早期发生是由资本主义打开通道，取得成就的。在相当长时间里，把现代化与西方化、私有化、资本主义化相提并论，在世界舆论场上占上风。西方资本主义国家的现代化话语霸权严重遏制了各国进行现代化建设的探索，对现代化就是资本主义化的狭隘认知阻碍了世界现代化理论和实践的创新发展。实践证明，世界上既不存在定于一尊的现代化模式，也不存在放之四海而皆准的现代化标准。中国作为最大的发展中国家，选择了社会主义方向，走出了一条中国特色的社会主义现代化道路，证明了现代化并不只有资本主义一家。

对比西方资本主义现代化的野蛮与血腥，中国则走出了一条中

---

① 《习近平在学习贯彻党的二十大精神研讨班开班式上发表重要讲话强调　正确理解和大力推进中国式现代化》，《人民日报》2023 年 2 月 8 日第 1 版。

国特色社会主义现代化新道路，充满着民主平等、和平发展与合作共赢。马克思主义唯物史观认为，判断一个国家的社会性质的直接标准是本国的生产关系、经济基础的性质和状况，生产资料所有制的性质和状况。当然，根本标准最终还是生产力。同样判断一个国家的现代化性质也是如此。中国生产资料所有制是公有制为主体，多种所有制形式并存，这就决定了在现代化进程中人民可以免受资本的剥削与压迫，真正实现人民当家作主、追求共同富裕，这就是社会主义现代化的实现形式。中国式现代化是社会主义的现代化，具有鲜明的社会主义优越性，与西方资本主义侵略扩张、战争掠夺的现代化有着本质区别；中国式现代化是在马克思主义指导下，既遵循人类社会发展的普遍规律、社会主义建设的普遍规律、共产党执政的普遍规律，又具有与中国具体实际相结合的特殊规律的现代化；中国式现代化是在马克思主义指导下，立足中国具体实际的，始终坚持社会主义方向的现代化；中国式现代化使中国在保持自身独立性的同时，实现了社会主义现代化的创新性发展，取得了历史性成就；中国式现代化打破了"现代化等于资本主义"的神话，用事实证明通过社会主义道路同样能够实现现代化，并用中国的大踏步发展证明社会主义制度的优越性，为世界社会主义注入了活力。

二　中国式现代化是中国特色社会主义现代化，是人类社会发展进步的文明新形态

中国式现代化是中国共产党在充分汲取中华民族几千年文明成果、借鉴世界其他国家优秀文明成就，在不断推进的马克思主义中国化时代化的指引下，团结带领全国各族人民艰苦奋斗、勇于创新，接续推进中国特色社会主义伟大事业中成功摸索出来的现代化，它不仅推动中华民族伟大复兴成为现实，也为人类社会发展进步创造了新的文明形态。

（一）中国式现代化是长期发展积累的中华优秀文明的最新形态

中华文明是世界上唯一不曾中断的文明，拥有 5000 多年的历史，在人类发展长河中创造了辉煌的成就，蕴含着灿烂的中华优秀传统文化，一直滋养着中华民族长久发展。中国式现代化，深深植根于中华优秀传统文明，在形成和发展过程中不断从中华优秀传统文明中汲取智慧和力量。

中华优秀传统文明强调的"大道之行、天下为公"的大同理想，为中华民族实现民族复兴中国梦提供了理想范本。中华优秀传统文明强调的"民为贵""民惟邦本"的治国理念，为我们这样一个人口规模巨大的国家实现现代化提供了文明启示；中华优秀传统文明强调的"治国之道，富民为始""不患寡而患不均，不患贫而患不安"理政要旨，为建设全体人民共同富裕的现代化提供了文化底蕴；中华优秀传统文明强调的"仓廪实而知礼节，衣食足而知荣辱"的以德治国观念，为建设物质文明和精神文明相协调的现代化提供了思想基础；中华优秀传统文明强调的"天人合一""道法自然"的生态文明思想，为建设人与自然和谐共生的现代化提供了中国智慧；中华优秀传统文明强调的"协和万邦""与人为善"的处世哲理，为建设走和平发展道路的现代化提供了文明支撑。这些被中国式现代化吸收的中华民族优秀传统思想，不论过去还是现在，都有其鲜明的民族特色，在社会主义现代化建设中也将继续绽放光彩。在中国特色社会主义伟大实践特别是社会主义现代化国家建设伟大征程中，中国式现代化呈现出中华文明蓬勃发展的最新形态，是中华文明创新发展的历史超越。

（二）中国式现代化是中国共产党人领导人民百年奋斗的必然产物

中国式现代化来源于中国共产党对中国国情和历史的科学把握，来源于中国化时代化马克思主义理论指南的指导，来源于中国特色社会主义伟大实践的科学总结，是在改革开放 40 多年的伟大实践中产生的，是在中华人民共和国成立 70 多年的艰辛探索中产生的，是在中国共产党领导人民进行了 100 多年的艰苦奋斗中产生的。

百年来，我们党团结带领中国人民所进行的一切奋斗，就是为了把中国建设成为现代化强国，实现中华民族伟大复兴。新民主主义革命为实现现代化创造了根本社会条件。社会主义革命和建设时期，为现代化建设奠定制度前提和宝贵经验、理论准备、物质基础。改革开放和社会主义建设新时期，为中国式现代化提供了充满新的活力的体制保证和雄厚扎实的物质保障。

党的十八大以来，以习近平同志为核心的党中央领导全党全国各族人民砥砺前行，不断实现理论和实践上的创新突破，成功推进和拓展了中国式现代化。通过在认识上不断深化，习近平新时代中国特色社会主义思想实现了马克思主义中国化时代化新的飞跃，为中国式现代化提供了根本指导。习近平总书记关于中国式现代化理论进一步深化了对中国式现代化的内涵和本质的认识，概括形成中国式现代化的中国特色、本质要求和重大原则，系统构建中国式现代化的理论体系，使中国式现代化更加清晰、更加科学、更加可行。习近平总书记关于中国式现代化理论在战略上不断完善，提出深入实施科教兴国战略、人才强国战略、乡村振兴战略等一系列重大战略思想，为中国式现代化提供了坚实的战略支撑；在实践上不断丰富，推进一系列变革性实践、实现一系列突破性进展、取得一系列标志性成果，推动党和国家事业取得历史性成就、发生历史性变革，特别是消除了绝对贫困问题，全面建成小康社会，为中国式现代化提供了更为完善的制度保证、更为坚实的物质基础、更为强大的精神力量。

（三）中国式现代化是世界各国现代化发展经验教训的科学总结和历史进步

借鉴吸收一切人类优秀文明成果，是一个国家特别是落后国家实现现代化的重要途径。中国式现代化是中国充分吸收借鉴世界各国现代化发展经验前提下开创的现代化，同时，又是借鉴其他国家发展教训的基础上通过走自己的路，探索中国特色社会主义的现代化，实现了现代化理论和实践上的创新。

借鉴吸收一切人类优秀文明成果，是我们党一贯秉持的态度。毛泽东同志指出："我们的方针是，一切民族、一切国家的长处都要学，政治、经济、科学、技术、文学、艺术的一切真正好的东西都要学。"① 邓小平同志强调："科学技术是人类共同创造的财富。任何一个民族、一个国家，都需要学习别的民族、别的国家的长处，学习人家的先进科学技术。"② "社会主义要赢得与资本主义相比较的优势，就必须大胆吸收和借鉴人类社会创造的一切文明成果，吸收和借鉴当今世界各国包括资本主义发达国家的一切反映现代社会化生产规律的先进经营方式、管理方法。"③ 党的十八大以来，习近平总书记多次强调要借鉴吸收一切人类优秀文明成果。然而，借鉴吸收一切人类优秀文明成果，并不是照抄照搬其他国家现代化模式。在人类历史上，没有一个国家、没有一个民族，可以通过依赖外部力量、照搬外国模式、跟在他人后面亦步亦趋实现强大和振兴。那样的后果，不是遭到失败，就是成为他人的附庸。中国式现代化之所以创造人类文明新形态，就是坚持走自己的路。

中国式现代化最显著的特征就是中国共产党领导，在充分吸收发达资本主义国家先进文明成果的同时，对资本主义的制度、理念、道路等进行了扬弃，打破了现代化等于西方化、等于资本主义现代化的老套路，建设中国自身的现代化，走社会主义现代化新路。中国所走的社会主义现代化道路，不是照搬照抄其他社会主义国家的现代化模式，而是根据中国的具体实际，充分吸收其他国家发展社会主义现代化的经验教训，开辟中国特色社会主义道路。中国式现

---

① 《毛泽东文集》第 7 卷，人民出版社 1999 年版，第 41 页。
② 《邓小平文选》第 2 卷，人民出版社 1994 年版，第 91 页。
③ 《邓小平年谱（1975—1997）》（上），中央文献出版社 2004 年版，第 460 页。

代化的早期探索是在学习苏联的条件下开启的现代化，但却既总结吸取了苏联模式的经验教训，又避免了苏联改旗易帜现代化的悲剧倒退，成功探索出一条适合中国国情的社会主义现代化新路径。经过几十年的探索，中国形成了具有本国特色的社会主义现代化理论和实践。习近平总书记在党的二十大报告中指出："中国式现代化的本质要求是：坚持中国共产党领导，坚持中国特色社会主义，实现高质量发展，发展全过程人民民主，丰富人民精神世界，实现全体人民共同富裕，促进人与自然和谐共生，推动构建人类命运共同体，创造人类文明新形态。"[①] 这一关于中国式现代化的高度概括，既是中国共产党人对中国式现代化的理论理解，也是中国共产党人对中国现代化的实践总结。

（四）中国式现代化是中华民族实现民族复兴初心使命的理想实现

为中国人民谋幸福，为中华民族谋复兴是中国共产党人的初心和使命，实现现代化是近代以来中国人民的梦想与追求。中国共产党自成立以来，就努力带领人民实现中华民族伟大复兴，成功走上了中国式现代化道路。

中国式现代化道路是在实践中探索出来的实现民族复兴的必由之路。中国式现代化，不是上天赐予的，也不是其他国家施舍的，是一代代中国人民在历史中摸索探寻出的，是中国共产党领导人民群众，在系统总结5000多年的中华文明史、500多年的社会主义运动史、180多年的中国近现代史、100多年的党史、70多年的新中国史、40多年的改革开放史经验的基础上，靠自己的头脑思索、靠自己的双脚探索、靠自己的双手创造出来的。这是我们从自身发展艰辛探索中得到的正确答案，更是我们独立寻求走向现代化发展道路

---

① 《高举中国特色社会主义伟大旗帜　为全面建设社会主义现代化国家而团结奋斗——在中国共产党第二十次全国代表大会上的报告》，《人民日报》2022年10月26日第1版。

的经验升华。它符合中国国情，体现中国特色，反映人民需求，是新征程上全面建成社会主义现代化强国的必由之路，是新时代全面推进中华民族伟大复兴的必由之路。

中国式现代化所取得的历史性成就，雄辩地证明我们成功找到了实现中华民族伟大复兴的正确方向和路径。面向未来，中国共产党有信心、有能力、有底气坚定不移地走好中国式现代化道路。以中国式现代化全面推进中华民族伟大复兴，是一条光明大道。习近平总书记强调："历史和实践已经并将进一步证明，这条道路，不仅走得对、走得通，而且也一定能够走得稳、走得好。"① 中国人民已经从历史的奋斗中走出了一条中国式现代化道路，也必将沿着这条光明大道走向未来，推动实现中华民族伟大复兴。

（五）中国式现代化是人类共产主义文明发展进程中的阶段性文明新形态

中国式现代化是在马克思主义指导下开创形成的，走的是社会主义发展道路，以推进人类文明发展为使命，以实现共产主义为最终目标。中国式现代化创造的"人类文明新形态"，不是什么别的"新形态"，而是马克思主义所指明的人类社会未来发展的必然趋势和归宿，是科学社会主义所阐明的代替人类最后一个剥削阶级社会的社会主义社会形态和共产主义社会形态。一句话，中国式现代化所创造的"人类文明新形态"就是社会主义社会文明新形态和未来的共产主义社会文明新形态，社会主义社会文明新形态是共产主义社会文明新形态的前提准备和第一阶段。

社会主义作为共产主义的初级阶段，使得中国式现代化在推进中国特色社会主义伟大事业进程的过程中，推进了共产主义文明发展。中国共产党领导中国人民开辟了中国特色社会主义道路，在经济、政治、文化、社会、生态文明等方面取得了巨大成就，高高举

---

① 《加强政党合作　共谋人民幸福——在中国共产党与世界政党领导人峰会上的主旨讲话》，《人民日报》2021 年 7 月 7 日第 1 版。

起了世界社会主义发展旗帜，让科学社会主义在二十一世纪绽放出了更加灿烂的光芒。中国式现代化，是人类文明发展的新成果，是人类共产主义文明发展进程中的阶段性成果。

三　学习贯彻落实习近平新时代中国特色社会主义思想，做好中国式现代化这篇大文章

党和人民推进中国式现代化的历史进程越向前，对党的创新理论科学指引的需求就越强烈。习近平总书记坚持运用马克思主义立场观点方法，立足新时代新征程党的使命任务，统筹把握中华民族伟大复兴战略全局和世界百年未有之大变局，把马克思主义基本原理同中国具体实际相结合，同中华优秀传统文化相结合，形成了习近平新时代中国特色社会主义思想这一马克思主义中国化时代化最新理论成果。新时代党的创新理论科学深刻回答"建设什么样的社会主义现代化强国、怎样建设社会主义现代化强国"的重大时代课题，形成了中国式现代化理论，为推进和拓展中国式现代化提供了理论指引。

（一）坚持以习近平新时代中国特色社会主义思想为指导

伟大的实践需要伟大的理论，伟大的理论指导伟大的实践。以中国式现代化全面推进中华民族伟大复兴，建设社会主义现代化强国，是一项伟大而艰巨的事业，关键在于持续进行实践创新与理论创新，根本在于始终坚持习近平新时代中国特色社会主义思想的指导，不断丰富和发展当代中国马克思主义，让马克思主义在中国牢牢扎根并开花结果。

"中国共产党为什么能，中国特色社会主义为什么好，归根到底是马克思主义行，是中国化时代化的马克思主义行。"① 作为中国之

---

① 《高举中国特色社会主义伟大旗帜　为全面建设社会主义现代化国家而团结奋斗——在中国共产党第二十次全国代表大会上的报告》，《人民日报》2022 年 10 月 26 日第 1 版。

治的理论表达，中国化时代化的马克思主义是解决一切中国问题的理论根基，是中国改革发展的思想先导，是中国现实经验的理性提升。拥有马克思主义科学理论的指导，是我们党鲜明的政治品格和强大的政治优势；不断谱写马克思主义中国化时代化新篇章，是当代中国共产党人的实践需要、历史责任与时代使命。中国化时代化的马克思主义在当代中国新时代这个特定时空的创新发展，形成了当代中国马克思主义。

　　推进中国式现代化必须以当代中国马克思主义为指导。党的十八大以来，我们党在已有基础上继续前进，从战略完善到实践成果，从物质基础到制度保证，创新发展当代中国马克思主义、二十一世纪马克思主义，不断实现其在理论和实践上的创新突破。其中概括形成关于中国式现代化的中国特色、本质要求和重大原则，初步构建中国式现代化的理论体系，为中国式现代化提供了根本遵循。习近平总书记指出，"推进中国式现代化是一个系统工程，需要统筹兼顾、系统谋划、整体推进，重点要正确处理好顶层设计与实践探索、战略与策略、守正与创新、效率与公平、活力与秩序、自立自强与对外开放等一系列重大关系"①。这一重要论述充分体现了习近平新时代中国特色社会主义思想的世界观、方法论和贯穿其中的立场观点方法，为大力推进中国式现代化指明了方向路径，使得以中国式现代化全面推进中华民族伟大复兴的宏图愿景更加清晰、制度保证更加完善、物质基础更加坚实、精神力量更加主动、实践推进更加科学、建设成果更加显著。新时代新征程上，建设社会主义现代化强国，必须始终坚持习近平新时代中国特色社会主义思想的根本指导，在理论创新和实践创新的良性互动中，不断丰富和发展当代中国马克思主义，让当代中国马克思主义展现出更强大、更有说服力的真理力量。

---

① 《习近平在学习贯彻党的二十大精神研讨班开班式上发表重要讲话强调　正确理解和大力推进中国式现代化》，《人民日报》2023 年 2 月 8 日第 1 版。

（二）坚持党的领导

习近平总书记在党的二十大精神研讨班开班式上，深入阐释党在中国式现代化建设中的领导地位，指出"党的领导直接关系中国式现代化的根本方向、前途命运、最终成败"，强调"党的领导决定中国式现代化的根本性质"。① 坚持中国共产党领导，是中国式现代化最鲜明的特征和最突出的优势，是推进中国式现代化必须坚持的最高原则。只有毫不动摇坚持党的领导，中国式现代化才能前景光明、繁荣兴盛；否则就会偏离航向、丧失灵魂，甚至犯颠覆性错误。

党的领导是确保中国式现代化社会主义方向的根本特征。方向决定道路，道路决定命运。中国进行中国式现代化建设的过程也是与各种敌对势力、各种错误思潮不断斗争的过程，在伟大斗争中，我们之所以能取得胜利，其根本原因是坚持了中国共产党的领导。党的领导确保了中国式现代化建设的社会主义方向，使中国特色社会主义事业始终沿着正确方向不断前进，坚持党的领导是中国式现代化的根本特征。

党的领导是不断推进中国式现代化稳步前进的坚强保障。中国式现代化道路的形成与发展，一方面离不开党的自身建设的伟大工程，离不开我们党以伟大自我革命引领伟大社会革命；另一方面离不开党从战略思维的角度统筹规划、科学布局中国式现代化的近期目标、未来蓝图和战略安排，离不开党为了推进现代化所采取的重大战略决策和举措，离不开全党的接续奋斗。

历史实践证明，办好中国事情，关键在党。这是中国人民在长期的历史实践中总结出来的颠扑不破的真理。中国共产党是实现中华民族伟大复兴的不可替代的领导核心，是中国式现代化的谋划者、

---

① 《习近平在学习贯彻党的二十大精神研讨班开班式上发表重要讲话强调　正确理解和大力推进中国式现代化》，《人民日报》2023 年 2 月 8 日第 1 版。

领导者和推动者，是有力推动中国式现代化取得伟大成功的坚强核心。实现中国式现代化，离不开党的坚强领导。

（三）坚持中国特色社会主义

中国式现代化是社会主义现代化，而不是其他什么现代化。推进中国式现代化，必须始终坚持社会主义道路，坚定不移走中国特色社会主义道路。

只有坚持中国特色社会主义道路，才能把握中国式现代化的正确方向。党的十八大以来，国内外形势变化和我国各项事业发展给我们提出了一个重大课题，这就是必须从理论和实践结合上系统回答新时代坚持和发展什么样的中国特色社会主义、怎样坚持和发展中国特色社会主义。习近平总书记指出："在道路、方向、立场等重大原则问题上，旗帜要鲜明，态度要明确，不能有丝毫含糊。"① 他反复强调："在政治制度模式上，我们就是要咬定青山不放松、任尔东西南北风。"② 改革开放以来，我们党每当遇到严峻挑战，党中央总是能够沉着冷静、把握得当、因应适宜，总是能够成功扭转危局、化危为机、开创新局。根本原因在于在方向问题上，我们党的头脑十分清醒坚定，不断推动社会主义制度自我完善和发展，坚定不移走中国特色社会主义道路。

坚持中国特色社会主义，是中国式现代化同西方现代化的根本区别。以中国式现代化全面推进中华民族伟大复兴，必须坚持以经济建设为中心，坚持四项基本原则，坚持改革开放，坚持独立自主、自力更生，坚持道不变、志不改，既不走封闭僵化的老路，也不走改旗易帜的邪路，坚持把国家和民族发展放在自己力量的基点上，坚持把中国发展进步的命运牢牢掌握在自己手中。全党要更加自觉

---

① 《习近平新时代中国特色社会主义思想三十讲》，学习出版社 2018 年版，第329 页。

② 《习近平新时代中国特色社会主义思想三十讲》，学习出版社 2018 年版，第329 页。

地增强道路自信、理论自信、制度自信、文化自信，既不走封闭僵化的老路，也不走改旗易帜的邪路，保持政治定力，坚持实干兴邦，始终坚持和发展中国特色社会主义。

（四）坚持社会主义制度与市场经济的最佳结合

经济发展是社会发展的基础，任何时候都要把经济发展摆在首位。推进中国式现代化、建设社会主义现代化强国，必须以经济建设为中心，坚持社会主义市场经济改革方向，使市场在资源配置中起决定性作用和更好发挥政府作用，将社会主义制度和市场经济实现最佳结合。

社会主义制度是人类历史迄今为止最先进的社会制度，它继承和吸收了包括资本主义制度文明在内的人类一切制度文明的优秀成果，能够克服包括资本主义制度在内的一切旧制度的弊端，代表着人类社会的发展方向，本应具有人类社会发展至今一切已有社会制度所不可比拟的优势。坚持社会主义制度，就要充分发挥人民自己当家作主的制度优势，发挥社会主义制度代表最广大人民群众的根本利益的制度优势，最大限度地调动人民群众的主动性和创造性，使生产力系统中人的因素高度活跃起来；充分发挥社会主义制度代表了先进生产力的发展要求，让一切劳动、知识、技术、管理、资本等各种要素的活力竞相迸发，让一切创造社会财富的源泉充分涌流，极大地解放和发展社会生产力。

历史和现实都有力地证明，市场经济是人类经济社会发展不可逾越的一个历史阶段。与其他经济体制相比，市场经济是目前人类社会发展阶段配置经济资源的最有效率的体制和发展社会生产力的最佳机制。社会主义中国正是通过建立和发展社会主义市场经济，使市场在国家宏观调控下对经济资源配置起重要作用，从而在短短几十年的时间内，实现了巨大的经济飞跃和社会进步。

在建设社会主义现代化国家新的征程上，要进一步把社会主义制度的优越性与市场在资源配置方面的优势充分结合起来，把坚持走中国特色社会主义道路与推进市场经济改革有机结合起来，善于用市场经济的办法充分发挥社会主义制度的优越性，解放和发展社会生产力，不断推进社会主义现代化强国建设。

（五）坚持以人民为中心，最终实现共同富裕

坚持人民至上是马克思主义的基本立场，在习近平新时代中国特色社会主义思想中居于基础性的地位。以人民为中心的发展思想，科学回答了实现什么样的发展，创造性地回答了发展为了谁、发展依靠谁、发展成果由谁享有这些重大问题。坚持以人民为中心，实现全体人民共同富裕是中国式现代化的本质特征。推进中国式现代化，必须坚持以人民为中心，坚持发展为了人民、发展依靠人民、发展成果由人民共享的理念，最终实现共同富裕。

中国式现代化是全体人民共同富裕的现代化，这是由中国特色社会主义制度的本质决定的。必须看到，富裕是各国现代化追求的目标，但一些发达国家搞了几百年工业化和现代化，不仅没有实现共同富裕，贫富差距反而越来越严重。在社会主义现代化建设中，我们既要不断解放和发展社会生产力，不断创造和积累社会财富，又要防止两极分化，切实推动人的全面发展、全体人民共同富裕取得更为明显的实质性进展。

要毫不动摇坚持公有制主体地位推进共同富裕。所有制决定分配，生产资料归谁所有决定财富如何分配，收入的两极分化是由生产资料占有的两极分化所决定。社会主义不同于资本主义的制度差别根本在于以公有制为主体。坚持公有制为主体的经济制度，是解决分配不公、防止两极分化的根本性举措，只有坚持公有制为主体毫不动摇，才能从经济基础上保证共同富裕的实现。

要毫不动摇地坚持按劳分配为主的分配制度实现共同富裕。推进共同富裕，包括两方面的任务：一是做大蛋糕，就是解放和发展生产力，让国家尽快地富起来、强起来，这是社会主义共同富裕的物质基础；再一个就是要分好蛋糕，解决好分配问题，防止和避免

两极分化，关键是要坚持按劳分配为主的分配制度，让人民公平地享受到自己的劳动成果。在做大和分好蛋糕的过程中，不断满足人民日益增长的美好生活需要，稳步朝着中华民族伟大复兴的目标前进。

"中国式"是什么式?

李德顺

李德顺，中国政法大学终身教授、人文学院名誉院长

一 "中国式现代化"的文化意蕴

中国共产党领导人民探索现代化道路，是从中华人民共和国成立后正式起步，其间也经历了曲折的探索过程和发展阶段。例如，最初的目标是"一化"，即工业化；后来发展成"二化"（社会主义工业化与农业社会主义化、机械化）、"三化"（现代工业、现代农业和现代科学文化）、"四化"（农业、工业、国防、科学技术现代化）等；宏观格局从经济实务型的目标，到全面的"中国特色社会主义现代化"目标，目前已深入到"国家治理现代化"的政治目标，等等。经过几十年的反复摸索和尝试，特别是改革开放以来的实践，中国现已初步形成了其经济、政治和文化体系的独有特色。如今以"中国式现代化"来表称，反映了中国在实践中获得的认识与实践统一的丰富经验及其高度凝练的语言表达方式。

所谓"中国式现代化"，简单说，就是中国人自主发展，走向现代化的方式、过程和效果。从文化上看，这一称呼明显含有自信和自谦相统一的双重韵味：其自信，足以表达以中国人、中华民族为主体的坚定自我担当意识；其自谦，就是保持实事求是，留有余地，决不在世界上妄自尊大、唯我独尊。

邓小平说："从中国的实际出发，坚持实事求是，后来改了个口'叫中国式的现代化，就是把标准放低一点'。"① 之所以如此，是基于国际国内综合考虑：就国际而言，当时欧美发达国家已进入成熟的高度工业化阶段，东亚地区的日本、韩国工业化发展迅速，中国与其差距在拉大。就国内而言，有两点必须承认：一是底子薄，尤

① 《邓小平年谱（1975—1997）》（上），中央文献出版社2004年版，第563页。

其是科学技术水平，从总体上看要比世界先进国家落后二三十年；二是人口多，耕地少，这种情况也不是很容易改变的。因此我们一要自信，有决心和信心实现现代化；二要谦虚严谨，知道自己是在很低的起点上起步的。

这种既自信又自谦的立场和姿态，充分体现了中华文化"形神兼备"与"魂体合一"的传统风格，是解开令世界惊异的"中国崛起之谜"的一把钥匙。

二　中国式现代化的"形、神"与"魂、体"

按照当代文化理论的视角，每种文化都由自己的"物质（器物）文化""制度（政治）文化"和"精神文化"三个层面，或三大部分构成；按照中国传统语言的表达，则可分为"显与隐"，即外表与内在、可以外在直观和不可直见的"形与神"或"魂与体"两层具体形象。今天的中国，正在这些层面上展示"中国式现代化"特殊风貌和强大力量。

从物质（器物）文化的层面看，中国的经济生产、科技研发与国防建设，无疑已经通过国际贸易产生了令世界瞩目的效果。14 亿中国人的积极性和创造性一旦发挥出来，会创造怎样的"奇迹"，已经是一个无法掩盖的现实。毋庸讳言，单从"硬件"上看，中国国内的发达地区，其"发达"程度确实已经不输那些老牌的"发达国家"。以至于，尽管我们仍自认是"世界上最大的发展中国家"，其所取得的成就令大多数发展中国家欢欣鼓舞，却使多年担当"世界霸主"的西方国家感觉到了严重的"威胁"。为此，美国国会甚至做出了决定，要把中国从"发展中国家"名单上"除名"，便是一例。但我们自己知道，若看中国全面的情况，我们尚有很大的差距。这也在我们仍然要赶上现代化步伐的主要目标之内。

从制度（政治）文化层面看，中国创造并实行了诸多不同于西方现代化模式的独特制度设计和规则规范。例如：旗帜鲜明地坚持中国共产党的领导地位，坚守社会主义方向，同时通过"全面从严治党"的各项措施，探索与众不同的"新型政党制度"建设；一以贯之地坚守"人民主体论"的核心价值体系，积极探索和实施"全过程民主"的政治原则；积极推进依宪治国原则下全面实施民主法治体系的制度保障建设；明确以实现"全面小康""民族振兴"与"建设社会主义强国"为自己的发展目标；形成"改革开放"与"科技兴国、科教兴国"的发展战略，即"新发展观"及其配套政策和措施；在国际上，充分独立自主，倡导多边"和而不同""构建人类命运共同体"的人类情怀，反对霸权主义和冷战体系；等等。

从精神文化层面看，上述两方面，可以说显现了走在中国式现代化道路上的社会"有形之体"。而隐藏在有形之体之下的精神状态之"神"，或思想理论、价值观念之"魂"，则是我们指导思想的理论基础和民族主体意识。就是说，无论叫"中国特色社会主义现代化"还是"中国式现代化"，我们都是以马克思主义历史观为根基，充分坚持国家民族主体的担当的表现。"中国式现代化"首先意味着，中国人民正在实现一种"主体意识的觉醒"：现代化是每个国家民族自主追求的权利和责任，而不是对别国任何现成模式和目标的简单模仿与依附性追随。"中国式现代化"意味着，中国人民要理直气壮地走出一条适合自己的道路，"不怕像了谁，也不怕不像谁"；现代化是一个社会生命形态发展的"自然历史过程"，并没有固定不变的全球统一标准和模式。而那种套用某种观念模式得出的所谓"现代性"概念，其实是一种落后的、脱离实际的思维方式和话语模式；"中国式"是以中国人民为主体，在中国土地上实现追求人类先进文明的过程和成果。这里不能"只见现代化，不见中国人"；"中国式现代化"的基础是中国国情，原则是"从（国际和国内的）实际出发""实事求是"；"中国式现代化"的思想文化内容，是"中、西、马"思想精华在当代中国的创新性融合和实践发展。

以上三个层面在实践中的有效统一与结合，即是"形神兼备"

"魂体合一"的"中国式现代化"完整面貌。当它们统一得好、结合紧密、全面落实的时候，就是"中国式现代化"的成功之日、胜利之时。

三　我们要从理论上深刻阐明"中国式"

中国的马克思主义哲学，现在是走向时代前沿的时刻。党中央号召全党"守正创新"，我的理解是，就要"守"党的宗旨和马克思主义之"正"，"创"社会主义和现代化之"新"。

在这个清醒自觉的战略定位之下，我们的理论工作，包括哲学理论工作，不能满足于阐释政策，甚至停留于以政策和策略代替理论的阶段，而应积极汇聚改革开放以来自己的理论和实践经验，以此为主要资源，立足于马克思主义哲学思维方式的"中国化"，超越"中西二元对立"的旧式成见和"话语禁忌"，努力提升我们的思想理论和文化水平，实现"三个体系"的创新。

事实上，我们面临着许多重大的理论问题和"难点"。比如：面对相同的对象和内容，什么是不同时代、不同国情、不同理论体系各自不同的经验、逻辑、思维方式和话语表达？什么是我们所需要的观念与方法？诸如："民主"与"全过程民主"、"宪政"与"依宪治国"、"普世价值"与"全人类共同价值"等。只有正面深刻地阐明它们，在吸收人类文明先进成果的同时超越西方模式，才能具有真正的"中国特色"，达到新的高度。再如，怎样从当代表现看中华优秀传统文化的精神实质和潜力？如"自强不息""厚德载物""和而不同"等。目前特别需要厘清新与旧、精华与糟粕的界限，防止混淆"天下主义"与"人类命运共同体"、"中庸主义"与"和而不同"、"大一统"与"举国体制"、"以法治国"与"依法治国"、"权力至上"与"权力中心"，等等，思考和表达出当今时代的先进理念及其精神实质。

为了说明探索"中国式"理念的深刻性和重要性，我想以中国体育事业的发展为例，分析两种现实的思路。

一个是坚持"中国式道路"取得成功的例子：中国的乒乓球运动。这项竞技运动起源于西方国家（英格兰），但如今却成为中国的"国球"，在国际比赛中甚至达到了无往不胜的地步。那么它是怎样发展起来的？从容国团第一次拿到世界冠军，为国争光并引起了群众的极大兴趣开始，中国乒乓球事业走的并不是一条笔直的道路。其间曾面临环境和体制条件、竞争压力和人员素质等多方面的考验。而保障成功的根本原因，则在于自始至终坚持了自己的发展道路。当年徐寅生《关于如何打乒乓球》的文章，虽然没有照抄任何权威，且无一字谈到哲学，但其从实战出发，解放思想，所总结出来的自己的经验，却被毛泽东称赞是"一篇充满唯物辩证法的好文章"。因为它显示的，正是中国乒乓球的神魂底气！

中国乒乓球事业的崛起，不仅有内部条件因素的作用，也有外部压力和挑战的促进作用。当年无论是出于猜疑还是嫉妒，国际乒联也曾针对"中国打法"一再修改规则（涉及球拍、发球动作，甚至赛制等），也一度面临中国球员加入外籍，回头来挑战中国队的"养狼"之议，等等。这些都未能阻止他们坚定不移地依靠自己的力量，走自己的发展之路，造就了今天经久不衰的辉煌。

另一个是尚未找到"中国式道路"，因而尚未走向成功的例子：中国的男子足球。足球这项竞技运动无论在外国还是中国，都远比乒乓球有更广泛深厚的群众基础，并且获得了社会特别是众多球迷无比真诚的支持。但是，时至今日，它却一直难以走出亚洲，甚至还不及二十世纪六七十年代的地位，其成绩与投入远不能比。这是为什么？在我看来，一个根本原因，是中国足球的主导发展思路，还没有"一定要踢出中国式"的决心和魄力。多年来，它似乎一直是很"虚心"地学习着：谁踢得好，就向谁学。一会派员去拉美留学，一会去欧洲参练，甚至不惜重金一次又一次请来外国著名教练。连足球俱乐部的组织形式和比赛程序等，也一应俱全地模仿过来了。

我们从不反对学习外国。但是，如果不是学习人家的精髓，不是把人家的本领学习到自己身上来，不是自己从根本上提升能力，而是只想靠人家的具体帮助指导，就立即赢球升级、成功获利，那么这样的"学习"，只不过是急功近利、懒惰取巧，企图走捷径而已。所以尽管我们也学习了别人的很多外在形式，但足球运动本身的水平却一直上不去，比赛的成绩也越来越令人无奈。

两相比较，给我们的启示是深刻的。前面说"不要只见现代化，不见中国人"，应该被牢记。以中国人为主体的现代化进程，当然会像中国人一样，既有长处也有短处，既有成功也有失败，既有欢喜也有忧愁。从一项体育竞技运动的成败得失，到国家现代化这样的宏伟事业，都不可能一蹴而就、一劳永逸。无论成功还是失败，都应该由我们自己来行使权利，担当责任。怨不得别人，也不应逃避自己。唯有踏踏实实地总结经验教训，避免急功近利的短视思维，才能在现有的基础上扬长避短、纠错创新，踏实前进，走出自己的康庄大道。

中国式现代化的内在逻辑与"式"[*]

郭　湛

郭湛，中国人民大学荣誉一级教授

[*]　原文最初发表于中国社会科学网 2023 年 5 月 15 日，后做了部分修改补充。

一个多世纪以来，中国和世界经历了复杂曲折而又显著变化的过程。在人类历史长河中，这个百年历程属于从传统社会向现代社会转变的时期，即实现现代化的历史阶段。在几百年的现代化历程中，西方一些国家走在世界前列，中国则属于后发展国家或发展中国家。中国的现代化起步较晚，进展缓慢艰难。在帝国主义侵略和压迫之下，中华民族甚至面临生存危机。中国人民奋起斗争，在中国共产党的领导下，取得了新民主主义革命的胜利，建立了新中国。此后，中国共产党领导全国各族人民完成了社会主义革命，使中国的现代化具有了社会主义性质，开始了中国社会主义现代化阶段。由于国际国内多重因素交互作用，这一现代化历程依然充满曲折和艰辛。近40多年来，中国不断深化改革开放，开创了社会主义现代化建设的新时代，越来越清晰地呈现了中国式现代化的新面貌。

我们经历的中国现代化的历史，内含着中国现代化的逻辑。这种逻辑和历史在总体上是一致的。在逻辑和历史的关系中，历史是第一性的，逻辑是第二性的。所谓逻辑与历史的一致，是指历史的逻辑即规律与历史的过程相一致，理论的概念体系的逻辑顺序是客观历史发展顺序的反映。正如恩格斯所言："历史从哪里开始，思想进程也应当从哪里开始，而思想进程的进一步发展不过是历史过程在抽象的、理论上前后一贯的形式上的反映；这种反映是经过修正的，然而是按照现实的历史过程本身的规律修正的，这时，每一个要素可以在它完全的成熟而具有典型性的发展点上加以考察。"[1] 我们现在就处在中国现代化历史发展中渐趋成熟的"具有典型性的发

---

[1] 《马克思恩格斯选集》第2卷，人民出版社2012年版，第14页。

展点"上。

历史是逻辑的基础，逻辑是贯穿在历史之中的。客观的历史的逻辑，作为普遍性即规律。历史的逻辑在理论思维中的再现，是在人的历史活动中形成的。人在历史的实践中掌握和运用历史的逻辑，可以依据这种逻辑即规律，自觉能动地创造历史。这是对于历史与逻辑关系的唯物而又辩证的理解，是辩证唯物论和历史唯物论的历史逻辑观。在这种历史逻辑观的视野中，中国现代化的历史与中国现代化的逻辑是一致的。对中国现代化的历史研究必然导致对中国现代化的逻辑研究，达到在一定历史和实践条件下对中国现代化的逻辑和理论自觉。而在对中国现代化的逻辑和理论自觉引导下，我们的现代化建设将更符合历史发展的客观规律性，同时也更具有历史主体的主动性和创造性。

如何在中国现代化的历史中把握中国现代化的逻辑？这是我们需要面对和思考的带有根本性的问题。对于近现代中国包括中国共产党历史的研究，无疑是研究中国现代化进程的历史前提。在回顾百年来中国走向现代化历程中千姿百态、纷繁复杂的演化时，我们看到，在逻辑上颇具本质意义的一个重大变化，是从"中国的现代化"向"中国式现代化"的转化。"中国的现代化"，可以理解为在中国发生的现代化现象和过程。衡量这种现代化的尺度应当是世界通用的，当然常常以西方现代化国家为标准。在中国特色社会主义的现代化实践中，既有与世界各国现代化相同的普遍性内涵，又有历史形成的中国现代化的特殊性内涵，进而还有体现中国社会主义现代化的个别性内涵。在这种"中国式现代化"中，蕴含着黑格尔特别强调的"普遍—特殊—个别"的逻辑关系。当然，这种逻辑关系不是单向的，而是可逆的，即同时存在着"个别—特殊—普遍"的逻辑关系。

不同于"中国的现代化"的"中国式现代化"之"式"，可以说是某种逻辑的"式"。这种"式"首先是与内容对应的形式之

"式"。内容是构成事物的一切要素的总和，事物的形式则是把内容诸要素统一起来的结构或表现内容的方式。事物是内容和形式的统一，这是普遍的逻辑。但事物的内容和形式又是变化和发展的，因而具体的内容和形式又表现为特殊乃至个别的形态。中国式现代化的相对稳定的发展形式即其发展方式。33 年前出版的李秀林、李淮春、陈晏清、郭湛主编的《中国现代化之哲学探讨》，最近由商务印书馆作为国家治理丛书之一出版了修订本。该书从生产方式、生活方式、行为方式、思维方式、情感方式、管理方式六个方面论述中国的现代化，进而讨论了作为现代化主体的中国人的现代化，对中国式现代化进行了具有创新意义的研究。在原有工业、农业、科技、国防"四个现代化"的基础上，对人的生产、生活、行为、思维、情感、管理方式的探讨，强调靠中国人实现中国现代化，最后归结为实现中国人的现代化。从主体即人的活动方式的发展来看中国的现代化，显然有助于理解中国式现代化的历史与逻辑及其关系。

《中国现代化之哲学探讨》中写道："中国现代化的目标设计、价值定向、特色形成及其对策实施等，由于受着中国人特定素质与属性的规定，因而不能不带有浓厚的'中国式'特征和人格倾向。中国人在中国这块土地上实现的现代化，它势必具有中华民族的特征；中国的现代化是在中国社会主义制度基础上的现代化，它不同于资本主义的现代化，势必具有社会主义的本质特征。创造中国式的社会主义现代化，正是中华民族以自己的个性特征、民族风格对全世界历史所做出的独特贡献。'具有中国特色的社会主义现代化'，从表面上看是中国人的主观选择，然而在这种主观选择的背后却隐藏着中国的现实及其必然性，是中国的现实及其必然性的逻辑展开和逻辑结论。"[①]

中国式现代化之"式"，从历史与逻辑统一的关系中加以考察，

[①] 李秀林等主编：《中国现代化之哲学探讨》，人民出版社 1990 年版，第 314—315 页。

就其基本含义而言，至少有六个层面应该加以思考和讨论：（1）形态：形式之"式"；（2）活动：方式之"式"；（3）样态：模式之"式"；（4）结构：构式之"式"；（5）程序：程式之"式"；（6）规则：法式之"式"。贯穿所有这些层面的"式"之中的，是作为主体即人的目的、价值和取向。由此就形成了纵横贯通于其中的历史和逻辑的关系，需要各门科学特别是哲学的研究来揭示和把握，从而有助于引导现代化主体人的认识和实践。

第一，中国式现代化的形态即形式之"式"。如前所述，这是事物作为客体的内容和形式在总体上的呈现，或者说是整合为现代社会形态的事物内容的存在和变化的形式总体。社会是巨大的复杂系统整体，区别于系统存在中事物的个体，我们把现代化事物的表现形式总和称为现代化形态。中国式现代化的形态是具有自身质的规定性的现代化形态。从中国的现代化向中国式现代化的转变，无疑是中国历史发展中的质的变化。其中，历史规律的内在规定即逻辑的作用，反映在主体即人的认识中，就是关于中国式现代化的理论思维的逻辑形态。我们的任务就是自觉把握中国式现代化的历史与逻辑的统一，从整体和趋势上认识中国式现代化的形态，尽可能避免或减少理论上的误区和实践中的失误。

第二，中国式现代化的活动即方式之"式"。现代化不是纯然客体的客观过程，而是主体即人以自觉能动的活动创造历史的过程。在这个意义上，社会的现代化就是人的活动方式的现代化。人的活动方式表现在各个方面、各个层面，需要分别加以考察和研究，以便在各个方面或层面上增强主体即人的活动的自觉能动性。而要做到这一点，就需要从"普遍—特殊—个别"的逻辑关系中，把握中国式现代化主体之"整体—群体—个体"的历史关系，实现主体和活动的逻辑与历史的一致。中国走向现代化的百年伟业，是由觉醒的走向现代化的中国人在一代一代艰辛努力中实现的。由个体到群体进而到整体，中国革命和建设中无数先进分子带动各政党和团体，各民族、阶级和阶层民众，凝聚共识，明确目标，团结奋斗，开创了中华民族伟大复兴的辉煌历程。中国式现代化之所以发展迅速，取得举世瞩目的成就，是与中国共产党在中国化马克思主义指导下领导社会主义现代化的制度优势密切相关的。

第三，**中国式现代化的样态即模式之"式"**。几十年来中国式现代化的发展，越来越呈现出具有中国特色的现代化样态。这种样态是历史地形成的国家、社会和人的整体状态，其内在质的规定性就是现代化的中国样式即模式。一种模式的由来、形成和发展，有其历史的前提和演化的过程，也有其逻辑的前提和演化的顺序，这也是历史与逻辑的统一。只有在这种历史与逻辑的关系中，才能真正理解中国式现代化何以会生成这种样态即模式。在这种历史与逻辑的视野中，中华五千年文明历史和传统文化不是被完全翻过去的"前现代"的一页，而是延续和发展中华民族现代文明的血脉和根基，这是具有中国特色的现代化样态即模式。总体性的中国现代化模式具体化为各个方面、领域、行业的现代化样式，多种多样，各具特色，百花争艳。中国特色现代化模式既有"整体—群体—个体"的历史关系，也有"普遍—特殊—个别"的逻辑关系，是整体、群体、个体的历史活动中普遍、特殊和个别的逻辑的统一。

第四，**中国式现代化的结构即构式之"式"**。在现代化的考察中，离不开结构和功能的关系，结构对于功能具有前提或基础的意义。借用语言学语法理论的"构式"概念，可以把现代化的结构方式称为构式。这种结构或架构之"式"即构式，侧重于事物的空间关系，是建构特定的现代性事物的基本依循，也是其中内在的逻辑框架。在现代化理念指导下进行的"顶层设计"，主要是对于现代化构式的总体设计。相对于顶层设计进一步具体化，还应当有中层设计和底层设计。顶层设计、中层设计和底层设计的逻辑关系，就是"普遍—特殊—个别"的逻辑关系。较之上面所说的模式，构式偏重于结构，显得更为具体一些，但作为结构或架构方式，仍然是一种抽象。这类具体与抽象的关系，始终存在于观念或理论思维之中。人的思维总是要从感性具体上升到理性抽象，再从理性抽象上升到理性具体。这在逻辑上也属于"个别—特殊—普遍"的关系。

第五，中国式现代化的程序即程式之"式"。与上述事物的空间结构相对应，事物的时间程序即程式同样重要。仪者，万物之程式也。中华文明绵延五千年，文化程式的历史积淀丰厚，总括起来可以称之为协和天地人之道。道不远人，大道至简。中国传统哲学关于人与世界关系的理论思维与实践智慧，为我们在现代化的道路上行稳致远，在复兴中华民族共同体的同时构建人类命运共同体，提供了丰富而又深邃的历史和逻辑程式的资源。在中国式现代化中具有普遍意义的程式即程序，内在地规定着事物联系和发展的顺序，是中华民族文明延续中历史与逻辑的统一。任何事物都处于运动的过程之中，过程的顺序即历史的逻辑，同时也应该是主体即人实践的逻辑和思维的逻辑。中国式现代化与西方式现代化在程式即程序上的根本区别在于，中国式现代化是在中华文明优良传统基础上守正创新的具有中国特色的现代化，是不同于西方资本主义现代化的社会主义现代化，在核心价值观上不是资本至上而是人民至上的现代化。

第六，中国式现代化的规则即法式之"式"。哲学是世界观，同时也是方法论。方法可以从抽象层面、具象层面或具体层面上加以规定和把握，例如古人所谓"营造法式"。在人的活动的各个层面和各种类型的法式之中，贯穿着"感性具体—理性抽象—理性具体"的逻辑关系。中国式现代化的法式层面，可以理解为方法、法则、法度、法规等。管子认为，法度者，万民之仪表也。荀子认为，大象其生以送其死，使死生终始莫不称宜而好善，是礼义之法式也，儒者是矣。法式即规则之式，包括方法之式，都是规范人的行为的方式。现代社会比传统社会更强调法治，力求依法治国，这在中国式现代化过程中尤为重要。当然，法制与道德作为两类规范应当结合起来，从而更合理和有效地规范人的行为。在中国式现代化中，不仅在感性和理性的认识层面，而且在由观念到行动、从理论到实践的层面，法式的规范乃至引导的作用都是不可或缺的。现代化的程式和法式相互依存、相互作用，与上述形式、方式、模式、构式等共同整合为中国式现代化之"式"。而贯穿在上述这些层面之中的，是人的活动的目的、价值和取向。所有这一切，都处于历史和逻辑的统一之中。

创新史观与中国式现代化

庞元正

庞元正，中国辩证唯物主义研究会名誉会长，中共中央党校（国家行政学院）哲学教研部原主任，教授

今天，我想从一个新视角谈谈中国式现代化问题，题目就是"创新史观与中国式现代化"。先谈创新史观，再谈以创新史观研究中国式现代化得出的几个结论。

一 关于创新史观

创新史观是以创新实践为核心范畴，研究和认识历史运动发展的形式、本质、动力、规律和历史创造者等问题的新型历史观。创新史观具有广泛的适用性，适用于任何时期和任何地域对历史事件、历史人物和历史过程的分析。创新史观是在唯物史观基础上，根据人类创新实践的发展，汲取当代人类社会优秀思想成果，建构形成的面向二十一世纪的历史观。从理论传承的角度看，创新史观是对唯物史观的坚持、发展与创新，是努力构建中国自主知识体系的有益尝试。

创新史观之所以能够成为历史观的一种新形态，从根本上说在于其对历史观的重大问题都做出了全新回答。具体而言，创新史观的基本理论观点主要有如下八个方面。

（一）创新与继承是构成人类历史的两种基本实践活动

一部人类历史就是一部实践发展史，历史的基本内容就是由人类实践活动构成的，或是对人类实践活动的记载。从人类历史发展看，人类的实践活动依据其性质和功能可以划分为最基本的两种类型，即创新实践和继承实践。所谓创新实践，是指那些通过对事物规律、属性、关系的新发现或新运用，破除先前实践的惯例，能够更有效地认识世界和改造世界的实践。继承实践则是指那些运用事物已被发现了的规律、属性和关系，按照先前的惯例重复进行的实践。创新实践在实践的目的、手段、方式、对象等方面不同于先前的常规，而且能够产生和创造出新的实践成果，因而具有突破性和新异性，是一种历史上破旧立新、革故鼎新的实践活动。继承实践则在实践的目的、手段、方式、对象方面与先前已有的实践具有同质性，按照先前的常规重复进行，其实践的成果与先前的实践相比并不具有本质上的新异性，因而具有继承性、模仿性和常规性，是一种保持历史的延续性和继承性的实践活动。当然，由于范围的广大和时间的先后，创新实践和继承实践的划分具有一定的相对性。

（二）创新是人类社会历史上的高级实践活动

与继承实践相比，创新实践能够在探索未知、改造世界中取得新成果，能够拓展人类认识世界的深度和广度，能够实现人类改造世界满足自身发展需要的功能，因而是更能体现实践的主体性、能动性与创造性的高级实践活动。如果把生产实践、交往实践和科学实践看作按照不同领域划分的实践的三种主要形式，那么，技术创新是生产实践的高级形式，技术创新通过新发现、新发明、新创造，实现了生产实践上质的飞跃，使生产力成为最活跃最革命的力量。制度创新是交往实践的高级形式，制度创新通过体制改革乃至社会革命，破除不适应生产力发展需要的生产关系和上层建筑，建立能够促进生产力发展的生产关系和上层建筑，就会解放和发展生产力。知识创新包括自然科学知识的创新和社会科学知识的创新，是科学实践的高级形式。知识创新破除错误的理论，超越旧有的理论，创立新理论，对自然界和社会发展的规律做出新的揭示和发现，为生产实践和社会交往实践的发展提供强大的思想武器。因而，从历史发展的角度看，创新实践是人类历史上一种更为重要更为高级的实践活动。

（三）没有创新就没有历史的进步和发展

创新与继承是人类历史运动的两种基本实践形式，没有继承就没有历史的延续和传承，没有创新就没有历史的进步和发展。如果人类历史只有继承没有创新，人类就只能停留在茹毛饮血、择穴而居的水平上。因为有了创新，人类才能从自然取火进化到钻木取火和刀耕火种，从渔猎时代进步为农业时代，进而进步为工业时代和信息时代。承认历史的继承性才能坚持历史的唯物论，承认历史的创新性才能坚持历史的辩证法。

（四）创新实践改变世界

马克思说，以往的哲学家只是解释世界，而问题在于改变世界。实践作为人类主观作用于客观的对象化活动，不论是继承实践还是创新实践无疑都具有改造世界的功能。但由于继承实践是因循成规重复旧例，与以往进行的实践具有同质性，实践的对象化产物与先前实践的对象化产物并无本质上的不同。所以，继承实践能够保持历史的连续性，却不能创造出过去不存在的新事物，创造出独特新异的新事件。但创新实践却与此不同，由于在实践的目的、方式、手段、对象和效果等方面，实现了对先前实践质的突破，使得在继承实践中不能得到解决的问题能够通过创新而得到解决。特别是在实践的效果方面，创新实践能够创造出与以往实践不同的对象化产物，即创造出了以前世界不存在的新事物。比如，技术创新可以创造出新工具，制造出新产品，开发出新技术，生产出新能源，这些新事物的出现本身就在一定意义上改变了世界，并将导致人所生活于其中的自然界发生改变。再如，制度创新实践可以通过破除旧有的法律制度创立新的法律制度，破除旧有的经济和政治的制度安排确立新的经济和政治的制度安排，改变一个社会的制度和形态。总之，创新实践能够改变自然界改变人类社会，从而达到改变世界。

（五）创新实践创造历史

创新实践改变世界的过程，也就是创新实践创造历史的过程。因为所谓改变世界，就空间存在而言，就是在人类所生活的世界上创造了任何地方没有过的新事物新事件；而就时间存在而言，也就是创造了人类历史上前所未有的新事物新事件。任何一种创新都因改变世界而构成了创造历史的充分必要条件。从宏观历史尺度看，重大技术创新可以改变社会的生产方式，开创技术社会形态的历史；重大制度创新可以改变社会的经济基础和上层建筑，开创经济社会形态的历史。如铜和铁的冶金技术创新，使人类历史从渔猎时代进入到农耕时代；蒸汽技术的创新，使人类历史从农耕时代进入工业时代；信息技术的创新，使人类历史从工业时代进入信息时代。而土地租赁制度取代奴隶占有制的创新，使人类历史从奴隶社会进入封建社会；雇佣劳动制取代农奴占有制的创新，使人类历史从封建社会进入资本主义社会；生产资料公有制取代资本主义私有制的创新，开创了人类历史进入社会主义时代的新纪元。一部人类发展史就是一部技术创新、制度创新和知识创新的实践创造历史的过程。

（六）创新是历史发展的动力

历史发展不是同质事物的延续，而是事物质的变化，是新事物的出现。继承实践是对历史上过往事物的模仿、复制和传承，不构成历史的发展，不能成为历史发展的动力。创新实践破旧立新，推陈出新，革故鼎新，创造出历史上不曾有的新事物，推动社会的结构和面貌发生变化，因而成为推动历史发展的动力。创新史观认为，技术创新、制度创新和知识创新在历史发展中发挥着不同的动力作用，它们又相互作用，相辅相成，构成了促进社会发展的动力系统。首先，技术创新是社会发展最终决定性的动力。技术创新是历史发展中人类永恒不断的追求，成为历史上最活跃最革命的力量。技术创新取得的突破极大提高着社会生产力，由此又会引起社会生产关系和上层建筑的变革，因而技术创新是社会发展的原动力和最终决定性力量。其次，制度创新是社会发展的直接动力。在历史发展进程中，当社会的经济制度和政治制度及其具体体制阻碍技术创新和技术进步时，技术创新和技术进步就会推动经济制度和政治制度的创新。制度创新通过在生产关系和上层建筑领域创建新的制度安排，破除和取代旧有的社会制度和具体体制，以适应广大劳动群众推进技术创新和发展生产力的要求。从而促进生产力的解放和发展，成为社会发展的直接推动力量。最后，知识创新为社会发展提供强大的智力支持和精神动力。知识创新通过破除与实际不相符合的旧知识、旧观念、旧理论，创立反映自然界和人类社会本来面貌和客观规律的新知识、新观念、新理论，起到破除迷信、解除禁锢、解放思想、开启民智的作用。因而知识创新能够为人类改造自然和社会，推进技术创新和制度创新，提供智力支持和精神动力，成为社会变革的思想先导和精神推动力量。

（七）人民群众是创新实践的主体，因而也是创造历史的主体

谁是创造历史的主体，谁是历史的创造者？这是历史观中具有长期争议的重大问题。创新史观认为，这个问题的实质是"谁是创新实践的主体？"的问题，因为创新实践创造历史，创新实践的主体就是创造历史的主体。整个人类文明史表明，人民群众历来是技术创新的主体，从远古到近代直到现代，广大人民群众从来都是生产实践的主体，在生产实践中积累的丰富经验和知识使他们成为推动技术创新和技术进步的主要力量。从制度创新的实践看，一切真正的社会革命，本质上都是广大人民群众摧毁落后的旧制度建立进步的新制度的制度创新过程。由于旧的经济制度和政治制度对广大人民群众进行残酷的经济剥削和政治压迫，广大人民群众必然会群起反抗，成为推翻旧的经济制度和政治制度建立新的经济制度和政治制度的主力军。作为制度创新重要形式的体制改革，也是以广大人民群众作为依靠的主体力量的。古今中外无数重大的社会改革都表明，如果没有广大人民群众的积极参与和支持，任何社会改革是难以取得成功的。从知识创新的实践看，人民群众的物质生产活动、阶级斗争等社会实践，特别是人民群众的技术创新实践和制度创新实践，是知识和科学文化发展的重要源泉，而且很多科学家和艺术家本身就来自人民群众。正是因为人民群众是技术创新、制度创新

和知识创新的实践主体，而创新实践又是推动历史进步的动力，因而人民群众才能成为历史创造的主体，成为历史的创造者。

（八）只有成为杰出创新者的历史人物才能在创造历史中发挥重要作用

创新史观对个人在历史上的作用也是从创新的尺度加以认识和评价的。那些即使在历史上地位显赫的人物，如果在创新上毫无建树，那么其对历史的创造作用也是无足轻重的；那些抱残守缺竭力阻止和反对创新的权势人物，只能成为阻碍历史创造和历史进步的反动力量和反面人物。只有那些成为创新杰出代表的英雄豪杰、帝王将相和历史人物，由于他们分别作为和同时作为创新的设计者、发起者、组织者和领导者的特殊地位，因而能够对创新做出突出贡献，从而与作为创新主体的人民群众一起成为历史的创造者，并且由于他们在创新中发挥的重要作用，因而能够在创造历史的过程中发挥出极为重要的作用。

二　创新史观视域下的中国式现代化

用创新史观观察和研究现代化有重要意义，可以深入揭示现代化的根本要求和本质特征，为认识和研究现代化带来全新的认识，进而可以在新的维度上探索中国式现代化面临的一些必然选择，推进中国式现代化的顺利进行。

第一，创新是现代化的根本要求和集中体现，中国式现代化必须把创新置于现代化全局的核心地位。

一般而言，现代化被界定为从传统社会向现代社会的转型过程；从创新史观看，现代化的这种转型必然是一个破旧立新、革故鼎新的创新过程。中外学界还把现代化的共同特征概括为工业化、信息化、市场化、城镇化、民主化、法治化等基本属性。从创新史观看，现代化的这些共同特征最根本的要求和本质属性还是一个创新问题。具体而言：从技术维度看，现代化就是一个以先进的现代技术改造国民经济系统的过程，是一个通过工业革命的技术创新实现工业化，进而又通过信息革命的技术创新实现信息化的过程。没有工业技术和信息技术的创新及其推广，传统农业社会是根本不可能进入工业社会和信息社会的，没有技术创新现代化就根本无从谈起。从制度维度看，现代化是一个从自然经济、简单商品经济向现代市场经济的转变过程，同时也是一个从封建专制制度向现代民主法制制度的转变过程，没有从自然经济向市场经济的制度创新，没有从专制向民主的制度创新，没有从人治向法治的制度创新，单纯停留在技术层面，就没有市场化、民主化和法治化，现代化同样是不可想象的。从文化维度看，现代化是从科学知识极为落后的愚昧状态向科学知识发达的文明状态的转变过程，没有自然科学和社会科学的知识创新，同样没有现代化。由此观之，现代化的根本要求和本质特征就是创新，创新是现代性的集中体现，没有创新就没有现代化。中国式现代化是从一个东方落后大国起步，虽然经过长期努力奋斗，中国各方面的落后面貌都已发生了深刻改变，但创新能力不强，创新仍然是中国现代化发展中的软肋，是制约中国推进现代化的最主要的因素。因此，中国式现代化必须高度重视创新，必须把创新置于中国现代化发展全局的核心地位。

第二，蜂聚式技术创新是现代化进程的加速器，中国式现代化必须为培育蜂聚式技术创新的出现创造条件。

蜂聚式创新是创新理论创始人熊彼特提出的一个描述大量创新涌现现象的概念。熊彼特认为，当社会上对于某些根本上是新的和未经试验过的事物的各种各样的反抗被克服之后，那么在不同的方向上做"类似的"的事，就要容易得多，从而就会产生创新的蜂聚现象。后来人们常用蜂聚式创新来分析经济发展的长波现象。用创新史观分析现代化的历史进程，可以发现现代化的历史进程离不开蜂聚式技术创新的推动。对现代化进程进行考察会发现，现代化的发展一定是通过一系列创新的蜂聚现象而加速发展的。这里，我们以英国、德国和美国的现代化进程中的创新为例加以分析。

英国的现代化始于十八世纪六十年代开始的第一次产业革命。首先围绕纺织业的发展涌现了一系列技术创新。1769 年，理查德·阿克赖特发明水力纺纱机；1770 年，詹姆斯·哈格里夫斯发明多轴纺纱机；1779 年，塞缪尔·克朗普顿发明走锭纺纱机；1785 年和 1789 年，埃德蒙·卡特赖特牧师发明最初由马驱动、后由蒸汽驱动的动力织机。到十九世纪二十年代，动力织机在棉纺织工业中基本上已取代了手织织布工，而新的棉纺机引起对动力的新需求。

1765 年，瓦特开始改进纽科门的蒸汽机，他为蒸汽机增加了冷凝器和蒸汽阀。1766 年，瓦特的第一批新型蒸汽机制造成功并应用于实际生产。1782 年，瓦特又为蒸汽机增加了飞轮，1784 年他又为蒸汽机添置蒸汽冷凝器；1788 年，瓦特又发明了蒸汽机的调速器。1794 年，瓦特又为蒸汽机安装曲柄联动装置。1804 年，美国人伊文思发明高压非冷凝发动机，并将其用作挖泥船的动力装置。也是在 1804 年英国人特莱威狄发明了类似的发动机用来驱动有轨机动车。十九世纪初，固定蒸汽机在英国得到广泛使用和发展，蒸汽船、蒸汽火车和蒸汽动力机车先后被制造出来。纺织技术和蒸汽技术中出现的这种蜂聚式技术创新，在英国工业革命中起到了举足轻重的作用，使英国成为最早拥抱现代化的国家。

德国在 1871 年成为一个统一的国家，其现代化开始的时间几乎比英国晚了近一个半世纪。但是在十九世纪下半叶，德国抓住了化工革命的发展机遇，在化工领域出现了蜂聚式的技术创新，从而后来居上跨入了世界现代化的行列。1824 年，德国化学家维勒人工合成尿素，由此开始了化肥工业的兴起。1856 年，英国化学家伯金首次合成了苯胺染料，德国抓住这一机会，开始了煤焦油的综合利用和工艺创新，陆续研制成功苯胺、茜素、靛蓝的染料，化工合成染料很快成为德国重要的出口产业。到 1913 年，德国的染料产量已占世界产量的 80%。染料工业的兴起又带动了其他化学工业和制药工业的发展，匹拉米洞、奴佛卡因、阿司匹林、六零六等药物都是由德国一些染料厂的制药部门研制成功的。合成氨、人造橡胶、合成油漆等也由德国首先合成，并在德国工业界开始形成了规模生产。化工技术的蜂聚式创新造就了德国化肥工业、化工合成染料工业和化工制造业的崛起，使化工技术革命成为继蒸汽技术革命之后工业生产力的一次新的飞跃，德国现代化以此为契机走到了发达国家的前列。

美国现代化进程中电力领域的蜂聚式技术创新更为引人关注。1877年美国发明家特斯拉申请了交流电动机的专利，1895年，第一个大型交流电动机组在纽约的尼亚加拉瀑布建成。1876年，贝尔发明了电话机；1877年，也就是贝尔发明电话后的第二年，在波士顿设的第一条电话线路开通了。1879年，爱迪生发明了耐用的白炽灯泡；1882年，爱迪生建立世界上第一个发电厂；1902年，爱迪生发明了"镍铁碱性蓄电池"；1910年，爱迪生宣布发明了有声电影。电器开始用于代替机器，成为补充和取代以蒸汽机为动力的新能源。随着电灯、电池、有轨电车、电影放映机、空调等相继问世，美国率先进入了"电气时代"。电力技术创新的蜂聚式涌现大大促进了美国社会生产力的发展，电力、电子、化学、汽车、航空等一大批技术密集型产业兴起，引起了产业结构的深刻变化，深刻改变了人类生活。可以说，电力领域的蜂聚式技术创新将美国推向了现代化的最前端。

中国式现代化是在一个人口众多、人力资源丰富的国家进行的现代化，又是在科技革命酝酿重大突破时代进行的现代化。由此观之，出现蜂聚式的技术创新将成为中国式现代化加速发展和取得突破的内在要求和关键。因此，中国必须高度重视技术创新，发挥技术创新在中国式现代化全面创新中的关键作用，精心培育蜂聚式技术创新出现的条件，抓住新科技革命中蜂聚式创新出现的机遇，加快推进中国走向世界现代化前列。

第三，现代化是技术创新、制度创新和知识创新交织推进的过程，中国式现代化的成功必须全面推进技术创新、制度创新和知识创新。

用创新史观考察现代化的历史，可以看到任何一个国家现代化的成功实现，都是一个技术、经济、政治、文化、社会的全面转型和创新过程，不可能单纯只有技术和经济的创新。当然，必须肯定，技术创新及其引发的产业结构的变化，是现代化最根本的标志和动力。从现代化的历史看，不论是英美等国的原发式现代化，还是德日的后发式现代化，以及"亚洲四小龙"的新发式现代化，都不只是技术创新、制度创新、知识创新某一单方面的创新过程，而是多维度多领域的叠加创新的过程。

最典型的如英国的现代化，不仅经历了以蒸汽技术革命为代表的技术创新，也经历了以现代工厂制度取代工场手工业制度、市场经济制度取代简单商品制度的制度创新过程，而且还经历了以光荣革命为标志的资产阶级立宪制度取代封建专制制度的制度创新过程，以及以牛顿经典力学为代表的自然科学知识创新过程，以培根和洛克为代表的社会科学知识创新过程。正是这些不同领域的创新的叠加才催生了英国的现代化。

美国的现代化是以电力技术的创新为其显著标志的，但美国的现代化同样是在制度创新、知识创新和技术创新交织叠加中进行的。十八世纪后半叶，导致北美十三个州英属殖民地脱离英国并且创建美利坚合众国的美国革命和独立战争，这首先就是重大制度创新。正如著名世界史专家斯塔夫里·阿诺斯所指出的，因为美国革命不仅是创造了一个独立的国家，而是创造了一个新型国家。美国人民在革命期间和革命后，将公民权扩大至所有成年男子，许多州通过了禁止买卖奴隶的法律，通过了包括《权利法案》在内的宪法。1776 年，潘恩出版的《常识》、第二届大陆会议通过的《独立宣言》在美国广为传播，深入民心。二者可以视为美国资产阶级革命的纲领性文献，表达了新兴的资产阶级争取民主、自由、平等和独立的政治主张，这是美国历史上影响深远的知识创新和观念创新。《1787宪法》的颁布，标志着一个拥有统一的政府，统一的市场、货币和税收的美国正式诞生。1870年以后，以爱迪生为代表的发明家开创了一个电力时代，引发第二次工业革命，使美国从照搬欧洲技术的学生，成长为一个有自主创新能力的国家。1894年，美国的工业总产值跃居各国之首，成为世界第一经济强国，成为世界现代化历史上的佼佼者。

再来看日本，1868年，日本实行明治维新，政治上推行了奉还版籍、废藩置县等一系列资产阶级政治改良运动，武士的特权被废除，"士农工商"四民被赋予平等地位，一步一步地进行着政治体制的改革创新。于1895年正式建立了内阁制度，并于1890年确立了议会制，变封建专制为资产阶级君主立宪制，推进了政治体制的现代化进程。经济上制定和实行一系列培植和发展资本主义工业的措施，统一全国币制和邮政，发放无息贷款扶植和补助私人企业，建立示范企业传授技术，聘请外国技师引进先进技术。1886—1890年，日本进行了第一次工业革命，主要发展纺织工业和铁道建设，加快了其现代化的步伐，有了现代化的初步物质基础。在1910年前后随着产业革命的完成，日本全面实现了资本主义工业化。在文化上，推行"文明开化"政策，提倡新文化，改造旧文化，发展近代教育。以福泽谕吉为代表的启蒙知识分子追求国家的富强独立，提倡向西方学习，对传统进行了全面的审视，大力倡导脱亚入欧，日本大开国门吸收西方先进的科学技术和文化知识。第二次世界大战后，日本在美国主导下民主化改革拉开序幕，日本现代化又踏上正轨。1946年，盟军总司令部向日本政府发出了"解除公职指令"，意在消除法西斯残余，恢复日本政党政治，实行大选，制定新宪法，强调国家主权属于国民，而天皇只是国家象征。日本通过对现代价值观的认同，全面创新了国家制度，顺利推进第二波现代化。在技术创新方面，日本根据国情先是实行以模仿为主的技术创新模式，利用较短的时间就实现了经济赶超。进入二十世纪八十年代以后，日本对于其以往的技术创新模式及行为进行了一系列的调整，采取基于技术研究的自主创新模式，迅速成为亚洲第一个现代化国家。

在中国现代化的起步阶段，科学技术相对落后，商品经济没有充分发展，封建专制有着长期历史传统，民主法制建设起步较晚，这种基本国情决定了全面推进技术创新、制度创新和知识创新是中国现代化长期面对的问题。进入二十一世纪，中国的现代化虽然已经取得显著进展，但仍然需要在技术、经济、政治、文化领域不断推进各方面的创新。在技术领域，必须在机械化、电气化的基础上大力推进信息技术、生物技术、新能源技术、人工智能技术的创新；在经济领域，必须大力推进市场经济制度、知识产权制度、现代企业制度和国民分配制度的创新；在政治领域，必须推进社会主义民主法制制度的创新，推进国家治理体系的创新；在文化领域，必须推进自然科学和社会科学的知识创新，推进各门知识科学体系、理论体系和知识体系的创新，从而形成技术、经济、政治、文化各个领域的创新的叠加和相互促进，这是成功推进中国现代化必须具备的条件。

第四，大众参与创新的程度与现代化发展水平密切相关，大力推进大众创新是实现中国式现代化的重要途径。

创新作为人类实践的一种高级形式，不仅需要有强烈的求知欲望，敢为人先的无畏勇气，发现新事物的灵感，而且要有必要的科学知识和丰富的实践经验。在古代和近代，由于经济和文化发展水平比较低，要具备必要的科学知识和丰富的实践经验，对于多数人而言是难以达到的。因而在人类历史的长时期里，创新只是少数社会精英能够从事的活动。现代化进程开始使这种状况发生了根本改变。启蒙运动解放了人们的思想，专利制度的产生激发了人们创新的积极性、科学知识的发展和传播提高了人们的知识水平，所有这些为草根阶层和劳动大众参与创新提供了必要的条件。

十八世纪下半叶，英国工业革命的兴起就与草根阶层和劳动大众大量参与创新密切相关。发明水力纺纱机的阿克赖特、发明多轴纺纱机的哈格里夫斯、发明走锭纺纱机的克朗普顿；发明由蒸汽驱动的动力织机的卡特赖特、发明和多次改进蒸汽机的瓦特、发明高压非冷凝发动机的伊文思、发明有轨电车的特莱威狄等人，都是来自社会下层和劳动大众中的发明家和创新者。正是这些创新造就了英国工业化和现代化的兴起。马克思在《资本论》一书中就对"钟表匠瓦特发明蒸汽机，理发师阿克莱发明经线织机，宝石工人富尔顿发明轮船"给予高度赞扬。恩格斯在《英国工人阶级状况》一书中对英国工业革命做出了高度评价，他用大量事实分析了英国的工人阶级和草根阶层对工业革命技术创新做出的贡献，并指出英国工人阶级"用自己的发明和自己的劳动创造了英国的伟业"。

十九世纪下半叶，美国的电力技术革命中草根阶层和劳动大众的参与也是一个值得关注的现象。第一个大型交流电动机组的制造者、拥有众多专利的特斯拉，发明了耐用白炽灯泡和创建了第一个电厂的大发明家爱迪生，飞机的发明者莱特兄弟，乃至创建了大型托拉斯的石油大王洛克菲勒，创建了囊括整个生产过程的供、产、销一体化的现代钢铁公司的钢铁大王卡内基，第一个使用流水生产线批量生产汽车的福特，所有这些在美国电力革命时期在技术创新方面取得显赫成就的创新者和企业家都是出生于美国社会的下层，都是从普通民众中涌现出的创新者。这种大众参与创新的现象，是美国在现代化进程中成为佼佼者的一个不容忽视的原因。

中国式现代化是在当代进行着的现代化。在当代，科学技术的日益发达，社会生产力的大幅度提升，不论是在发达国家还是发展中国家，人们的受教育程度普遍提高，世界劳动人口的平均受教育年限已达到 11 年，很多国家已经进入高等教育大众化的发展阶段，大众参与创新的程度逐步提高。在中国，据《中国人力资本报告

2022》指出，全国劳动力人口的平均受教育年限已达到 10.7 年，全国劳动力人口中高中及以上受教育程度人口占比已达到 43.1%，全国劳动力人口中大专及以上受教育程度人口占比已达到 21.8%，具备了大众参与创新的有利条件。特别是由于互联网和远程教育的发展，使当代人进行创新的知识水平的羁绊已经越来越被解除。在中国由于改革开放大量创新的涌现，人们的创新意识、求知欲望、创造灵感、敢为人先的勇气得到了前所未有的激发。人人皆可创新，行行皆能创新，大众创业，万众创新，既有迫切性也有可能性。大力推进大众创新，依靠大众创新，将成为实现中国式现代化的重要途径。

第五，中国式现代化是现代化史上的伟大创新。

现代化发展至今先后形成了四种较为成功的现代化模式，即英美等国的原发式现代化模式、德日的后发式现代化模式、"亚洲四小龙"的新发式现代化模式和中国式现代化模式。每一种模式的现代化对先前的现代化模式都有所创新，但中国式现代化模式则是现代化史上的重大创新。原发式现代化模式是一种内源性现代化，是渐进式的自然成长过程，经济上采取自由放任的市场经济，政治上实行议会民主、多党政治，文化上尊崇自由、民主、博爱、理性、平等、个人主义等观念，具有典型的西方化资本主义模式的特点。后发式现代化模式是一种外源性现代化，表现出快速、突进的特征。如日本实行符合市场经济规则的国家干预，政治上长期以来一党独大，在文化上"在西方文化的共性和本土文化的特性之间"达成了某种平衡。新发式现代化模式其特点是迅速摆脱经济落后状况的发展模式，经济上实行政府主导型的市场经济和出口导向型的战略，政治上推行威权主义，文化上强调东亚价值观。中国式现代化模式则是非西方化的、外源性的、社会主义市场化的现代化发展模式。所以，原有的各种发展模式都不能概括和反映中国现代化的特有经历和特点，特别是中国的社会主义市场化，这是中国对现代化的伟大创造。党的二十大进一步提出：中国式现代化，是中国共产党领导的社会主义现代化，既有各国现代化的共同特征，更有基于自己国情的中国特色。中国式现代化是人口规模巨大的现代化，是全体人民共同富裕的现代化，是物质文明和精神文明相协调的现代化，是人与自然和谐共生的现代化，是走和平发展道路的现代化。中国式现代化为世界提供了一种前所未有的全新发展模式，为人类实现现代化提供了全新的选择，这是现代化历史上的重大创新。

从人的逻辑看中国式现代化

丰子义，北京大学哲学系博雅讲席教授，马克思主义哲学研究中心主任，中国人学学会会长

中国式现代化既是中国发展的重大实践创造，又是现代化的重大理论创新。它所具有的内涵是非常丰富而深刻的，所显示的意义也是重大而深远的。对其加以认真研究、总结，不仅有助于深刻理解和把握中国式现代化，而且有助于更好地推进中国式现代化。

中国式现代化主要是相对于西方现代化提出的。中国式现代化与西方现代化的区别是多方面的，但最为根本的区别，就是两种现代化遵循的逻辑不同。西方现代化遵循的是资本逻辑，以资本为中心，而中国式现代化遵循的是人的逻辑，以人民为中心。从历史上看，西方现代化确实是按照资本逻辑发展起来的，没有资本的出现，就没有现代社会的形成；没有资本的发展，就没有西方现代化的兴起与扩展。资本成为现代社会旋转和现代化发展的轴心。西方现代化今天出现的各种矛盾、问题乃至危机，同样也是由资本逻辑造成的。中国式现代化正好相反，始终坚持的是人的逻辑，坚持人民至上，以人民为中心。现代化所要追求的是人民的根本利益，把实现好、维护好、发展好最广大人民群众的根本利益放在首位，最终实现社会全面进步、人的全面发展。要说现代化的"中国式"，这是最为显著的特点或本质特征。因此，中国式现代化具有深刻的人学内涵，需要加强人学的理论阐释。

何谓"人的逻辑"？简要说来，就是人的生存发展过程所包含的内在要求、内在联系及其发展趋势，所反映的是人的发展规律。就像社会发展有其客观规律一样，人的发展也有其自身的规律。人的逻辑不是抽象的，而是通过一系列具体环节及其联系、通过具体发展过程来展现的。就像资本逻辑总是通过资本的本性，资本的运作方式，资本的生产逻辑、流通逻辑、分配逻辑和消费逻辑来体现一样，人的逻辑也是通过不同的方面来体现的。如人的逻辑的起点和归宿、人的发展的基本顺序和推进方式、人的发展的实现条件和实现机制等，就是人的发展逻辑的具体内容和要研究的问题。中国式现代化实际上就是按照人的逻辑的具体内容、要求形成和发展起来的，其人学内涵主要是从以下方面得以显现的。

一　现代化建设的出发点和落脚点

现代化建设作为一项系统工程，要完成的目标、任务很多，但其出发点和落脚点则只有一个，这就是实现人民对美好生活的向往。增进民生福祉，提高人民生活品质，让人民群众有更多的获得感、幸福感和安全感，这就是现代化建设的追求与使命。这种出发点和落脚点就是根据人的发展逻辑确立的。人的生存发展，总是通过人的生活来体现和反映的，"个人怎样表现自己的生活，他们自己就是怎样"①。不断使自己的生活更美好，这就是人生的基本追求。不断实现对美好生活的向往，就是人的生存发展的逻辑主线。正是依据这样的逻辑，现代化建设与人的生活密切联系在一起。诚如习近平总书记所讲，"我们的目标很宏伟，但也很朴素，归根结底就是让全体中国人都过上更好的日子"②。现代化建设涉及经济、政治、文化、社会、生态等诸多方面，但最后还是归结到实现人民对美好生活的向往。如全面贯彻新发展理念，构建新发展格局，就是要使经济发展更好适合人的发展；发展全过程人民民主，就是要保障人民当家作主；繁荣发展文化事业和文化产业，就是要满足人民日益增长的精神文化需求；加强分配、就业、教育、健康、社会保障体系等社会建设，就是要保障和改善民生；推动绿色发展，就是要守护好人们生存发展的家园。现代化的各种建设都是围绕人的美好生活来展

---

① 《马克思恩格斯选集》第 1 卷，人民出版社 1995 年版，第 67—68 页。

② 习近平：《勇挑最重担子、敢啃最难啃的骨头》，《人民日报》2023 年 5 月 28 日第 1 版。

开的。

　　实现人民对美好生活的向往，关键是要满足人民对美好生活的需要。只有各种需要不断得到满足，生活才能真正称得上"美好"，人的发展才能真正落到实处。也正因如此，在新的历史条件下，我们党把满足这种需要同不平衡不充分的发展之间的矛盾作为社会主要矛盾，现代化的推进就是要不断解决这一矛盾。美好生活需要不是抽象的，而是具体的，不同阶段、不同历史时期，有其不同的内容。这样，在一定条件下讲美好生活需要，必须注意需要的合理性问题，即需要的提出应有合理的限度。需要是否合理，主要涉及两大尺度，即内在尺度和外在尺度：内在尺度是以主体自身发展的实际需要所提出的标准。看某种需要是否合理、正当，重要的是看其是否符合人的正常生存发展，并且有助于促进人的全面发展。滞后或误导人的正常生存发展的需要，肯定谈不上合理，更无从实现。外在尺度是依据客观现实和发展条件所提出的标准。它突出需要及其满足的现实性和条件性，旨在强调需要的提出和满足一定要从实际出发，以现有的条件为前提，超越历史阶段和现实条件的需要及其满足都只有抽象的可能性，而没有其现实性。这两大尺度的确立，事实上就提出了需要合目的性与合规律性问题，即需要及其满足既要合乎人的发展的目的，又要遵循客观规律，实现二者的有机统一。中国式现代化就是这样，既遵循规律，强调科学发展，又突出人民至上，以促进人的全面发展为目的，从而形成了一条新型的现代化道路。

二　现代化的推进逻辑

　　在世界现代化史上，各个国家的现代化既有共同特征，又在具体推进上大为不同。中国式现代化就是按照人的发展的具体内容和推进要求来展开的。就人的发展的具体内容来看，涉及的方面是丰富而全面的。按照马克思的理解，人的全面发展主要涉及劳动活动、人的社会关系、人的能力、人的素质、人的个性等方面的发展。这些方面并不是彼此孤立的，而是内在地联系在一起的，即人的劳动活动和社会关系的发展主要反映的是人的发展的前提条件，能力和素质的发展主要反映的是人自身发展的状况，个性的发展是人的发展的最高境界和最终目的，这些方面的发展相互影响、相互渗透，共同促进人的全面发展。中国式现代化就是适应人的各方面发展需要而形成和发展起来的。在实施过程中，"五位一体"的总体布局就是具体的体现。在"五位一体"的文明建设中，不仅要满足人民的物质生活需要，同时要满足人们的政治、文化、社会、生态等各种生活需要；现代化的建设不仅要全面，而且要协调。就人的发展的推进要求来看，也是有其逻辑顺序的。先是要满足物质生活需要，而后在此基础上不断满足其他需要。正是循着人的发展这样的逻辑，中国式现代化的推进形成了独特的顺序，这就是在满足人民的物质生活需求之后，不断满足人民在民主、法制、公平、正义、安全、环境等方面的需要，依次推进各个领域的现代化。总体说来，中国式现代化的推进逻辑所反映的就是人的现代化的内在逻辑。

由于人的发展和社会现代化要不断向高层次推进，因而必然要求高质量发展。党的二十大报告指出，"高质量发展是全面建设社会主义现代化国家的首要任务"[①]。之所以是首要任务，最根本的原因就在于现阶段发展中的各种矛盾、问题集中体现在发展质量上。对于人民的基本生活来说，过去"有没有"的矛盾基本解决了，现在"好不好"的矛盾突出了。伴随人们收入水平的提高和需求的扩大，消费结构开始向多样化、差异化、个性化发展，人民群众对产品和服务的质量、品质要求日益提高，这就要求从"数量"向"质量"转换，明显增强发展的质量优势。因此，高质量发展就是由新时代

---

① 习近平：《高举中国特色社会主义伟大旗帜　为全面建设社会主义现代化国家而团结奋斗——在中国共产党第二十次全国代表大会上的报告》，人民出版社 2022 年版，第 28 页。

新阶段人们需求的变化引起的，现代化建设就是要适应和满足这种高质量发展。

三　现代化的本质要求

中国式现代化是全体人民共同富裕的现代化。共同富裕是中国特色社会主义的本质要求，同时是中国式现代化的本质要求。这种本质要求也是由人的发展的内在要求决定的。人要发展，首先要解决生存问题，这就是要摆脱贫困、走向富裕。马克思在《德意志意识形态》中讲共产主义时，就首先谈到了与人的发展直接相关的两个前提：一个是生产力的发展，一个是交往的普遍发展。之所以要把生产力发展作为首要前提，就在于如果没有生产力的发展，就只能有"贫穷、极端贫困的普遍化，而在极端贫困的情况下，必须重新开始争取必需品的斗争，全部陈腐污浊的东西又要死灰复燃"①。也就是说，如果贫困问题解决不了，根本无从谈及人的发展、人的现代化。马克思还讲过，未来社会"生产将以所有的人富裕为目的"②"所有人共同享受大家创造出来的福利"③。可以说，摆脱贫困，走向共同富裕，这是未来社会和人的发展的基本要求。中国式现代化就是以全体人民共同富裕为其目标追求的。让人民过上好日子，这是我们党的奋斗目标。要促进共同富裕，分配制度是基础性制度。这就是要坚持按劳分配、多种分配方式并存，构建初次分配、再分配、第三次分配协调配套的制度体系，努力提高居民收入在国民收入分配中的比重，提高劳动报酬在初次分配中的比重。特别应当提起注意的是，中国式现代化所推进的共同富裕不仅仅是物质生活的富裕，而且是精神生活以至全部生活的全面富裕。"物质富足、

---

① 《马克思恩格斯选集》第 1 卷，人民出版社 1995 年版，第 86 页。
② 《马克思恩格斯全集》第 46 卷（下），人民出版社 1980 年版，第 222 页。
③ 《马克思恩格斯选集》第 1 卷，人民出版社 1995 年版，第 243 页。

精神富有是社会主义现代化的根本要求。"① 这种全面的共同富裕自然是由人的全面生活决定的，是其必然的内在要求。

要促进共同富裕，必须实现公平正义。中国式现代化与西方现代化的不同逻辑之分，实际上就直接涉及两种现代化有无公平正义、能否实现公平正义的问题。在资本主义世界，由其资本逻辑所决定，经济社会发展无法解开资本的增值和人的贬值的死扣，无法彻底消除劳资对立，因而在其现代化过程中很难真正做到公平正义。而中国式现代化由人的逻辑所决定，必然要坚持人民至上；而要真正坚持人民至上，就必须坚持社会主义制度，坚持公平正义。在现代化过程中，共同富裕的主体是"人民"，范围是"全体"，要求是"共同"。由这样的基本规定所决定，共同富裕绝对不能是贫富悬殊、两极分化，不能以牺牲公平正义为代价。事实上，共同富裕本身就内含着公平正义，是其应有之义。因为社会创造的财富再多，只要失去了公平正义，就很难达到共同富裕，最后的结果只能是富的越富，穷的越穷。在共同富裕的公平正义问题上，还是应当坚持这样的原则：先要把蛋糕做大，然后分好蛋糕。因为有蛋糕才谈得上分蛋糕。这就是要坚持把发展作为第一要务，把蛋糕做大做好，在此前提下，切实把蛋糕切好分好，防止两极分化。

四　现代化的推进方式

人的发展逻辑是一步步推进的，由此决定的现代化也需要渐进式来推进。全面建设社会主义国家，这是一个总目标，也是一项伟大而艰巨的系统过程。要实现这一总目标、完成这一系统工程，必须踔厉奋发，勇毅前行。但是，现代化建设也是有规律的，必须切实按照规律来稳步推进。应当看到，中国的经济社会发展取得了举

---

① 习近平：《高举中国特色社会主义伟大旗帜　为全面建设社会主义现代化国家而团结奋斗——在中国共产党第二十次全国代表大会上的报告》，人民出版社 2022 年版，第 22 页。

世瞩目的伟大成就，但是面临的形势也日趋严峻。从国际上看，世界百年未有之大变局加速推进，逆全球化思潮抬头，单边主义、保护主义明显上升，局部冲突和动荡频发，全球化问题加剧，世界进入新的动荡变革期。从国内看，改革发展面临不少深层次矛盾，躲不开、绕不过，特别是伴随中国发展正进入"三期叠加"阶段，各种挑战和不确定因素日益增多，各种"黑天鹅""灰犀牛"事件随时可能发生。因此，现代化建设必须根据实际情况，扎实推进，稳中求进。全面实现现代化，既是一个宏伟蓝图，又是一个具体发展过程。在一定历史条件下，现代化建设只能提出应当解决而且确实经过努力能够解决的任务，不是把目标定得越高越好，也不是把过程缩减得越短越好，而是需要遵循规律，科学发展，尽力而为，量力而行。这就要求注意现代化推进的历史性和过程性，用历史的观念和过程的观念正确对待现代化。

既然现代化的推进需要一个稳健的发展过程，那就又涉及现代化的主体即人自身的问题，即如何看待人是目的还是手段的关系问题。应当肯定，人在现实的生产、生活和各种关系中，始终是作为主体而存在的，始终是社会生活和社会发展的中心和目的，即"人是目的"。对此，无论是康德还是马克思都有明确而深刻的论述，尤其是马克思，其理论主题就是人的解放和人的自由全面发展，把人置于各种关系的最高位置，将人作为各种活动的最终目的。离开了人，离开了人的生存发展，经济社会发展没什么意义。因此，"人是目的"的价值指向和基本原则永远不能动摇。但是，坚持"人是目的"，不能忘了"人是手段"。如果人人都把自己当作目的而不当作手段，那这个目的一定是会落空的。强调人是目的和手段的统一，有其重要的现实意义。"社会主义是干出来的，幸福是奋斗出来的。"① 社会

---

① 习近平：《高举中国特色社会主义伟大旗帜　为全面建设社会主义现代化国家而团结奋斗——在中国共产党第二十次全国代表大会上的报告》，《人民日报》2022年10月26日第1版。

主义现代化强国也是如此，不是等来的，而是奋斗出来的。只有团结奋斗，才能有现代化的全面实现。这在客观上对人的素质和能力提出了新的要求。因为社会现代化有赖于人的现代化，现代化的发展程度就源自人的发展水平，即各方面素质、能力的发展水平。伴随经济社会的深入发展，现代化越来越突出科技、文化内涵，这就对人们的素质、能力提出了越来越高的要求。只有不断提高全民族的素质、能力，才能有全面现代化的切实推进。

中国式现代化的价值变革与哲学创新

欧阳康

欧阳康，华中科技大学国家治理研究院院长，哲学研究所所长，哲学学院二级教授，中组部国家万人计划"教学名师"，国家教育部"长江特岗学者"

　　本次来到德清县五四村参加中国哲学家论坛有些特别感悟。刚才王永昌教授提了一个很好的问题，如果是一个最高级别的哲学家论坛，来到了最富于创造性的浙江省湖州市德清县的最基层的"五四村"，会产生什么样的效应？我觉得最重要的就是让哲学家们知道当今中国社会的底层正在发生什么，而且是发生在最前沿的、最具有创新性的地方，显示的是最具有紧迫性、也是最具有方向性的问题。所以要特别感谢王伟光院长的决定，今天已经把浙江定为中国哲学家论坛的永久会址，同时在赵剑英社长等人的精心策划下，确实把浙江的最精华地方逐一给我们展现出来，从萧山到桐庐，到仙居，再到德清。

　　这一次到德清，听了关于德清的介绍，非常高兴。当然我有点好奇，有一个重要的信息在会上好像没有公布出来，这就是我们所在的"五四村"的来历。据我所知，浙江和湖北一直有一个争论，就是在中华人民共和国成立后，毛泽东除了北京以外，到底是在浙江待的时间长，还是在湖北待的时间长。我们曾经专门开展过研究，最后发现毛泽东到湖北的次数最多，但是待在浙江的时间最长。有何依据呢？那就是在 1953 年 12 月 28 日到 1954 年 3 月 14 日，毛泽东在浙江待了 77 天，他亲自带领宪法起草小组成员在这里为 1954 年的第一届全国人民代表大会起草《中华人民共和国宪法》。我们知道，中华人民共和国成立前夕，是中国人民政治协商会议通过的《共同纲领》起了代宪法的作用。而毛泽东主持起草的这部宪法后来在 1954 年第一次全国人民代表大会全票通过，被称为"五四宪法"，这是中华人民共和国的第一部宪法。在宪法起草过程中他曾经专门到莫干山考察调研，并来到了这个村，当时叫"四村"，后来改名为

现在的"五四村"。这里的"五四村"不是通常大家比较容易想的
"五四运动"的那个"五四"，而是"五四宪法"的"五四村"。这
件事情是可以让德清和"五四村"在中国宪法史和中国国家制度史
上留名的。这是我们这次会议地点所特有的意义！所以我认为德清
今后的宣传可以加上一个重要的信息，那就是德清是中国法治精神
的策源地之一，或者为新中国的法治史做出了贡献。习近平总书记
曾经于2013年到湖北考察，首次在湖北提出全面深化改革问题。后
来我们承接了中宣部的一个重大课题，探讨习近平新时代中国特色
社会主义思想的生动湖北实践，湖北的省委常委、宣传部部长是该
课题牵头人，我是首席专家，我们当时就做了一个判断，湖北是全
面深化改革思想的策源地之一，后来"学习强国"是把这个观点公
开刊发了的。"五四宪法"在新中国法制史上是首开先河的。我最近
在《中国社会科学》发表的一篇文章，叫《中国式现代化视域中的
国家制度和国家治理体系现代化》，其中讲新中国的国家制度建设，
就一定要讲到第一次全国人民代表大会和"五四宪法"，因为这是中
国共产党为新中国建立的人民代表大会这个根本政治制度，也有了
中华人民共和国的第一部宪法，确定了新中国的国体和政体。德清
和"五四村"能够为此有所贡献，是有历史性意义的。我们今天来
到这里开会，就更有意义了。

　　来到浙江省湖州市，这里正在探索和建构高质量发展共同富裕
先行区，而德清县在探索共同富裕中的精神富有，这一件事情是当
代人类、中华民族、中国人民和中国式现代化中的前沿问题。所以
从这个角度看，我觉得我们这次会议的主题也选得非常好，叫"中
国式现代化与马克思主义哲学中国化时代化的新境界"，就把两者之
间的同频共振、内在联系凸显出来了。

一　中国式现代化的价值变革

什么叫中国式现代化的价值变革？就是中国特色社会主义现代

化对于西方式现代化的价值学习、借鉴、变革与创新。我们知道，现代化不是源自中国，而是发自西方，它在几百年演进历程中已经形成了一套体系。中国式现代化，首先是对西方式现代化的学习和借鉴。不仅如此，现代化进入中国，曾经是作为帝国主义借助于洋枪洋炮洋船等欺辱中华民族的力量而进入的，而现在我们通过中国共产党带领中国人民的百年奋斗，走到了现代化的高端，这是一个非常艰难的思想探索和实践创新历程。

对于现代化和中国式现代化到底应该怎么样来看？不久前召开的党的二十大给我们提出了与之相关的两个重要研究任务，一是探讨中国式现代化与其他国家现代化的共同特征，二是中国式现代化的中国特色。坦率地讲，中国特色大家比较容易讲，也讲得比较多，共同特征讲得比较少，我认为还有很多可以探讨的空间。到哪里去寻找共同特征？首先是要回到现代化的本来含义，然后看其后续发展和中国应用，尤其是中国式现代化的价值变革与创新。

现代化有些什么本来含义，大家可以从不同的角度来探讨。我曾经在《求是学刊》2003年第1期发表一篇文章《现代化的"围城"及其超越》，尝试把本来意义上的资本主义现代化概括为"六化"，一个叫理性化，一个叫工业化，一个叫市场化，一个叫都市化，一个叫民主化，一个叫法治化，当然每一个要素又有它的多重价值。所以在中国走进现代化的历程中，首先就是要处理与这"六化"的关系。经过了百年奋斗，尤其是中华人民共和国成立以来，特别是改革开放以来，中国共产党带领中国人民对这"六化"，既进行了学习引进和移植借鉴，又都已经有了较大的实际改造和价值创新。

一是理性化，即以宣传资产阶级思想文化为主要内容的思想革命。当年资本主义现代化的思想发端，实际上是文艺复兴。文艺复兴强调理性化，要解放人性。从哪里解放？从神性下解放，让人们摆脱天主教对人性的约束，为此而彰显理性主义的法庭，高举理性主义的旗帜，促进了人的解放和资本主义发展。而这方面对于中国共产党人和中国人民来说，已经有很大不同，已经不再仅仅是历史因素，不再是天主教和其他宗教对人性的约束，而是经过了对中西方之间的"道"与"器"和"体"与"用"之关系的长期争论等，经过中国共产党人在革命历程中，学习运用马克思列宁主义并将其运用于中国的具体实际，与中国的革命、建设、改革开放和新时代发展相结合，与中华优秀传统文化相结合，通过学习、传承和创新，运用马克思主义的世界观和方法论来武装无产阶级的思想，来破除资本主义的思想体系，也排除中国传统思想对人性的约束，推进马克思主义的中国化、时代化和大众化，帮助中国人民更好地认识世界和认识中国，改造世界和发展自我。

二是工业化，工业化是全世界现代化共同的特征，即以自然科学和技术为主要内容的大机器生产和与之相应的工业革命。通过运用现代科学技术和新的生产组织形式来开展大机器生产，促使人的能力的片面地和高度地发展，通过自动化生产链来造就强大的全面的生产能力，创造巨大的物质财富。中国的现代化因为是后发的，所以我们经历了追赶型工业化的艰难历程，也曾经经历对工业化的简单化理解，但在改革开放后的不长的时间里走过了西方发达国家工业化的进程，建立起了世界上最大规模和具有更为完备体系的工业化体系。尤其近些年来，我们依托于现代高新信息科技，正在促进我国工业体系的信息化智能化自动化发展，从长期跟跑到部分同行甚至在一些领域获得了领先地位，赋予了工业化以全新的中国内涵。

三是市场化，即以航海和跨国贸易为主要内容的市场经济和商业革命。这是我们认真学习借鉴却又做了很大改变的方面。传统社会主义经济体系的重要特征是公有制、计划经济和按劳分配。中华人民共和国成立后我们建立了社会主义计划经济。改革开放以后，中国把社会主义计划经济，通过有计划商品经济引向了社会主义市场经济。尤其是 1992 年党的十四大决定建立社会主义市场经济体系，促进了中国经济快速发展。但中国经济并不仅仅是一个简单的市场化过程。我们通过建立社会主义市场经济，很好地激发了市场主体的主动性和创造性，很好地发挥了市场的作用，并使市场的作用由辅助性作用到基础性作用再到决定性作用，但是我们又没有放弃政府的宏观经济调控，而是把有效市场和有为政府内在结合起来，使中国经济既有活力又保持正确的方向和道路。这也是习近平新时代中国特色社会主义思想为什么由党的十九大概括的八个明确，到了党的十九届六中全会提升到十个明确，其中专门增加一个社会主义基本经济制度的重要内容。立足今天的时代高度来看党的十四大决定建立社会主义市场经济，它在社会主义历史上、现代化的历史上和中国现代化的历史上有多么重要。原来我们讲社会主义，讲的公有制、计划经济、按劳分配，现在看来我国不光是有公有制，还有多种所有制，不光是按劳分配，还有多种分配方式，也包括对于社会主义市场经济体制的建设，通过资本的逻辑来激发市场，促进经济发展，同时又通过有为政府在为经济发展创造更好的环境和条件等。

四是都市化，即以生产社会化和服务规模化为主要内容的城市革命。城镇化是西方式现代化的重要内容，但由于生产集中把城市变成了一个阶级分化广泛、阶级压迫严重、阶级矛盾集中的地方。中国的都市化区别于西方的，是努力把城镇变成人民实现对美好生活追求的地方。尤其我们现在所讲的新型城镇化，把城市发展与农村农业农民现代化结合起来，与乡村振兴结合起来一道发展，一方面通过扶贫搬迁移民等努力消除绝对贫困，另一方面通过加强城市尤其通过超大城市现代化治理为最广大的人民群众提供更好和更加公平的公共服务，提高人民生活品质。我们国家的治理研究院正在做超大城市治理重要课题，上个周末我们刚刚成功举办了第十届国家治理高峰论坛，主题就是超大城市治理现代化与国家治理现代化，我们请了国内顶级的城市问题研究专家参加会议，大家发表了很多精彩见地，从中感受到中国都市化的特殊价值。

五是民主化，以建立资产阶级的民主政治为主要内容的政治革命。民主是资本主义发展的必要条件，也是人类文明进步的重要表现。西方国家一直认为民主是他们的专利，但民主也是社会主义的核心价值。中国共产党是从要民主、反专制开启自己的革命历程的。经过这么多年的努力，我们努力构建社会主义民主制度，建立中国特色的新型政党政治制度，探索中国特色社会主义政治发展道路，努力探索践行社会主义民主，保障人民当家作主的政治权力，实行全过程人民民主，这样就真正的把选举民主与协商民主内在结合起来，实行全过程、全方位、全层次、全环节的民主，实行最广泛的人民民主。

六是法治化，以建立能够保护资产阶级民主政治的法律体系为主要内容的法律革命。西方的法治以人的"性恶论"和"原罪说"为前提，以社会契约论作为理论基础，比较多地关注形式公正、程序公正，容易忽略实质公正。而中国把坚持党的全面领导、人民当家作主和全面依法治国内在有机有序地联系起来，全方位保护所有人的权利，尤其关注弱势群体，努力构建社会主义法治体系，构建法治社会、法治政府、法治国家，创造出中国特色的社会主义法治道路。

对现代化的具体内容还可以从其他各种方面来加以概括，中国特色社会主义现代化进程包含极为丰富的内容，有很多的价值变革与实践创新。在这一系列的价值变革当中，我认为最根本的变革是人的价值的变革和提升，最核心的变革与创新是通过中国特色社会主义制度和体制机制创新，将社会运行的动力由资本主义社会的纯粹资本驱动逻辑，转换为以人的生存发展逻辑为主导的综合性动力体系。在这个体系中，我们应继续尽量充分地发挥资本的作用，让市场在资源配置中发挥决定性作用，以便更好地激发多元社会主体的创新创造积极性，释放和增强社会发展活力，但又不是纯粹的和单一的资本逻辑，而是发挥政府作用，倡导道义作用，维护社会公平正义，强化社会的精神价值，凸显人的主体性价值和生存发展逻辑，并以其消除和减少资本逻辑的极端和负面作用，努力将其引导到有利于人的生存和健康发展的方向。而且这种人的生存与发展逻辑，分出了多种层次，就其底线而言是历史性地消除绝对贫困，极大提高了人民生存发展的阈限，就其高端是努力满足人民对美好生活的向往，给人以幸福和快乐，就其中线是维护社会稳定和人民安全。就其主体性范围而言，是既包含了一切人的自由发展，从宏观上努力构建自由人的联合体，也包含了每个人的自由发展，让每个人的自由全面发展成为一切人自由全面发展的条件。

这方面的进步突出体现在我们在有 14 亿人口的中国全面建成小康社会，这个小康社会是 14 亿人的小康，是所有人的小康，也是每个人的小康。而且在这里我们把物质的逻辑和精神的逻辑结合起来，促进物质文明和精神文明协调发展。这就是浙江省正在全面推进的高质量发展建设共同富裕示范区，也是德清县在追求共同富裕过程中努力把个人发展和社会发展内在地结合起来，在物质富庶的同时努力塑造的精神富有所具有的特殊意义。

二　这些价值变革所蕴含的哲学创新

以上价值变革对我们哲学有什么启示？蕴含了哪些哲学创新？这里既有回归马克思主义本真精神和世界观方法论，也有对其在中国语境和新时代进程中的创新性运用。

首先，究其根本，是要回归到马克思主义哲学的本真精神。什么是马克思主义哲学的本真精神，可以从马克思的墓志铭得到教益和启示："哲学家们只是用不同的方式解释世界，而问题在于改变世界。"就我体会，帮助人们科学地认识世界和合理地改变世界，是马克思主义哲学的本真精神。中国式现代化就是中国共产党带领中国人民通过百年奋斗科学地认识世界和合理地改变世界所获得的最重要思想成果、制度成果和实践成果。

其次，要始终保持开放的心态，善于向各方面学习和借鉴。中国式现代化的发展历程，既是向现代化的学习历程，也是向马克思列宁主义的学习历程，是向社会主义的学习历程，也是向中华优秀传统文化的学习历程。到现在为止，世界现代化已经形成了五种主导模式，包括西欧模式、北美模式、苏东模式、东亚模式、拉美模式等。我们以前所未有的开放心态，基本上都学习和借鉴了，能学的我们都学了。把一切适合中国发展的人类文明因素引入中国，并努力让其成为中国式现代化的组成部分，这是中国式现代化获得成功的重要前提。

再次，要走出非此即彼的认知模式，善于综合创新。在当时资本主义社会矛盾极度尖锐复杂的背景下，马克思主义创始人为了消除资本主义的弊端，在谋划未来社会主义和共产主义社会形态时，基本上是按照资本主义有什么本质、造成了什么社会问题，社会主义就站在它的对立面，来构建未来社会。资本主义私有制造成了剥削压迫，社会主义就搞公有制，资本主义市场经济不时带来经济危机，社会主义就搞计划经济，资本主义的按资分配有问题，社会主义就搞按劳分配，等等。这样，社会主义就成为资本主义的对立面。后来发现，社会发展中的不同阶段和不同形态并不一定绝对是非此即彼的，后续的发展可以借鉴其前社会形态发展中的合理因素，在此基础上寻求超越。资本主义的弊端需要克服，但资本主义也是人类文明发展的一定阶段，也带来了人类文明的一定进步，其中所存在的符合人类文明发展的因素也可以学习和借鉴。中国走上了社会主义道路，如何把马克思主义与中国的建设实际相结合，与世界现代化相结合，促进中国的发展与进步，成为紧迫的问题。对于这些问题，毛泽东在1956年提出我们要将马克思主义与中国实际进行第二次结合，第一次结合解决中国特色的无产阶级革命道路问题，第二次结合解决中国特色社会主义建设道路问题。但很遗憾，由于国际国内形势的极度复杂性，在他生前没有能够解决这个问题。而邓小平同志带领中国共产党和中国人民在改革开放以后成功地解决了这个问题，其最根本点就是搞中国特色社会主义也要面向世界、面向现代化、面向未来。这个问题的最大哲学变革与创新就是认为社会发展并不是单一要素、单一模式、单一路径的，不同社会制度之间并不一定是颠覆性的和非此即彼的，资本主义也有一些符合人类文明发展进步的积极要素，社会主义要行进在当代人类文明上，就应该也可以以一种特殊的方式对其加以学习和借鉴，将其纳入社会主义并在新的高度上内在地融会、贯通，形成一个体系性的综合性创新。现在看来我们最大的变革和最大的成果，就是在推进马克思主义中国化时代化大众化的进程中，将社会主义和现代化在中国优秀传统文化的基点上内在结合起来，形成中国式现代化。

最后，要始终坚持以人为中心的发展理念。现在和未来中国在发展中面临最大的问题就是，我们以开放心态将各种类型的文明要素引入了中国，这些原来在各自体系里面发生积极作用的要素，现在进入一个新的体系，如何把它们内在地融会起来，形成一个内部协调和融合的社会有机体。既能在最先进的意义上说明中国式现代化与各国现代化的共同特征，又能符合实际地说清其中国特色。这里最为根本的就是以人为本，以人民为中心，这是马克思主义的精髓，也是社会主义的精髓，还是共产党执政理念的精髓，也应该成为中国式现代化的精髓。如何更好地实现，这是我们需要去开展深度的理论探索和实践创新的。在这个过程中，有很多工作需要哲学工作者们认真去做。相信本次会议能够给我们更多的启示，也希望我们的中国哲学家论坛能够帮助我们更加真实地走进中国社会，从实践中得到更多的收获与启迪。

中国式现代化的哲学思维

赵剑英　朱华彬

赵剑英，中国社会科学出版社党委书记、社长，中国社会科学院大学教授，南开大学—中国社会科学院大学 21 世纪马克思主义研究院特聘教授，中国辩证唯物主义研究会副会长，中国历史唯物主义学会副会长，中国特色社会主义理论研究会副会长

朱华彬，中国社会科学出版社哲学宗教与社会学出版中心主任、副编审

习近平总书记在党的二十大报告中全面系统地阐释了什么是中国式现代化、怎样实现中国式现代化这一重大时代课题，深入阐述了中国式现代化的中国特色、本质要求、战略安排、目标任务、重大原则等，初步构建了中国式现代化的理论体系。此后，习近平总书记在学习贯彻党的二十大精神研讨班开班式上发表重要讲话，在中国共产党与世界政党高层对话会上发表主旨讲话，进一步阐释中国式现代化的深刻内涵，丰富了中国式现代化理论体系。这些都为新时代中国共产党带领中国人民以中国式现代化全面推进中华民族伟大复兴提供了理论遵循。习近平总书记指出，"中国式现代化蕴含的独特世界观、价值观、历史观、文明观、民主观、生态观等及其伟大实践，是对世界现代化理论和实践的重大创新"①。我们应立足马克思主义哲学的高度，准确透彻地理解中国式现代化的深刻内涵，为全面推进中国式现代化提供有力学理支撑。

牢牢把握中国式现代化的目标追求

马克思主义历史观认为，人民群众是历史的创造者，是社会变革和进步的决定性力量，是历史发展的主体。习近平总书记多次强调人民群众的主体地位，鲜明指出"人民是创造历史的动力，我们共产党人任何时候都不要忘记这个历史唯物主义最基本的道理"②。

①　《推进中国式现代化必须进行伟大斗争——论深入学习领会习近平总书记在学习贯彻党的二十大精神研讨班开班式上重要讲话》，《人民日报》2023 年 2 月 14 日第 1 版。

②　《习近平总书记系列重要讲话读本》，学习出版社、人民出版社 2016 年版，第128 页。

人民群众既是历史的创造主体，也是历史的价值主体。马克思主义历史观和价值观是统一的，马克思主义不仅占据真理制高点，而且占据价值和道义的制高点。习近平总书记指出："马克思主义是人民的理论，第一次创立了人民实现自身解放的思想体系。马克思主义博大精深，归根到底就是一句话，为人类求解放。"① 扬弃资本逻辑，消灭剥削，消除两极分化，实现人自由而全面的发展，构建"自由人的联合体"即共产主义社会，这是马克思恩格斯创立的科学社会主义的基本逻辑。

基于马克思主义历史观和价值观，习近平总书记指出现代化的本质是人的现代化。人的现代化是现代化的核心指标，是评价社会现代化水平的最重要标志。工业化、信息化、城镇化等，从根本上说都是人的现代化。在中国共产党与世界政党高层对话会上的主旨讲话中，习近平总书记鲜明指出："我们要坚守人民至上理念，突出现代化方向的人民性。人民是历史的创造者，是推进现代化最坚实的根基、最深厚的力量。现代化的最终目标是实现人自由而全面的发展。"② 习近平总书记的这一系列重要论述彰显了中国式现代化鲜明的人民性，只有坚持人民至上，坚持发展为了人民、发展依靠人民、发展成果由人民共享，坚持以实现人自由而全面的发展为最终目标，才是正确的发展观、现代化观。

人民性是马克思主义的本质属性，坚持人民至上是习近平新时代中国特色社会主义思想重要的世界观和方法论，是中国式现代化的价值规定性。西方式现代化虽然将人从教权、王权中解放了出来，让人获得了人本主义的存在方式，较之此前时代的人类文明程度有很大进步，但使人最终陷入金钱拜物教的资本逻辑统治中，使资本凌驾于人之上。而中国式现代化则注重合理、有效地利用资本，防

---

① 《十九大以来重要文献选编》（上），中央文献出版社 2019 年版，第 424 页。
② 《习近平出席中国共产党与世界政党高层对话会并发表主旨讲话》，《人民日报》2023 年 3 月 16 日第 1 版。

止资本无序扩张，反对两极分化，实现共同富裕，以实现人自由而全面的发展为最终目标。

全心全意为人民服务是中国共产党的根本宗旨，中国共产党自诞生之日起，就始终秉持"为中国人民谋幸福，为中华民族谋复兴"的初心和使命，始终坚守人民立场，坚持以为人民造福、提升人民群众的福祉为发展目的。党的十八大以来，习近平总书记坚持人民至上的理念，提出坚持以人民为中心的发展思想，把人民对美好生活的向往作为我们党的奋斗目标。习近平总书记在党的二十大报告中指出："我们坚持把实现人民对美好生活的向往作为现代化建设的出发点和落脚点。"他强调："现代化道路最终能否走得通、行得稳，关键要看是否坚持以人民为中心。"① 这表明，以人民为中心是中国式现代化的重要坐标，中国式现代化锚定的是人民对美好生活的向往。新时代 10 年来，我们党始终坚持以人民为中心的发展思想，完成脱贫攻坚艰巨任务，历史性地解决了绝对贫困问题。我们党在推进幼有所育、学有所教、劳有所得、病有所医、老有所养、住有所居、弱有所扶上持续用力，建成世界上规模最大的教育体系、社会保障体系、医疗卫生体系。人民生活全方位改善，人民的获得感、幸福感、安全感不断提升。中国式现代化是全体人民共同富裕的现代化，是物质文明和精神文明相协调的现代化，是人与自然和谐共生的现代化，是走和平发展道路的现代化，都体现了促进人自由而全面的发展的目的追求。

中国式现代化是中国共产党领导的现代化，中国共产党始终代表最广大人民根本利益，没有任何自己特殊的利益，从来不代表任何利益集团、任何权势团体、任何特权阶层的利益。习近平总书记

---

① 习近平：《高举中国特色社会主义伟大旗帜　为全面建设社会主义现代化国家而团结奋斗——在中国共产党第二十次全国代表大会上的报告》，《人民日报》2022 年10 月 26 日第 1 版。

强调："人民群众有着无尽的智慧和力量。"① 在推进中国式现代化的伟大实践中，党始终努力实现全体人民的现代化。同时，党始终坚持人民群众是推进现代化的主体，紧紧依靠人民，主动向人民学习，激发广大人民群众的积极性、主动性和创造性。

准确把握中国式现代化的共性与特色

唯物辩证法认为，矛盾具有普遍性和特殊性，任何客观事物都是普遍性和特殊性、共性和个性的有机统一。习近平总书记在党的二十大报告中指出："中国式现代化，是中国共产党领导的社会主义现代化，既有各国现代化的共同特征，更有基于自己国情的中国特色。"② 这句话指出，中国式现代化既遵循现代化一般规律，又具有中国特色，是现代化一般规律与中国现代化特色的统一，体现了共性和个性相统一的辩证法。

中国式现代化是人类现代化的一部分，具有各国现代化的共同特征即共性。世界各国现代化有诸多共同特征，最重要的当数工业化。工业化是现代化的基础，世界各个现代化国家基本都走过工业化的进程。中华人民共和国成立后，中国共产党人对现代化的最初设想是建立先进的工业国，明确提出要"把我国尽快地从落后的农业国变为先进的工业国"，后来又提出要实现工业、农业、国防、科学技术四个现代化。经过实施几个五年计（规）划，中国建立起独立的比较完整的工业体系和国民经济体系。改革开放 40 多年来，中国工业化进程加快并伴随信息化的快速发展。我们用几十年时间就走完发达国家几百年走过的工业化历程。目前中国已经成为世界第

---

① 《习近平出席中国共产党与世界政党高层对话会并发表主旨讲话》，《人民日报》2023 年 3 月 16 日第 1 版。

② 习近平：《高举中国特色社会主义伟大旗帜　为全面建设社会主义现代化国家而团结奋斗——在中国共产党第二十次全国代表大会上的报告》，《人民日报》2022 年 10 月 26 日第 1 版。

一制造大国，是世界上唯一门类齐全，具有完整工业体系的国家。信息化发展成就更是惊人，数字中国正在大力推进，到 2035 年，数字化发展水平将进入世界前列。现代化的另外一个重要的共同特征是城镇化，世界各个现代化国家都完成了城镇化的进程。中国现代化建设也经历了城镇化进程，根据国家统计局第七次全国人口普查主要数据，中国城镇化率达 63.89%。现代化还体现在治理体系和治理能力的现代化。长期以来，在推进中国式现代化过程中，我们坚持党的领导、人民当家作主、依法治国有机统一，创造了经济快速发展和社会长期稳定的奇迹。党的十八届三中全会提出推进国家治理体系和治理能力现代化，明确提出构建系统完备、科学规范、运行有效的制度体系，使各方面制度更加成熟更加定型。现代化的共同特征还包括较高的人均收入和生活水平，较高的教育程度，较高的公共服务水平等。这些都是推进中国式现代化要努力实现的。

　　中国式现代化是中国共产党领导中国人民基于中国国情在实践基础上探索和拓展出来的，具有自己的特色。这一特殊性是中国式现代化区别于世界其他国家现代化的重要标识。党的二十大报告对这一特殊性作了概括和阐释，具体表现在五个方面。一是人口规模巨大的现代化，这是中国式现代化的显著特征。中国是一个具有 14 亿多人口的大国，这样的人口规模决定了我国现代化道路的长期性、艰巨性、复杂性，决定了推进路径和发展方式的特殊性。二是全体人民共同富裕的现代化，而不是两极分化的现代化，这是中国式现代化的本质特征。中国是社会主义国家，消除贫富分化，实现全体人民的共同富裕是中国特色社会主义的本质要求。三是物质文明和精神文明相协调的现代化，而不是物质至上的现代化，既要物质富足，也要精神富有，是中国式现代化的崇高追求。全体人民的共同富裕是物质生活和精神生活都富裕。四是人与自然和谐共生的现代化，而不是竭泽而渔、破坏环境资源的现代化，这是中国式现代化的鲜明特点。中国式现代化坚定不移地走生产发展、生活富裕、生态良好的文明发展道路，既增进当代人福祉，又保障子孙后代权益，实现中华民族永续发展。五是走和平发展道路的现代化，而不是对外扩张掠夺的现代化，这是中国式现代化的突出特征。中国式现代化不走一些国家通过战争、殖民等方式实现现代化的老路，不搞零和博弈、霸凌主义。习近平总书记指出："吹灭别人的灯，并不会让自己更加光明；阻挡别人的路，也不会让自己行得更远。"① 中国坚决反对通过打压遏制别国现代化来维护自身发展"特权"，中国式现代化走共建共享共赢之路，共同做大人类社会现代化的"蛋糕"，努力让现代化成果更多更公平惠及各国人民。

中国式现代化的特殊性还体现在中国式现代化的本质要求上，即坚持中国共产党领导，坚持中国特色社会主义，实现高质量发展，发展全过程人民民主，丰富人民精神世界，实现全体人民共同富裕，促进人与自然和谐共生，推动构建人类命运共同体，创造人类文明新形态。其中，党的领导直接关系中国式现代化的根本方向、前途命运、最终成败，坚持中国共产党领导是中国式现代化的根本性质，党的领导确保中国式现代化的正确航向、激发建设中国式现代化的强大动力，是全面推进中国式现代化的根本保障。习近平总书记指出："什么样的现代化最适合自己，本国人民最有发言权。"② 中国式现代化不是照抄照搬别国模式，而是立足自身国情探索出来的适合自己的现代化道路，彰显了中国人的自主自信、自立自强。

习近平总书记指出："中国式现代化，深深植根于中华优秀传统文化，体现科学社会主义的先进本质，借鉴吸收一切人类优秀文明成果，代表人类文明进步的发展方向，展现了不同于西方现代化模

---

① 《习近平出席中国共产党与世界政党高层对话会并发表主旨讲话》，《人民日报》2023 年 3 月 16 日第 1 版。
② 《推进中国式现代化必须进行伟大斗争——论深入学习领会习近平总书记在学习贯彻党的二十大精神研讨班开班式上重要讲话》，《人民日报》2023 年 2 月 14 日第 1 版。

式的新图景，是一种全新的人类文明形态。"① 坚持共性和个性相统一，才能深刻理解中国式现代化的历史意义和世界意义。中国式现代化，打破了"现代化＝西方化"的迷思，为发展中国家走向现代化提供了新的路径选择，树立了典范。中国共产党带领中国人民坚持共性与个性相统一，成功探索出自己的现代化道路，增强了世界其他国家和民族独立自主迈向现代化的信心，为其提供了宝贵的经验。

深刻把握推进中国式现代化的辩证法

推进中国式现代化，要在实践中深刻把握中国式现代化的辩证法，这主要体现在两个方面，一是注重发展的协调性；二是坚持系统观念，正确处理好中国式现代化的一系列重大关系。

协调是事物持续健康发展的内在要求，习近平总书记把协调作为新发展理念的重要内容之一。他强调："协调既是发展手段又是发展目标，同时还是评价发展的标准和尺度，是发展两点论和重点论的统一，是发展平衡和不平衡的统一，是发展短板和潜力的统一。"② 习近平总书记将协调这一重要理念贯穿中国式现代化实践，强调了先富起来与全体人民共同富裕、物质文明和精神文明、人与自然、中国与世界、发展与安全的辩证统一。协调强调把握事物发展的度，体现了对立统一的辩证法思想，蕴含深刻的哲学内涵。

中国式现代化是全体人民共同富裕的现代化而不是贫富分化的现代化。共同富裕是中国特色社会主义的本质要求，也是中国式现代化的本质特征。共同富裕是全体人民的富裕，不是少数人的富裕，也不是整齐划一的平均主义，要分阶段促进共同富裕。

中国式现代化是物质文明和精神文明相协调的现代化。中国式

① 《习近平在学习贯彻党的二十大精神研讨班开班式上发表重要讲话强调　正确理解和大力推进中国式现代化》，《人民日报》2023 年 2 月 8 日第 1 版。

② 习近平：《深入理解新发展理念》，《求是》2019 年第 10 期。

现代化在追求全体人民共同富裕的同时强调物质文明与精神文明、物质生活与精神生活的统一。在党的二十大报告中，习近平总书记把丰富人民精神世界作为中国式现代化的本质要求之一，强调物质富足、精神富有是社会主义现代化的根本要求。新时代在推进中国式现代化的进程中，我们要满足人民群众对美好生活的需求，既要不断厚植现代化的物质基础，不断夯实人民幸福生活的物质条件，同时又要大力发展中国特色社会主义文化，不断丰富人民的精神世界，促进人自由而全面的发展。

中国式现代化坚持人与自然和谐共生。恩格斯警告我们："不要过分陶醉于我们人类对自然界的胜利。对于每一次这样的胜利，自然界都对我们进行报复。"① 然而，宣扬人类中心主义、向自然过度索取正是西方发达国家实现现代化所走过的道路。习近平总书记指出："'万物各得其和以生，各得其养以成。'大自然是包括人在内一切生物的摇篮，是人类赖以生存发展的基本条件。"② 党的十八大以来，习近平总书记在推动社会主义生态文明建设过程中提出"绿水青山就是金山银山""人与自然和谐共生""人与自然是生命共同体"等一系列重要论断，大力推动生态文明理论创新、实践创新、制度创新，创造性提出一系列富有中国特色、体现时代精神、引领人类文明发展进步的新理念新思想新战略，形成了习近平生态文明思想。党的十八大以来，中国共产党领导中国人民全方位、全地域、全过程加强生态环境保护，不断健全完善生态文明制度体系，绿色、循环、低碳发展迈出坚实步伐，生态环境保护发生历史性、转折性、全局性变化，我们的祖国天更蓝、山更绿、水更清。现在，绿色发展理念已深入人心，我们像保护眼睛一样保护自然和生态环境，在新能源发展领域已处于世界前列。在中国式现代化的蓝图中，人民

---

① 《马克思恩格斯文集资料汇编》，人民出版社 2011 年版，第 188 页。

② 习近平：《携手构建人与自然生命共同体（命运与共）》，《人民日报》2022 年 5 月 9 日第 3 版。

群众对美好生活的向往本身就包含对自然环境的更高要求，人自由而全面的发展与生态发展是内在统一的。

中国式现代化走和平发展道路，追求建设和谐世界。在实现现代化的过程中，中国坚持胸怀天下，坚持天下为公，仁者爱人，协和万邦的理念，既要为人民谋幸福、为民族谋复兴，又要为人类谋进步、为世界谋大同。中国主张不同民族国家不同文明体系交流互鉴，求同存异，和谐共处，在"和平、发展、公平、正义、民主、自由"的全人类共同价值基础上构建人类命运共同体，绝不掠夺、欺凌其他国家。习近平总书记在党的二十大报告中指出："我们坚定站在历史正确的一边、站在人类文明进步的一边，高举和平、发展、合作、共赢旗帜，在坚定维护世界和平与发展中谋求自身发展，又以自身发展更好维护世界和平与发展。"[①] 新时代我们推动更高水平的对外开放，就要构建以国内大循环为主体、国内国际双循环相互促进的新发展格局，努力实现中国发展与世界发展的和谐统一。

推进中国式现代化，要正确处理一系列重大关系。世界是普遍联系的，万事万物是相互联系、相互依存的，坚持系统观念是习近平新时代中国特色社会主义思想重要的世界观和方法论。习近平总书记强调："推进中国式现代化是一个系统工程，需要统筹兼顾、系统谋划、整体推进，正确处理好顶层设计与实践探索、战略与策略、守正与创新、效率与公平、活力与秩序、自立自强与对外开放等一系列重大关系。"[②] 要辩证处理这些重大关系，不可顾此失彼，更不能厚此薄彼，从哲学上说，就是要处理好主体与客体、理论与实践、

---

① 习近平：《高举中国特色社会主义伟大旗帜　为全面建设社会主义现代化国家而团结奋斗——在中国共产党第二十次全国代表大会上的报告》，《人民日报》2022 年10 月 26 日第 1 版。

② 《推进中国式现代化必须进行伟大斗争——论深入学习领会习近平总书记在学习贯彻党的二十大精神研讨班开班式上重要讲话》，《人民日报》2023 年 2 月 14 日第 1 版。

全局和局部、内因与外因、质变与量变、当前和长远、宏观和微观等一系列关系，最根本的就是把握好"度"，寻求一种发展中的动态平衡与和谐。

习近平总书记对一系列重大关系的阐述蕴含丰富的辩证法思想，为推动中国式现代化建设提供重要的方法论指引。在处理顶层设计与实践探索的关系上，要坚持实践和认识相统一，既要充分发挥主观能动性，在掌握实际情况和客观规律的基础上做好整体规划，为实践探索提供科学指导，又要在实践中大胆探索，通过改革创新制定科学的实施方案，落实顶层设计。在处理战略与策略的关系上，要坚持长远和当前的辩证统一，既注重战略上的前瞻性、全局性、稳定性和原则性，又要注重策略上的灵活性、机动性，在因地制宜、因势而动、顺势而为中把握战略主动。在处理守正与创新的关系上，既要守好中国式现代化的本和源、根与魂即中国式现代化的中国特色、本质要求、重大原则等，又要着眼重大理论和实践问题进行改革创新，不断塑造发展新动能新优势。在处理效率与公平的关系上，既要创造比资本主义更高的效率，又要坚持社会主义公平，努力实现效率与公平相互促进。在处理活力与秩序的关系上，要统筹发展和安全，既要充分激发全社会的创造活力和经济社会发展的活力，又要维护国家安全，保障稳定的社会秩序。在处理自立自强与对外开放的关系上，既要坚持把国家和民族发展放在自己力量的基点上，坚持把中国发展进步的命运牢牢掌握在自己手中，又要努力提升对外开放水平，深度参与全球产业分工和合作，拓展中国式现代化的发展空间。

总之，中国式现代化理论体系是一个紧密联系的整体，是以习近平同志为核心的党中央领导全国人民进行的重大理论创新，是科学社会主义的最新重大理论成果，体现了习近平新时代中国特色社会主义思想的世界观和方法论，开辟了马克思主义哲学中国化时代化的新境界，我们要深入学习、深刻领会其中的丰富内涵和深邃思想，从马克思主义哲学的高度准确把握并全力推进中国式现代化。

中国式现代化的三个基本问题

王新生

王新生，南开大学马克思主义学院、哲学院教授，南开大学—中国社会科学院大学 21 世纪马克思主义研究院执行副院长

以中国式现代化全面推进中华民族伟大复兴，创造人类文明新形态，这是中国共产党在新时代提出的一个重大历史命题。说它是一个重大历史命题是因为，只有通过回溯最近 500 年世界现代化的历史，只有通过发掘过去 5000 年中华文明的历史，才能深刻把握中国式现代化的实质和特征，才能深刻理解中国式现代化对于中华民族伟大复兴和创造人类文明新形态的重大意义。要想深刻把握这一重大历史命题，就必须深刻理解中国式现代化的底层逻辑，因而需要首先回答三个方面的基本问题：为什么是现代化？为什么是中国式现代化？为什么是以中国式现代化全面推进中华民族伟大复兴，创造人类文明新形态？

一　为什么是现代化？

为什么是现代化？或者说，我们为什么要搞现代化？这并不是一个无须追问的虚造问题，而是始终伴随着世界现代化进程的"个人性生存焦虑"和"反思性理论疑问"。"个人性生存焦虑"来自现代化进程中仍然驻足于传统社会生活中的人们与现代社会生活的疏离；"反思性理论疑问"来自现代化进程中保守主义历史观对"进步"观念的质疑。

人类历史上的现代化开始于西方，因此既往人们关于现代化问题的讨论也大多以西方现代化为参照，形成了西方话语下的现代化理论体系。在这一理论体系中，西方学者将十七世纪到二十世纪间三四百年的历史称为"现代"（Modern）。二十世纪晚期以来，随着后现代主义的兴起，"后现代"（Postmodern）是否已经来临，"现代"是否已经终结，成为问题。后现代主义主张，当今的人类社会已经进入到一个"后现代"的时代；与之相反，哈贝马斯等人则认为"现代性是一项未竟的事业"，我们仍然处于现代化进展之中。

无论人们关于"现代""现代化"的理解有多少分歧，有一点是可以确定的：既往的现代化基本上是在资本主义文明主导下展开的，与资本主义生产方式紧密相关。一般而言，在资本主义文明主导的现代化进程中，传统社会自给自足的小生产方式逐渐瓦解，传统社会结构逐渐解体，生活在传统社会关系下的人们被抛入到新的社会结构和新的社会关系中来。对于有限的个体生命而言，新的社会结构和新的社会关系的形成是一个漫长的过程，而社会转型则是社会的断裂。传统与现代之间的断裂，割断了个人与原有价值体系联系的纽带，新的价值体系尚未形成，在社会生活中造成普遍的"个人性生存焦虑"。马克思说："资产阶级在它已经取得了统治的地方把一切封建的、宗法的和田园诗般的关系都破坏了。它无情地斩断了把人们束缚于天然酋长的形形色色的封建羁绊，它使人和人之间除了赤裸裸的利害关系，除了冷酷无情的'现金交易'，就再也没有任何联系了。"① 以小生产方式为基础形成的传统社会塑造了稳定的传统社会关系，为生活在传统社会中的人们提供了一种不同于现代社会的生活体验。世界进入现代化进程开始以后，从传统社会到现代社会的转型是在很短的历史时期内发生的，因此对转型社会中的人们的生存体验的冲击是强烈的。无论是卓别林在《摩登时代》中对扭曲人性的流水线工作的夸张表演，还是梭罗在《瓦尔登湖》中以细腻笔触对出离现代社会场景的隐逸生活的描写，都是人们在社会转型过程中焦虑情绪的文学投射。这种个体层面的生存焦虑，不只是那些深陷贫困的人才会具有的，而是社会转型过程中普遍存在的"现代化不适症"，是大众心理层面对传统社会关系的精神怀恋和对现代社会关系的心理拒斥。正如梭罗在《瓦尔登湖》中所说的：

---

① 《马克思恩格斯文集》第 2 卷，人民出版社 2009 年版，第 33—34 页。

"人类的工业和发明所提供的种种好处，那些可是付出了高昂的代价才得来的。"这种生存焦虑很自然地把人引向回归传统的怀古情绪，梭罗说："我们的先辈走这条路是经过深思熟虑的，他们首先要满足的是较为迫切的需求。但在如今，较为迫切的需求是什么呢？每当想到要给自己置办一座豪华的居所，我就会感到沮丧，因为这个国家看来尚未采纳人性的文化。"① 这里，传统被看作是人性的，而现代则被看作是非人性的。

在近代以来的世界现代化进程中，出现了许多像梭罗这样的个人和他们组成的群体，这些个人和群体因为对资本主义社会中人的生存境况的不满，试图通过"返回传统"找到人生的归宿，恢复符合人的本性的生活。直至今天，当我们快速走进现代化的时候，仍然能够看到许多"现代化不适症"引发的"归隐田园"和"思乡"的浪漫畅想。在这里，"田园"和"故乡"是一种象征和隐喻，是人们思想深处对传统生活方式的怀恋，因此不能仅仅用"失败者的消极避世"做简单的解释。无论是静谧的瓦尔登湖还是空谷幽兰的终南山都是象征，它们象征着一种生活方式和生存方式，一种逃避现代化的生活方式和生存方式，人们在浪漫的想象中把它们与前现代的生活场景联系起来。

虽然说这种个体层面的怀古情绪是社会的现代化转型过程中一部分人对旧有宗法关系的浪漫主义想象，但却有着深刻的人性基础。英国政治哲学家欧克肖特清晰地揭示了这种心理情绪的人性根据，他说："保守就是宁要熟悉的东西不要未知的东西，宁要试过的东西不要未试的东西，宁要有限的东西不要无限的东西，宁要切近的东西不要遥远的东西，宁要充足不要过剩，宁要方便不要完美，宁要

---

① ［美］亨利·戴维·梭罗：《瓦尔登湖》，李继宏译，天津人民出版社 2013 年版，第 27—28 页。

现在的欢笑不要乌托邦的极乐。"① 近代以后出现的各种保守主义、复古主义理论就是建立在这种普遍心理情绪和人性根据之上的。这些保守主义者将现代化看作人们在追求个体自由的过程中不断冲破传统社会秩序的历史过程。他们认为，秩序是人类社会存续的根本，而秩序建立的根基是美德。美德并不是人类理性设计的产物，而是在人们长期共同生活的历史中形成的。近代以来的现代化，高扬理性的旗帜，摧毁了传统的社会组织结构，破坏了传统的社会秩序，从而失去了把人们和谐地维系在一起的传统美德，人心不古、金钱至上、物欲横流。这样的社会生活建立在物质主义基础之上，忽视人的精神生活，将人变成单向度的存在，与人性相背离，并不是人应当过的社会生活。要想避免或纠正现实的弊端，就必须回到传统的智慧，恢复传统的美德。他们进而认为，虽然社会需要通过改良实现发展，但毁灭传统秩序和传统美德的变革只会为社会带来灾难。例如，保守主义者柏克就强调，人们在进行制度设计时应该以"人性"为依据，而不是以"人权"为根据，激进人权主义者的错误就在于颠倒了这个根本，他说："这种人对自己的人权理论是如此之感兴趣，以至于他们已经全然忘记了人性。他们对于人的理解力并没有开辟一条新的途径，反而是成功地堵塞了通向人心的那些途径。"② 在保守主义者看来，人性是人类社会最稳固的根基，美德是制度安排最可信的依靠，现代社会所追求的自由、权利、民主、法治等都是枝蔓，都是以它们为地基生长起来的。应当说，保守主义主张从人性深处发掘社会秩序的根据，试图在秩序与自由之间寻找平衡的理论思路是有一定合理性的。

　　无论是西方十八世纪之后出现的各种避世主义小团体，还是中

---

① ［英］迈克尔·欧克肖特：《政治中的理性主义》，张汝伦译，上海译文出版社2003年版，第127页。

② ［法］埃德蒙·柏克：《法国革命论》，何兆武等译，商务印书馆2003年版，第85页。

国近代晏阳初等人进行的乡村现代化改造，都是传统社会在面对现代化冲击时做出的反应。这些反应的一个重要特点是"回归传统"。例如，二十世纪初期晏阳初等人试图通过平民教育和乡村改造创造新社会、创造新生活，使中国与现代世界接轨，实现民族再造。这种美好的理想，表面上面向未来，实质上却走向过去。当一个人面对充满问题而又无可逃避的道路时，他最容易想到的便是原路返回；一个社会也是如此，当它面对充满问题的现代化时，原路返回去寻找解决问题的方案往往具有强大的吸引力。面对以资本主义生产方式为基础的现代化形成的各种问题，保守主义给出了回归传统并以传统智慧解决现代化过程中问题的理论方案。

　　保守主义再向前走一步便是复古主义，虽然二者以相似的理论根据为自己的主张辩护，但复古主义则在此基础上走向倒退的历史观，在理论上阉割了保守主义主张的合理性，在实践上起到阻碍社会进步的作用。近代中国在西方资本主义文明与中华古老农业文明的对撞中开启了现代化追求，而人们直接将"西化"理解为"现代化"。在这场文化对撞中，以康有为、梁启超等人为代表的文化复古主义者坚决反对西化主张，试图重新确立中华传统文化的主导地位，甚至恢复传统社会的政治秩序。在康有为看来，历史发展是天下之公理大义的展开，而这个公理大义早已由孔子这样的先贤所揭示，今天的社会变革需要回到过去寻找智慧，他说："今变共和，乃上承尧、舜之文明之治也。"[①] 这与梁启超所说的"以复古为解放"[②] 异曲同工。应当说，复古主义的主张在纠正"全盘西化论"的片面性、弘扬中国传统文化等方面发挥了积极作用，但是他们要求在现代社会生活中通过诵经复古、建立"孔教会"，乃至恢复帝制等方式返回传统的道统，以旧制度规范现代社会生活，则显然是在面对现代化潮流时坚持了一种倒退的历史观，注定被历史所抛弃。在社会的现

---

① 康有为：《中华救国论》，《不忍》1913 年第 1 期。
② 梁启超：《清代学术概论》，中华书局 2011 年版，第 9 页。

代化进程中，坚持和弘扬传统文化的要义，是以优秀传统文化为现代社会制度、文化等建设提供养料，以克服单一西方文化滋养的现代化模式的片面性，而不是固守传统社会的礼仪形式，更不是将旧的社会制度和政治制度移入现代社会。正如陈独秀在批评辜鸿铭的《春秋大义》时所说的：保守主义对于中国现代社会的建设不能发挥积极作用，它无非是"既在自炫其二千五百年以来君道臣节名教纲常等之固有文明，对于欧人无君臣教之伦理观念，加以非难也"①。

　　现代化当然不等于"西化"，而中国必须走现代化道路却是确定无疑的。现代化一经在西方发动，对于所有的民族和国家来说，就已经不再是"是否应该去实现"的选择问题，而只能是"怎样去实现"的选择问题。现代化是一个历史大潮，是由资本主义文明出现以后的"世界历史"所决定的。在这个历史大潮面前，所有的民族、国家都必然会被卷入以资本扩张为开路机的国际竞争格局之中。马克思恩格斯说："资产阶级，由于开拓了世界市场，使一切国家的生产和消费都成为世界性的了""资产阶级，由于一切生产工具的迅速改进，由于交通的极其便利，把一切民族甚至最野蛮的民族都卷到文明中来了""资产阶级使农村屈服于城市""使东方从属于西方"②。这个历史大潮造就了一个区别于过去农业小生产封闭时代的新的国际格局，整个世界因资本的扩张而连为一体。在现代化的历史进程中，没有一个民族、国家、文明能够置身事外，谁也不可能再回到尚未高度互联的前现代世界格局中去，除非像印第安种族那样被他人安置到与世隔绝的保护区作为"文明展品""保护"起来。在这种国际格局中，是否实现现代化已经成为一个国家、民族乃至一种文明的生存问题，是否选择现代化意味着生存或者灭绝。近代以来的世界历史和鸦片战争以来的中国历史告诉我们，保守主义和

①　参见李军《中国近现代保守主义思潮之兴起与评价》，《东岳论丛》2007 年第 3 期。

②　《马克思恩格斯文集》第 2 卷，人民出版社 2009 年版，第 35—36 页。

复古主义的浪漫主义幻想只能作为一种文化现象而供人瞻仰，难以作为一个国家、民族的政治纲领而进行落实。关于这个问题毛泽东主席说得极为明白："一切别的东西都试过了，都失败了。""康有为写了《大同书》，他没有也不可能找到一条到达大同的路。资产阶级的共和国，外国有过的，中国不能有，因为中国是受帝国主义压迫的国家。唯一的路是经过工人阶级领导的人民共和国。"①

二　为什么是中国式现代化？

中国只能走自己的现代化道路。关于这一论断的依据，人们诉诸中国国情的特殊性，这当然是正确的，然而我们可以在更一般的意义上说，所有追求现代化的国家都只能走自己的现代化道路。这不仅是因为本来就不存在唯一的现代化道路，而且也是因为我们今天讲的现代化本身就是一种"追赶式的现代化"。实际上，以"现代化"概念为基础的现代化理论，本来就是因后发的现代化国家追赶先发的现代化国家而兴起的。

根据罗荣渠先生的考察，"现代化"一词在西方社会科学研究中是二十世纪六十年代以后才逐渐流行起来的。"现代化"（Modernization）在英文中作为一个动态名词义为 to make modern，即"成为现代的"的意思。② 这就是说，"现代"（Modern）已经在那里，如何使尚未进入"现代"的社会成为现代社会就是所谓"现代化"，而对这些相关问题的研究就是"现代化理论"的主要任务。这样，现代化理论中的"现代"就不仅是一个时间概念，而且还含有"现代"具有某些不同于其他时代特质的意思，于是便有了与"现代性"（Modernity）相关的问题。这看起来是一个矛盾：既然"现代"有其特定的性质，那么是否进入"现代"便应当有一个确定的标准，而我们知道这样的确定标准是不存在的。理解这一矛盾需要辩证法，

---

① 《毛泽东选集》第 4 卷，人民出版社 2003 年版，第 1471 页。
② 罗荣渠：《现代化新论》，北京大学出版社 1993 年版，第 3 页。

既需要通过"一般与个别"的辩证法来理解，又需要通过"发展中超越"的辩证法来理解。一方面，现代社会的一般特质是对多种多样现代化道路共有特征的概括；另一方面，"追赶式现代化"也将因其后发优势而超越业已存在的现代化模式，开辟新的现代性，并在新的现代性展开过程中丰富"现代"的内涵，开辟人类文明新形态。

在新的现代性展开过程中开辟人类文明新形态，首先要求某些"追赶式现代化"超越资本主义生产方式推动的早期现代化的种种弊端。到十八世纪，资本主义现代化具有的各种问题就已经暴露出来，而且这些问题随着现代化进程的推进不断加深。与保守主义和复古主义不同，近代的绝大多数思想家站在进步历史观上看待这些问题，试图揭示产生这些问题的根源，找到克服这些问题的路径。在马克思主义产生之前，对资本主义最猛烈、最深刻的批判是圣西门、傅立叶、欧文等空想社会主义者。他们认为，在以资本主义为基础的现代社会里，由于资本家对工人残酷的剥削，形成高度的贫富两极对立，欧文将这种两极对立概括为"一面穷困不堪，一面又奢侈无度"①，同时代的德国哲学家黑格尔也将其描述为荒淫与贫困并见的社会景象②。通过对资本主义的批判，空想社会主义者对未来社会进行了美好的设计。他们提出，在未来的社会里，应当废除私有制，消灭阶级和阶级差别；应当改造资本主义分配制度，实行共同劳动，合理分配；应当消灭商品交换，有计划地组织生产；应当消灭城乡差别、脑力劳动和体力劳动差别、阶级差别；应当把国家变成纯粹的生产管理机构，直至最后消亡；等等。这种站在未来立场上对资本主义的批判深刻地影响了马克思和恩格斯，使他们创立了面向未来开辟社会主义现代化新路的全新理论。根据马克思和恩格斯的粗

---

① 中共中央宣传部理论局：《世界社会主义五百年》，学习出版社、党建读物出版社2014年版，第18—23页。

② ［德］黑格尔：《法哲学原理》，范扬、张企泰译，商务印书馆1961年版，第199页。

略设想，这条现代化新路，将克服资本主义文明主导下的现代化的各种弊端，开辟人类文明新形态。今天我们努力追求的中国式现代化便是这样一条道路。

党的二十大报告指出，中国式现代化，是中国共产党领导的社会主义现代化，既有各国现代化的共同特征，更有基于自己国情的中国特色。中国式现代化是人口规模巨大的现代化，是全体人民共同富裕的现代化，是物质文明和精神文明相协调的现代化，是人与自然和谐共生的现代化，是走和平发展道路的现代化。[1] 中国的国情决定了，我们只能走这样一条现代化道路；我们自身的优势和我们所处的历史方位决定了，我们必然能够走出一条不同于资本主义文明主导的新的现代化道路，开辟人类文明新形态。

从客观条件角度看，西方早期实现现代化的历史条件已经不复存在，加上我们独特的国情，就使得我们只能走中国式现代化道路。一方面，就生产与经济体系现代化而言，先发的西方现代化在资本主义市场经济制度下率先实现了从农业文明到工业文明的转变，建立起远超农业文明时代的物质财富生产体系和物质财富生产效率，从而使西方国家在当代国际生产与经济体系中占有垄断性优势。马克思和恩格斯说："资产阶级在它的不到一百年的阶级统治中所创造的生产力，比过去一切世代创造的全部生产力还要多，还要大。"[2]正是这种"仿佛用法术从地下呼唤出来"的物质财富生产能力，将率先实现了现代化的西方国家的先发优势固定下来，从而将人类历史区分为"传统"与"现代"两个不同的时代，也将现实世界区分为"现代的"和"追赶现代的"两个不同的世界。这就使得"追赶式现代化"所面对的是"现代"，而不是像先发现代化国家那样所

---

[1]　习近平：《高举中国特色社会主义伟大旗帜　为全面建设社会主义现代化国家而团结奋斗——在中国共产党第二十次全国代表大会上的报告》，人民出版社2022年版，第22—23页。

[2]　《马克思恩格斯文集》第2卷，人民出版社2009年版，第36页。

面对的是"传统"。作为"追赶式现代化",中国是否可以重演西方现代化国家当年的生产经济体系的建设模式?答案是不能。原因是多方面的,其中非常重要的是,在业已形成的现代世界经济体系中,我们不可能再像过去西方生产和经济体系的形成过程那样走过一条"自然转型"的道路,而是必须以超越自然进程的发展方式首先进入到现代国际分工体系,然后才有机会赶上现代化的步伐,否则与西方国家的现代化差距只能越拉越大。

另一方面,就政治、文化和社会体系现代化而言,西方原发的资本主义现代化在启动初期所要变革的对象是封建主义的政治、文化和社会体系,因此资产阶级的历史使命是马克思所讲的人的"政治解放"。在当今世界的文明体系中,这一历史任务已经基本完成。也就是说,在经历了"政治解放"之后的今天,自由、平等、公平、民主、法治等现代理念已经为人们普遍接受,当代世界的政治、文化和社会"底座"与近代资产阶级革命时期相比已经完全不同,这就为"追赶式现代化"提供了一个不同于西方早期现代化的政治、文化、社会的出发点。中国的特殊性还在于,在取得新民主主义革命胜利之后,虽然在生产和经济体系上落后于西方,但却初步建立起一个比资本主义更加优越的政治、文化和社会制度体系,为实现"人的解放"奠定了坚实的政治、文化和社会基础。这是我们理解中国式现代化之制度优势的重要根据,也是我们能够在新的历史条件下开创人类文明新形态的重要根据。必须看到,在这种不同于早期西方现代化的历史方位上,中国必然要在政治、文化和社会变革的复杂"叠加态"下进行全面的现代化转型。这注定是一个艰难和高风险的过程,但对于我们来说无可选择。

从价值目标角度看,中国式现代化是社会主义的现代化,具有比资本主义现代化更高的道德要求,这决定了我们必须走以人民为中心的、共同富裕的、人与自然和谐的、和平发展的现代化道路。西方原发的现代化是资本主导的,必然以资本的增殖为目的开辟现代化道路。它给人类社会带来的环境恶化的生态问题、两极分化的社会问题、战争不断的国际问题等，与人类社会发展的道德要求相背离，不符合社会主义的价值要求，是我们坚决反对的。这就要求我们在中国共产党的领导下，坚持社会主义发展方向，通过高质量发展充分满足广大人民日益增长的物质文化需求，通过发展全过程人民民主充分保障广大人民的各项政治权利，通过实现全体人民共同富裕保证让最广大人民充分享受现代化发展的利益，通过促进人与自然和谐共生保证永续发展，通过推动构建人类命运共同体实现世界的和平发展和共同发展。只有建立在这样道义高度上的现代化，才能全面推进中华民族伟大复兴，开辟人类文明新形态，为最终实现"人的解放"的目标开辟历史道路。

三　为什么是以中国式现代化创造人类文明新形态？

党的二十大报告提出，以中国式现代化全面推进中华民族伟大复兴，创造人类文明新形态。这是一个全新的命题。在这个新命题里，首先涉及的是如何理解"人类文明形态"和"人类文明新形态"的问题。笔者以为，考察这一问题，应当从两个不同的维度入手：一是从"文明形态"与"社会形态"的关系入手，进行历时性的考察；二是从不同文明的差异入手，进行共时性的考察。

从历史纵向上对"文明形态"与"社会形态"关系的考察，使我们能够深刻把握中国式现代化致力于开创的人类文明新形态的先进性特质。我们知道，"社会形态"是历史唯物主义基本的概念，是指与生产力一定发展阶段相适应的经济基础和上层建筑的具体的、历史的统一体。以往，人们在总结马克思主义经典作家关于人类社会历史阶段划分思想时，主要使用的是这一概念。马克思和恩格斯认为，资本主义的社会形态将被更为先进的共产主义的社会形态所取代，这也就是说资本主义和共产主义代表的是两种不同的人类文明形态。在这个意义上，"社会形态"和"文明形态"是重合的，是指人类文明由低到高发展的不同时代。不过，关于如何对人类社会的历史进行社会形态的划分，经典作家有不同的论述。马克思指出，"亚细亚的、古希腊罗马的、封建的和现代资产阶级的生产方式可以看作是经济的社会形态演进的几个时代"①。恩格斯在《家庭、国家和私有制的起源》等著作中进一步将社会形态划分为五种，将人类社会的历史划分为原始氏族社会、古代奴隶制社会、中世纪农奴制社会、近代雇佣劳动制社会、未来共产主义社会。② 这就是所谓"五形态说"。马克思从人的发展状态出发，又将人类社会区分为"人的依赖关系""物的依赖性""个人全面发展和自由个性"三种形态。③ 这就是所谓"三形态说"。笔者以为，这些划分并不矛盾，它们是从不同角度和不同历史尺度上进行的划分。重要的是，在马克思和恩格斯那里，社会形态是一定生产力基础上的经济基础和上层建筑的统一体，是社会经济结构、政治结构、文化结构的统一体，因此无论是哪一种划分，其根据都是以生产方式为基础的社会总体进步。也就是说，在马克思主义经典作家那里，社会形态的更替是由生产方式的进步推动的，是先进的生产方式取代落后的生产方式的结果。因此，将"文明形态"与"社会形态"关联起来考察，我们可以得到以下两点启示：第一，与资本主义现代化开辟的人类文明形态相比，中国式现代化将创造出本质上不同于资本主义文明的社会主义的文明形态；第二，从社会形态划分标准的多样性和复杂性出发来看，中国式现代化创造的"人类文明新形态"是在较小的历史尺度上讲的，仍然处于马克思所谓"物的依赖性"的历史阶段，仍然需要使用资本的工具发展生产力，从而为实现"个人全面发展和自由个性"的更高的人类文明形态创造条件。

从共时性上对不同文明进行对比性考察，使我们能够深刻把握

① 《马克思恩格斯文集》第 2 卷，人民出版社 2009 年版，第 592 页。
② 《马克思恩格斯选集》第 4 卷，人民出版社 2012 年版，第 192—195 页。
③ 《马克思恩格斯全集》第 30 卷，人民出版社 1995 年版，第 107—108 页。

中国式现代化致力于开创的人类文明新形态与中华优秀传统文化的内在联系。文明总是和文化联系在一起的，文明的多样性也总是要通过文化的多样性体现，因此除了从"社会形态"出发理解"文明形态"之外，我们还需要从文明和文化的多样性出发理解"人类文明新形态"。人们常常将"文明时代"与"野蛮时代"进行对比，但这种对比并不适用于"文明形态"的考察。"文明时代"是用以表达不同历史时段的历时性概念，"文明形态"则是用以表达不同文明类型的共时性概念。当人们使用"文明形态"这一概念的时候，显然不是为了表明"文明时代"与"野蛮时代"的分野，而是为了表明具有不同特征的文明之间的差异，并根据具有不同特征的文明之间的差异归纳出文明的不同"类型"或"模式"。这种比较往往是共时性的，即忽略不同"类型"或"模式"的历史间距，把它们放在同一个时间坐标里加以对比研究。这个时间坐标往往是考察问题的当下，这也就是为什么人们说"一切历史都是当代史"的原因。从这个意义上看，我们讲的"人类文明新形态"是立足于当今时代的，是从当代共存着的文明多样性上讲的，因此它与马克思讲的"个人全面发展和自由个性"的社会形态、恩格斯讲的"共产主义"的"社会形态"是不同的。但是，由于它是建立在社会主义基础之上的，因此是朝着"个人全面发展和自由个性"不断迈进的人类文明新形态，是一种区别于资本主义文明的人类文明新形态。依据这一理解，我们同样可以获得以下两点启示：第一，中国式现代化所开辟的人类文明新形态建立在中华文明复兴基础之上，是一种体现着古老中华文明智慧、具有鲜明中华文化特征的人类文明新形态；第二，我们所追求的这一人类文明新形态，是马克思主义与中华优秀传统文化相结合的成果，是马克思主义中国化时代化的最新成果。

中国式现代化，是在中国共产党的领导下，经过几代人艰苦卓绝的奋斗，开辟出的一条中华民族复兴之路。依照马克思和恩格斯的理论设想，推翻资产阶级统治的无产阶级革命将首先在发达的资本主义国家出现，替代资本主义的共产主义也将会在生产力高度发达的资本主义的基础上产生。但是，具体的现实总是超出一般的理论，因此理论总是需要根据实践的具体变化而不断丰富自身，发生在中国的社会主义革命就再一次为马克思主义的发展提供这样的机会。从马克思主义的社会形态概念出发，近代中国的社会几乎无法用现成的理论加以概括。近代中国既没有发展起来资本主义，又不完全属于封建社会，但却在苏俄革命的影响下孕育出强烈的社会主义诉求。毛泽东对当时的中国社会进行了这样的概括："中国过去三千年来的社会是封建社会，前面已经说明了。那末，中国现在的社会是否还是完全的封建社会呢？不是，中国已经变化了。自从一八四〇年的鸦片战争以后，中国一步一步地变成了一个半殖民地半封建的社会。"①"半殖民地半封建社会"是一种支离破碎的社会结构，在理论上不属于任何一种社会形态，因此中国的新民主主义革命很难用马克思主义的现成理论加以说明，需要中国化、时代化的创新性成果来把握。毛泽东的新民主主义革命论以及他后来关于中国社会主义建设的一系列理论，就是马克思主义中国化时代化的最早成果。他关于"半殖民地半封建社会"的概括，为我们提供了一个理解中国式现代化的"特殊出发点"，只有理解了这个"出发点"的特殊性，才能深刻把握中国式现代化的特殊性。为什么中国人通过革命而不是通过改良改造旧有的政治体制和社会体制？为什么中国人选择了社会主义而不是资本主义？这些问题都要站在这个"特殊出发点"上去理解。

二十世纪八十年代开始的改革开放，使得怎样理解中国社会、社会主义和中国式现代化的问题再一次摆在人们的面前，以邓小平为主要代表的中国共产党人再一次以"贫穷不是社会主义""社会主义的根本任务是发展生产力""社会主义市场经济"等创新性论

---

① 《毛泽东选集》第 2 卷，人民出版社 1991 年版，第 626 页。

断丰富和发展了马克思主义。这些创新性论断为打破对"社会形态"的教条主义和本本主义理解，从而为"人类文明新形态"的提出做了准备。党的十八大以来，中国各项事业的发展步入近代以来的最好时期，正处于实现中华民族伟大复兴的关键时期。在这个历史方位上，习近平新时代中国特色社会主义思想再一次丰富和发展了中国式现代化理论。习近平总书记在党的二十大报告中指出："中国式现代化的本质要求是：坚持中国共产党领导，坚持中国特色社会主义，实现高质量发展，发展全过程人民民主，丰富人民精神世界，实现全体人民共同富裕，促进人与自然和谐共生，推动构建人类命运共同体，创造人类文明新形态。"① 这是对中国式现代化深刻的理论概括，必将为中国式现代化的实践发展和中国式现代化的理论研究注入强大的动力。

中国式现代化是一项宏大的事业，既需要宏大的实践推动其实现，又需要宏大的理论提供思想支持。党的二十大报告已经描绘了中国式现代化的蓝图。这个蓝图从各个方面指明了中国式现代化的本质特征、实现路径和发展目标，是我们理解中国式现代化的"大纲"。这一"大纲"需要系统的学理阐释，而这些学理阐释必将是一个长期而又艰巨的理论建设过程。作为哲学社会科学工作者，我们应当从这一蓝图出发，从各学科角度切入，深入研究和回答中国式现代化发展过程中提出的各方面问题。这些分领域的研究相互贯通、彼此支撑，便会在将来形成宏大的中国式现代化的理论体系、知识体系和话语体系。

---

① 习近平：《高举中国特色社会主义伟大旗帜　为全面建设社会主义现代化国家而团结奋斗——在中国共产党第二十次全国代表大会上的报告》，人民出版社 2022 年版，第 23—24 页。

中国式现代化理论的创新逻辑

郝立新

郝立新，中国人民大学哲学院、马克思主义学院教授

　　以习近平同志为核心的党中央在党的二十大报告中概括提出并深入阐述了中国式现代化理论。这是一次重大理论创新，是科学社会主义的最新重大成果。习近平总书记在 2023 年 2 月 7 日的重要讲话中，全面而深刻地揭示了中国式现代化的历史逻辑、理论逻辑、实践逻辑，进一步丰富和发展了中国式现代化理论。我们可以从四个维度来理解中国式现代化理论的重大创新：一是从马克思主义发展史看，中国式现代化理论是对马克思主义特别是科学社会主义的丰富和发展；二是从中国共产党对中国式现代化的实践和理论的探索历程看，中国式现代化理论全面总结和高度概括了中国式现代化的实践经验，深化了对中国式现代化本质和发展规律的理解；三是从世界现代化理论和实践的角度看，中国式现代化的实践和理论打破了把现代化等同于西方化的迷思，展示了人类文明新形态和现代化的新道路，为世界上发展中国家的现代化进程提供了中国智慧；四是从中国式现代化蕴含的独特的世界观、价值观、历史观、文明观、民主观、生态观看，中国式现代化理论是马克思主义基本原理同中国具体实际相结合、同中华优秀传统文化相结合的产物，实现了中国现代文化发展的创新。

一　中国式现代化理论是对科学社会主义理论的创新发展

　　科学社会主义的创立实现了社会主义从空想到科学的飞跃。中国特色社会主义是科学社会主义的基本原理或理论逻辑同中国社会发展的历史逻辑的有机统一。科学社会主义的创立者马克思和恩格斯揭示了人类社会历史发展的一般规律，阐明了社会主义代替资本主义的必然趋势，指出了经济文化相对落后的东方社会的发展道路不同于西欧国家的发展道路。科学社会主义是指南，而不是教条；它为社会主义的发展指明了基本方向、提出了基本原则，而没有为社会主义实践提供现成的答案，或为解决实际发展问题提供现成的"药方""公式"。科学社会主义从理想到现实、从理论到实践的发展是在艰难而曲折的探索中实现的。中国特色社会主义道路的开辟是人类历史发展进程中的重大事件，十四亿多中国人奔向现代化并开拓出中国式现代化道路是科学社会主义的伟大壮举。科学社会主义旗帜在中国高高飘扬，中国式现代化理论为科学社会主义理论宝库增添了新的内容，是科学社会主义的最新理论成果。

首先，中国式现代化理论回答了在民族历史不断向世界历史转化和民族同世界相互影响的进程中，以特定民族为主体的社会主义国家为何选择和如何选择一条既符合世界现代化发展一般规律又具有鲜明的民族特色的现代化道路的时代问题。现代化是以生产方式发展为基础的全方位地从传统社会向现代社会转变的世界性运动或进程。如何面向现代化、参与现代化和实现现代化，是科学社会主义实践和理论面临的重要挑战和重大课题。面对相对薄弱的历史发展基础，中国共产党坚持科学社会主义基本原则，坚持在理论和实践中勇于开拓创新，走出一条不同于资本主义发展道路的社会主义现代化道路。中国式现代化理论总结了现代化建设的成功经验，揭示了中国式现代化的本质、基本特征和发展规律，阐明了现代化建设如何体现科学社会主义原则和如何实现科学社会主义的目标。

其次，中国式现代化理论揭示出社会主义现代化道路的本质特征是坚持共产党的领导和社会主义基本制度，从而为科学社会主义与现代化的实践结合提供了科学论证。这一理论深刻阐明和有力论证了中国共产党在中国式现代化中的决定作用。这种决定作用表现在：党的领导直接关系中国式现代化的根本方向、前途命运、最终成败；党的领导决定中国式现代化的根本性质；党的领导确保中国式现代化锚定奋斗目标行稳致远；党的领导激发建设中国式现代化的强劲动力；党的领导凝聚建设中国式现代化的磅礴力量。中国式现代化的实践和理论表明，坚持社会主义方向，坚持社会主义基本制度，是现代化建设的政治前提和制度保障。

二　中国式现代化理论是对现代化实践经验的最新总结和对现代化规律认识的深化

中国式现代化理论是对中国式现代化实践经验的科学概括和总结，是关于中国式现代化本质特征和发展规律的科学理论体系。从它的理论基本架构或主要内容看，主要包括三重逻辑，即它是中国式现代化的历史逻辑、理论逻辑、实践逻辑的统一。

从历史逻辑看，中国式现代化理论揭示了中国共产党带领中国人民探索现代化道路的伟大历程和宝贵历史经验。中国共产党人肩负探索中国现代化道路的重任，经历了四个重要历史阶段。一是为实现现代化创造了根本社会条件。在新民主主义革命时期，我们党团结带领人民推翻三座大山，建立了新中国，实现了民族独立、人民解放。二是为现代化建设奠定根本政治前提和宝贵经验、理论准备、物质基础。中华人民共和国成立后，我们党团结带领人民进行社会主义革命，确立社会主义基本制度，建立起独立的比较完整的工业体系和国民经济体系。三是为中国式现代化提供了充满新的活力的体制保证和快速发展的物质条件。改革开放和社会主义建设新时期，我们党作出以经济建设为中心、实行改革开放的历史性决策，实行社会主义市场经济体制，实现了我国经济总量跃居世界第二的历史性突破和奔向全面小康的历史性跨越。四是成功推进和拓展了中国式现代化。党的十八大以来，我们党不断实现理论和实践上的创新突破，主要表现在：其一，在认识上不断深化，创立了新时代中国特色社会主义思想，实现了马克思主义中国化时代化新的飞跃，为中国式现代化提供了根本遵循；深化了对中国式现代化的内涵和本质的认识，概括形成中国式现代化的中国特色、本质要求和重大原则，初步形成了中国式现代化的理论体系。其二，在战略上不断完善，系统提出并深入实施科教兴国战略、人才强国战略、乡村振兴战略等一系列重大战略，为中国式现代化提供坚实的战略支撑。其三，实践上不断丰富，通过推进一系列变革性实践、实现一系列突破性进展、取得一系列标志性成果，特别是消除了绝对贫困问题，全面建成小康社会，为中国式现代化提供了更为完善的制度保证、更为坚实的物质基础、更为主动的精神力量。历史经验表明，中国共产党的领导、社会主义制度的保障和中国人民的伟大实践及其创造精神，是中国式现代化取得重大成就的关键和法宝。

从理论逻辑看，中国式现代化理论围绕中国式现代化的本质、特征和规律等问题，形成了由一系列范畴、观点和理论构成的科学体系。概括地说，这一科学理论体系主要包含以下内容：一是关于认识和把握现代化的辩证方法。要在共性与个性、普遍与特殊的联系或统一中理解和把握现代化。从世界范围看，各国现代化发展具有一般规律或普遍规律，具有某些共同的特征，比如具有较高的生产力水平、较丰裕的物质产品、较高的社会文明程度和较高的文明素质等。一个国家走向现代化，当然要遵循现代化的一般规律；但是，各国的历史条件和社会制度等国情不同，因而各国现代化的道路选择要符合本国实际，具有本国特色。中国式现代化既有各国现代化的共同特征，更有基于自己国情的鲜明特色。二是中国式现代化的科学内涵。中国式现代化是人口规模巨大的现代化、是全体人民共同富裕的现代化、是物质文明和精神文明相协调的现代化、是人与自然和谐共生的现代化、是走和平发展道路的现代化。这五个方面的内涵体现了中国式现代化的本质要求和内在规律。中国式现代化道路是强国建设、民族复兴的必由之路和康庄大道。三是中国式现代化的基本原则。坚持和加强党的全面领导，坚持中国特色社会主义道路，坚持以人民为中心的发展思想，坚持深化改革开放，坚持发扬斗争精神，是中国式现代化必须遵守的基本原则或实践要求。

从实践逻辑看，中国式现代化理论阐释了现代化理论的实现形式或实践路径。它坚持实践中的问题导向，遵循实践中的辩证法，提出推进中国式现代化需要处理好一系列重大关系。中国式现代化理论充分体现了习近平新时代中国特色社会主义思想的世界观和方法论，主张把推进中国式现代化作为一个系统工程，坚持系统观念，正确处理好顶层设计与实践探索、战略与策略、守正与创新、效率与公平、活力与秩序、自立自强与对外开放等一系列重大关系。要守好中国式现代化的本和源、根和魂，毫不动摇地坚持中国式现代化的正确方向。要坚持改革创新，把创新摆在国家发展全局的突出位置，不断塑造发展新动能新优势，充分激发全社会创造活力。既要创造更高的效率，又要更有效地维护社会公平；既要坚持独立自主、自立自强，又要不断扩大高水平对外开放，拓展中国式现代化的发展空间。面对各种风险挑战，必须增强忧患意识，坚持底线思维，敢于斗争、善于斗争，开辟中国式现代化的新天地。

三　中国式现代化理论是对世界现代化理论的重大创新

现代化是世界性的运动。世界上曾经出现以现代化为研究对象和研究内容的多种现代化理论。虽然世界上五花八门的现代化理论在研究方法、研究范式和理论观点上各个迥异，但许多现代化理论都有一个共同点，那就是基于西方国家现代化的进程为背景和基础，以西方中心论为基调，把现代化等同于西方化。虽然也不乏对西方现代化道路持批判态度的观点，但由于缺乏有别于西方现代化道路的现实的建设性实践为依据，这样的批判也是仅仅停留在批判性上，而缺乏建设性的内容。

中国式现代化理论以鲜活的成功的中国现代化实践为现实依据，以马克思主义为理论指导，把科学性与价值性、建设性与批判性有机结合起来，提出了既具有中国特色又具有世界意义的现代化理论，为人类历史进程和发展中国家的现代化建设提供了中国智慧。

中国式现代化体现了一种全新的人类文明新形态。它深深植根于中华优秀传统文化，具有深厚的民族文化根基；它充分体现科学社会主义的先进本质，符合社会形态发展的客观规律，顺应时代发展潮流；它借鉴吸收一切人类优秀文明成果，代表人类文明进步的发展方向，具有强大的生命力和光明的前景。因此，它展现了不同于西方现代化模式的新图景，它所蕴含的物质文明、政治文明、精神文明、社会文明和生态文明的有机统一，构成了一种全新的人类文明形态。

中国式现代化理论所揭示的具有中国特色的现代化道路，打破了长期笼罩在一些人头脑中的"现代化＝西方化"的迷思，拓展了发展中国家走向现代化的路径选择，为人类对更好社会制度的探索提供了中国方案，为广大发展中国家独立自主迈向现代化提供了全新选择。

四　中国式现代化理论是对当代中国哲学观念的创新发展

中国式现代化进程是实践创新和理论超越相统一的过程。中国式现代化实践构成世界范围现代化运动的一道独特的风景，中国式现代化的实践和理论蕴含了丰富而独特的哲学观念。正如习近平总书记所指出："中国式现代化蕴含了独特的世界观、价值观、历史观、文明观、民主观、生态观。"① 这些"观"所代表的哲学观念产生于中国式现代化的实践，扎根于中华优秀传统文化，构成中国式现代化的哲学基础。上述"六个观"与中国式现代化的关联表现在两个方面：一是中国式现代化的实践遵循一定的哲学理念的指导，并在其实际发展中展示或体现了丰富的哲学理念；二是通过对中国式现代化实践经验的总结和概括，形成了独具特色的与现代化直接

---

① 《习近平新时代中国特色社会主义思想学习纲要》，学习出版社、人民出版社2023 年版，第61 页。

相关的哲学理念，即中国式现代化理论所包含的哲学思想。中国式现代化进程中的实践创新和理论超越之间存在良性互动的关系。

（一）对中国式现代化进行根本分析和总体把握的独特的世界观

科学的世界观是理解中国式现代化的"总钥匙"。中国式现代化蕴含的独特的世界观包含三层意思。一是马克思主义哲学世界观和方法论，它是认识和分析现代化问题所遵循的根本观点和根本方法。例如，唯物辩证法观点和辩证分析方法，历史唯物主义的社会历史运动的自然性和历史性及其规律的原理和方法，特别是世界历史理论等原理和方法，等等。二是习近平新时代中国特色社会主义思想的世界观和方法论，以及贯穿其中的立场观点方法，即坚持人民至上、自信自立、问题导向、守正创新、系统观念、胸怀天下。三是回答世界之问、破解世界难题的国际社会观。

中国式现代化是中国特色社会主义伟大实践的有机组成部分。中国式现代化理论是习近平新时代中国特色社会主义思想的重要内容。习近平新时代中国特色社会主义思想的世界观和方法论构成了中国式现代化理论的哲学基础，同时成为中国式现代化实践的根本的理论遵循。在中国式现代化进程中，形成了中国化时代化的马克思主义的世界观，其主要内容包含以下两个方面。

其一，以辩证唯物主义和历史唯物主义为基础，在"两个结合"中形成的具有中国特色的哲学世界观。习近平新时代中国特色社会主义思想科学地回答了中国之问、世界之问、人民之问、时代之问，总结了中国经验，提出了关于坚持和发展中国特色社会主义的一系列重大判断和重要思想，凝结了中华文化和中国精神的时代精华，形成了科学的中国理论体系，代表了马克思主义中国化时代化的最新成果，开辟了马克思主义在当代中国发展的新境界。习近平新时代中国特色社会主义思想在结合中国实际、时代特点的同时，汲取了中国文化中积累的宇宙观、天下观、社会观和道德观的精华，即天人合一的宇宙观、协和万邦的天下观、和而不同的社会观、人心和善的道德观等思想精华，而融合成为当代中国马克思主义、二十一世纪马克思主义的世界观和方法论。

习近平新时代中国特色社会主义思想蕴含了丰富而独特的哲学观念，主要包括：人与自然是生命共同体的思想，人民主体思想，实践创新和理论创新互动的思想，新发展理念，人类命运共同体理念，社会主要矛盾观，核心价值观，科学思维方法论等。概括地说，习近平新时代中国特色社会主义思想中蕴含的哲学思想具有鲜明的中国特色和时代特征，主要表现在：以中国问题和时代问题为导向、以中国实践和世界发展为观照，以中国特色社会主义为主题，以人民幸福、民族复兴、世界大同为价值目标。它充分体现了"两个结合"，占据了真理和道义的制高点。贯穿于习近平新时代中国特色社会主义思想的世界观和方法论中的立场观点方法，即"六个必须坚持"，是习近平新时代中国特色社会主义思想的精髓，是我们认识和把握中国式现代化的实践与理论的"总钥匙"。虽然"六个必须坚持"中的每一个坚持都各有侧重，或侧重于立场，或侧重于观点，或侧重于方法，但从整体上看，"六个必须坚持"都体现了根本性和贯通性的统一、世界观与方法论的统一、价值立场与科学态度的统一、认识路线和思想路线的统一、民族性和世界性的统一。同时，"六个必须坚持"作为贯穿习近平新时代中国特色社会主义思想中世界观和方法论的基本立场观点方法，是一个相互联系的有机整体和极其严密的思想体系。

其二，在回答世界之问、破解中国发展与世界发展难题中形成的独特的国际社会观。世界是一个地球村，是一个相互联系的整体。作为当代解决人类向何处去问题的中国方案，人类命运共同体理念汇聚了中国智慧，集中体现了对当今世界发展格局和命运的观点。人类命运共同体理念是科学性与价值性高度统一的有机体，它建立在对全人类共同价值的认同上，符合世界人民的利益和愿望；它建立在对世界发展格局的科学认识基础上，能够推动全球治理体制向更加公正合理的方向发展。人类命运共同体是世界历史演进的必然产物，是共同体发展的高级阶段，它表达了构建和谐国际关系的美好愿望。坚持推动构建人类命运共同体，被确立为新时代坚持和发展中国特色社会主义的基本方略，在国际社会引起强烈反响。人类命运共同体理念彰显了全人类共同价值，体现了中国作为负责任大国的担当。

（二）反映以人民为中心的中国式现代化目标的独特的价值观

现代化如同其他社会运动过程一样，都具有一定的价值维度。正确的价值观是确定中国式现代化的根本目的或解决"为什么人"问题的哲学理念，它涉及现代化的价值指向、价值目标、价值选择。这种价值观的"独特性"在于：把中国人民和世界人民联系起来，强调以人民性为核心的价值取向、价值选择。中国式现代化的价值观表达了不同于资本主义制度的社会主义的价值诉求，如坚持人民至上、脱贫攻坚、共同富裕、全人类共同价值，主张物质价值和精神价值、人的价值和物的价值的有机统一。人民至上是党和国家最高的价值理念；当代中国价值观念就是中国特色社会主义的价值观；社会主义核心价值观是当代中国主流的价值观念，反映了国家的发展目标、社会的价值基础和人民的价值诉求；共同富裕是中国式现代化的本质和价值目标。中华优秀传统文化是涵养社会主义核心价值观的重要源泉，是我们在世界文化激荡中站稳脚跟的坚实根基；国有四维，礼义廉耻，四维不张，国乃灭亡的古训说明培育和践行社会主义核心价值观的重要性；要大力倡导崇仁爱、重民本、守诚信、讲辩证、尚和合、求大同等思想。

全人类共同价值是构建人类命运共同体的价值基础。这些价值理念为当代中国和世界发展确定了正确的价值取向。2015 年 9 月 28 日，习近平主席在纽约联合国总部出席第七十届联合国大会上发表的题为《携手构建合作共赢新伙伴　同心打造人类命运共同体》的讲话中指出："和平、发展、公平、正义、民主、自由，是全人类的共同价值，也是联合国的崇高目标。目标远未完成，我们仍须努力。当今世界，各国相互依存、休戚与共。我们要继承和弘扬联合国宪章的宗旨和原则，构建以合作共赢为核心的新型国际关系，打造人类命运共同体。"① 这一论断明确宣示了中国特色社会主义的世界发展价值理念。坚持全人类的共同价值，发展世界和平。这体现了崇高的道义原则和深厚的人类情怀。我们提倡的人类的共同价值，就是实现持久和平、共同发展、文明进步。人类的共同价值不等同于西方国家的所谓"普世价值"，共同价值是以尊重各个文明形态的个性作为历史前提的，而"普世价值"则把西方国家的个性说成是整个人类文明的共性。构建人类命运共同体，推动实现人类共同价值。全人类的共同价值的实现，需要一定社会制度和国际秩序的支撑，需要世界人民和各国政府的共同努力，需要构建人类命运共同体来推动。我们生活在同一个地球村，这个世界越来越成为你中有我、我中有你的命运共同体，和平、发展、合作、共赢成为时代潮流。应该牢固树立"共商、共建、共享"的命运共同体意识，坚定不移走和平发展道路。坚持友好合作的对外方针和正确的义利观。中国周边外交的基本方针，就是坚持睦邻、安邻、富邻，突出体现亲、诚、惠、容的理念；坚持有原则、讲情谊、讲道义，多向发展中国家提供力所能及的帮助。对待朋友，要讲"真"字；开展对外合作，要讲"实"字；加强中外友好，要讲"亲"字；解决合作中的问题，要讲"诚"字。在上述价值观中，中华优秀传统文化的"民为邦本""亲仁善邻""讲信修睦""天下为公"等理念渗透其中。

---

① 习近平：《携手构建合作共赢新伙伴　同心打造人类命运共同体——在第七十届联合国大会一般性辩论时的讲话》，《中国投资》2015 年第 11 期。

（三）反映中国式现代化历史进程和世界历史发展趋势的独特的历史观

习近平新时代中国特色社会主义思想立足新时代的发展，把马克思主义的理论与实践置于二十一世纪的时代坐标之中，运用辩证唯物主义和历史唯物主义的哲学思维把握中国发展和世界发展的走向或趋势形成了科学的大时代观和大历史观。习近平总书记提出，"要树立大历史观、大时代观，眼纳千江水、胸起百万兵，把握历史进程和时代大势"。① 大历史观基于唯物史观特别是世界历史理论，主张社会历史发展包括现代化发展的多样性和开放性。自觉的历史意识是贯穿习近平新时代中国特色社会主义思想的突出特征。习近平总书记立足当代，把世界历史、中华文明史、社会主义发展史、中国共产党的历史、中国特色社会主义的历史联系起来考察并加以比较，确立历史自觉，了解我们从哪里来、到哪里去，回望走过的路、比较别人的路、远眺前行的路。这种历史观是新时代对唯物史观的卓越运用与发展，体现了恢宏而深邃的历史感，展现了历史认识的大背景、大跨度、大视野、大格局。

大历史观主张从"时代"与"大局"的联系中认识当今的中国与世界，认识现代化的历史进程。从一定意义上说，历史是由各个既相联系又相区别的"时代"所构成的。"时代"具有丰富的社会历史内涵，并总是同一定历史阶段所要回答或解决的重大问题相联系的。"时代"是一定社会历史条件和一定历史时期社会总体情势和基本特征的符号。时代不仅仅是个历史的或时间的概念，它蕴含了丰富的社会历史内容，是一个集经济、政治、文化、民族和世界等因素为一体的总体性的概念。把握时代首先要清醒地把握两个"大局"，即中华民族伟大复兴的战略全局和世界百年未有之大变局。"时代观"和"大局观"为回答"时代之问""世界之问"提供了

---

① 《习近平重要讲话单行本》，人民出版社 2022 年版，第 176 页。

科学的指导。大历史观还体现在从理论逻辑和历史逻辑的统一中理解中国特色社会主义。中国特色社会主义不是从天上掉下来的，它是科学社会主义的理论逻辑与中国社会实践发展的历史逻辑的有机统一。

（四）以弘扬中华优秀传统文化、促进文明协调发展、尊重文明多样性多和创造人类文明新形态为基本内容的独特的文明观

马克思主义文明观揭示了人类文明发展的历史进程及其发展规律。从一般意义上说，文明是同一定的国家或民族相联系的社会进步状态。对文明的向往和追求，体现了特定主体的利益诉求，构成了一定社会主体前进的力量。人类文明进程出现过三次重大变化。从"自然状态"到"文明状态"、从民族历史阶段的文明到世界历史阶段的文明、从资本主义文明形态到社会主义文明形态。以马克思主义文明观为指导、植根于中国优秀传统文化土壤之中并产生于中国式现代化进程中的文明观，主张物质文明、政治文明、精神文明、社会文明和生态文明协调发展，把创造人类文明新形态作为中国式现代化的实践形态。马克思主义文明观认为，社会主义文明是人类文明发展的新阶段、新形态。社会主义文明形态对以往文明的超越性表现为历史前提和价值目标的超越，它是一种吸收了资本主义创造的一切文明成果的更高的物质文明、政治文明、精神文明、社会文明和生态文明。中国特色社会主义创造的人类文明新形态具有独特的、新颖的特征。这是迄今人口规模最大的国家和民族的文明，是历史最悠久而又延绵不断的中华文明的延续，是中国共产党领导中国人民在二十世纪中叶实现了民族独立、建立伟大的中华人民共和国基础之上推进的文明，是在取得新民主主义革命胜利以后继而完成社会主义革命、建立社会主义制度基础之上建设的文明，特别是在改革开放和中国特色社会主义伟大事业进程中发展的文明。这种文明形态在社会基本制度上区别于资本主义社会形态下的文明，在发展理念上坚持

创新发展、协调发展、绿色发展、开放发展、共享发展，在发展模式上坚持经济、政治、文化、社会、生态文明五位一体。这种文明形态是中国人民创造性实践的结果，也是积极吸收和借鉴世界文明发展成果的产物。它对世界文明发展做出了重要贡献，为发展中国家的文明进步提供了经验和借鉴。中国式现代化蕴含的独特的文明观还包括全球文明观。中国向世界提出的"全球文明倡议"，倡导文明的开放性和包容性，尊重文明的多样性，反对加剧文明之间的仇恨和分歧，阻碍国际合作与交流的"特定文明优越论"和"文明冲突论"等论调。

（五）以在中国式现代化进程中实现全过程人民民主为基本内容的独特的民主观

中国式现代化的本质要求之一就是建设全过程人民民主。全过程人民民主是政治价值、政治文明的重要体现，或者说是上述价值观、文明观在政治领域的具体体现。全过程人民民主是社会主义民主政治的本质属性，是最广泛、最真实、最管用的民主。全过程人民民主实现了过程民主和成果民主、程序民主和实质民主、直接民主和间接民主、人民民主和国家意志相统一，是全链条、全方位、全覆盖的民主。党的十八大以来，我们坚持走中国特色社会主义政治发展道路，全面发展全过程人民民主，社会主义民主政治制度化、规范化、程序化全面推进，有效保证了人民当家作主。这种民主观有别于西方的民主观，前者是人民至上理念、人民当家作主的集中体现，也是政治民主的全面性、整体性、实质性的充分体现。中国式现代化蕴含的民主观，也吸收和借鉴了中国传统文化中治国理政的智慧。民主政治建设同执政党的建设息息相关。习近平总书记把党性教育这门共产党人的必修课比喻为共产党人的"心学"；要求共产党员和干部要"不忘初心，方得始终"，嘱咐领导干部牢记"民惟邦本，本固邦宁""政得其民"；到要求领导干部"为政以德""正己修身""居安思危"；等等。

（六）以人与自然生命共同体为核心的独特的生态观

绿水青山就是金山银山。人们熟知的"两山理论"，以生动通俗的中国话语表达了人与自然和谐共生的深刻理念。我国现代化注重同步推进物质文明建设和生态文明建设，走生产发展、生活富裕、生态良好的文明发展道路。中国式现代化是人与自然和谐共生的现代化，既要创造更多物质财富和精神财富以满足人民日益增长的美好生活需要，也要提供更多优质生态产品以满足人民日益增长的优美生态环境需要。西方传统工业化在创造巨大物质财富的同时，也加速了对自然资源的攫取，打破了地球生态系统原有的循环和平衡。一些西方国家曾发生多起环境公害事件，损失巨大，震惊世界，引发人们对资本主义发展模式的深刻反思。中国式现代化坚决抛弃轻视自然、支配自然、破坏自然的现代化模式，坚定不移走生态优先、绿色发展之路，建设人与自然和谐共生的现代化。主张人与自然和谐共生的现代化，与中国传统生态文化中的"天人合一"不谋而合，也是马克思主义关于人与自然关系思想的中国表达。

上述的"六个观"，蕴含了丰富的哲学思想，是中国式现代化实践创新基础上实现的理论创新的结果。

总之，中国式现代化理论的创新是多方面的。这些创新既体现了理论创新的一般规律，又体现了在当代中国社会发展的特定时空下理论创新的特殊性。

马克思主义中国化时代化新境界的内涵逻辑

冯鹏志

冯鹏志，中共中央党校（国家行政学院）哲学部主任，教授，中国辩证唯物主义研究会副会长

　　"开辟马克思主义中国化时代化新境界"，是习近平总书记在党的二十大报告中明确提出并予以深刻阐述的重大命题。这一命题的提出表明，习近平新时代中国特色社会主义思想的创立，既构成了新时代我们党开辟马克思主义中国化时代化新境界的集中体现和标志性成果，又为我们党在新征程上继续开辟马克思主义中国化时代化新境界提供了根本遵循和强大思想武器。

　　全面贯彻习近平新时代中国特色社会主义思想，贯彻落实好党的二十大精神，需要深入阐释习近平新时代中国特色社会主义思想之所以能够开辟马克思主义中国化时代化新境界的内涵逻辑，深刻把握习近平新时代中国特色社会主义思想在洞察时代精神、揭示根本途径、实现理论飞跃、高扬文明自信和塑造看家本领等方面所展现出来的具有时代高度的原创贡献、理论精华、实践智慧、世界意义及其思维方式建树，从而不断提升学通悟透用好习近平新时代中国特色社会主义思想的政治自觉、思想自觉、行动自觉，在新时代新征程推进中国式现代化伟大实践中不断谱写马克思主义中国化时代化新篇章。

一　把握两个大局：洞察马克思主义中国化时代化的时代精神

　　时代是思想之母，理论是把握在思想中的时代。党的十八大以来，中国特色社会主义进入新时代。这个新时代，"是承前启后、继往开来、在新的历史条件下继续夺取中国特色社会主义伟大胜利的时代，是决胜全面建成小康社会、进而全面建设社会主义现代化强国的时代，是全国各族人民团结奋斗、不断创造美好生活、逐步实现全体人民共同富裕的时代，是全体中华儿女勠力同心、奋力实现中华民族伟大复兴中国梦的时代，是我国日益走近世界舞台中央、不断为人类作出更大贡献的时代"①，也是一个亟待从理论与实践的结合上系统而深刻地回答中国之问、世界之问、人民之问、时代之问，从而深刻阐发中国之路、中国之治、中国之理并牢牢驾驭世界之变、时代之变、历史之变的时代。一句话，这是一个迫切需要我们党开辟马克思主义中国化时代化新境界，为坚持和发展中国特色社会主义、实现中华民族伟大复兴原创出有主体性的新理论、概括出有规律性的新实践，从而把握、塑造和引领时代精神和人类文明前景的时代。

立足于新的时代背景，面对国内外形势新变化和实践新要求，习近平总书记指出，"领导干部要胸怀两个大局，一个是中华民族伟大复兴的战略全局，一个是世界百年未有之大变局，这是我们谋划工作的基本出发点"②。深刻把握中华民族伟大复兴战略全局及其时代要求，深刻把握世界百年未有之大变局及其时代特征，在观察时代、把握时代、引领时代的同时又塑造和引领当代中国与世界的时代精神，呼唤着马克思主义中国化时代化开辟新境界、实现新飞跃。

（一）中华民族伟大复兴正进入不可逆转的历史进程

当代中国正经历着中国历史上最为广泛而深刻的社会变革，正在进行着人类历史上最为宏大而独特的实践创新，正在推进中国式现代化这项前无古人的开创性事业。进入二十一世纪以来，随着改革开放和社会主义现代化建设持续深入推进，中国书写了经济快速发展和社会长期稳定两大奇迹新篇章，中国发展具备了更为坚实的物质基础、更为完善的制度保证，但同时也面临新的发展局面、新的社会主要矛盾和新的奋斗目标。

---

① 《习近平新时代中国特色社会主义思想学习纲要》，学习出版社、人民出版社2019 年版，第 15 页。

② 习近平：《在推动中部地区崛起上勇争先》，《人民日报》2022 年 6 月 8 日第 1 版。

着眼全新的历史条件及其变化特点，习近平总书记敏锐而坚定地把握住实现中华民族伟大复兴这一历史主题及其时代要求，明确指出，"经过鸦片战争以来170多年的持续奋斗，中华民族伟大复兴展现出光明的前景。现在，我们比历史上任何时期都更接近中华民族伟大复兴的目标，比历史上任何时期都更有信心、更有能力实现这个目标"①。党的十八大以来，以习近平同志为核心的党中央紧紧围绕实现中华民族伟大复兴中国梦，采取一系列战略性举措，推进一系列变革性实践，实现一系列突破性进展，取得一系列标志性成果，推动党和国家事业取得历史性成就、发生历史性变革，推动中国迈上全面建设社会主义现代化国家新征程，实现中华民族伟大复兴进入了不可逆转的历史进程。习近平新时代中国特色社会主义思想，正是在全面推进中华民族伟大复兴并为其塑造和引领自信自强的时代精神中创立的，展现了开辟马克思主义中国化时代化新境界的巨大真理威力。

（二）当今世界正经历百年未有之大变局

当今世界，世界多极化、经济全球化、社会信息化、文化多样化深入发展，国际力量对比更趋均衡，世界各国人民的命运从未像今天这样紧密相连。同时，世界面临的不稳定性不确定性日益突出，尤其是近年来，世界之变、时代之变、历史之变正以前所未有的方式展开：一方面，和平、发展、合作、共赢的历史潮流不可阻挡，人心所向、大势所趋决定了人类前途终归光明；另一方面，恃强凌弱、巧取豪夺、零和博弈等霸权霸道霸凌行径危害深重，和平赤字、发展赤字、安全赤字、治理赤字加重，人类社会面临前所未有的挑战，世界又一次站在历史的十字路口。

面对国际新形势新动向新特征，习近平总书记创造性提出构建人类命运共同体历史性倡导，全面推进中国特色大国外交，坚定维

---

①《中共十九届七中全会在京举行》，《人民日报》2022年10月13日第1版。

护国际公平正义，倡导践行真正的多边主义，旗帜鲜明反对一切霸权主义和强权政治，毫不动摇反对任何单边主义、保护主义、霸凌行径，推动构建新型国际关系，展现负责任大国担当，积极参与全球治理体系改革和建设，全面开展抗击新冠疫情国际合作，赢得广泛国际赞誉，中国国际影响力、感召力、塑造力显著提升。习近平新时代中国特色社会主义思想，正是在为引领世界大变局的发展方向提供人间正道并为其塑造天下为公的时代精神中创立的，展现了开辟马克思主义中国化时代化新境界的重大世界意义。

二　提出"两个结合"：揭示马克思主义中国化时代化的根本途径

习近平总书记在党的二十大报告中指出，"只有把马克思主义基本原理同中国具体实际相结合、同中华优秀传统文化相结合，坚持运用辩证唯物主义和历史唯物主义，才能正确回答时代和实践提出的重大问题，才能始终保持马克思主义的蓬勃生机和旺盛活力"①。"两个结合"的提出，既是对我们党推进马克思主义中国化宝贵历史经验的深刻总结，也创造性揭示了习近平新时代中国特色社会主义思想之所以能够开辟马克思主义中国化时代化新境界的根本路径。

马克思主义是人类历史上迄今为止最科学、最先进、最严密的思想体系，具有巨大真理威力和强大生命力；拥有马克思主义科学理论指导是我们党坚定理想信念、把握历史主动的根本所在；不断推进马克思主义中国化时代化，与时俱进进行理论创新，是我们党的成功之道。党的十八大以来，习近平总书记从坚持和发展马克思主义世界观和方法论的高度创造性提出"两个结合"的重大原则，深刻阐释"两个结合"的内涵逻辑，极大地丰富了我们党的理论创

---

① 习近平：《高举中国特色社会主义伟大旗帜　为全面建设社会主义现代化国家而团结奋斗——在中国共产党第二十次全国代表大会上的报告》，《人民日报》2022 年10 月26 日第1 版。

新之源、增强了我们党的理论创新之力、丰厚了我们党的理论创新之实，为我们坚持运用辩证唯物主义和历史唯物主义正确研究问题、解决问题提供了具有时代高度的科学世界观和方法论的根本遵循。也正因为如此，党的二十大闭幕不久，习近平总书记在河南安阳考察殷墟博物馆时明确指出，"我们推进马克思主义中国化时代化的根本途径是'两个结合'"①。

（一）坚持把马克思主义基本原理同中国具体实际相结合

"坚持和发展马克思主义，必须同中国具体实际相结合。"② 坚持把马克思主义基本原理同中国具体实际相结合，已伴随我们党走过百年历史，展现了我们党在为什么要推进理论创新、如何推进理论创新上的深刻实践智慧和深厚历史积淀。历史经验表明，马克思主义是我们立党立国、兴党强国的根本指导思想，但马克思主义理论不是教条而是行动指南，必须随着实践发展而发展、随着时代进步而进步、随着问题深化而深化。百年来，我们党之所以能够领导人民在一次次求索、一次次挫折、一次次开拓中完成中国其他各种政治力量不可能完成的艰巨任务，根本就在于坚持把马克思主义基本原理同中国具体实际相结合，及时回答时代之问、人民之问，不断推进马克思主义中国化。

习近平总书记指出，"当代中国的伟大社会变革，不是简单延续我国历史文化的母版，不是简单套用马克思主义经典作家设想的模板，不是其他国家社会主义实践的再版，也不是国外现代化发展的翻版"③。这就表明，二十一世纪的中国，坚持和发展马克思主义，推进理论创新和其他各方面创新，都必须始终坚持把马克思主义基

---

① 《发扬延安精神和红旗渠精神，全面推进乡村振兴——习近平总书记陕西延安和河南安阳考察重要讲话引发热烈反响》，《人民日报》2022 年 10 月 30 日第 1 版。

② 《习近平新时代中国特色社会主义思想学习纲要》，学习出版社、人民出版社 2023 年版，第 44 页。

③ 《习近平讲党史故事》，人民出版社 2021 年版，第 339 页。

本原理同中国具体实际相结合，坚持解放思想、实事求是、与时俱进、求真务实，一切从实际出发，着眼解决新时代改革开放和社会主义现代化建设的实际问题，不断回答中国之问、世界之问、人民之问、时代之问，做出符合中国实际和时代要求的正确回答，得出符合客观规律的科学认识，形成与时俱进的理论成果，从而更好指导中国实践。只要我们坚持把握基本国情、洞察时代大势、聚焦现实问题、总结实践经验，勇于结合新的实践不断推进理论创新，善于用新的理论指导新的实践，就一定能够让马克思主义在中国大地上展现出更强大、更有说服力的真理力量。

（二）坚持把马克思主义基本原理同中华优秀传统文化相结合

坚持和发展马克思主义，必须同中华优秀传统文化相结合。坚持把马克思主义基本原理同中华优秀传统文化相结合，是贯穿在我们党领导革命、建设、改革开放和民族复兴伟大实践中的深沉底蕴，更是习近平总书记在推进马克思主义中国化上具有时代高度的原创性贡献。在庆祝中国共产党成立 100 周年大会上，习近平总书记首次提出"坚持把马克思主义基本原理同中国具体实际相结合、同中华优秀传统文化相结合"① 重大论断，深刻揭示马克思主义的理论特质，深刻阐明马克思主义中国化时代化的内在机理，极大地深化了我们党对马克思主义中国化时代化的规律性认识。

马克思主义是中国共产党的指导思想，中华优秀传统文化是中华民族的根和魂。坚持以马克思主义为指导，不是要背诵和重复其具体结论和词句，更不是把马克思主义当成一成不变的教条，其实质，是要坚持以马克思主义基本原理的世界观和方法论为指导，即运用其科学的世界观和方法论观察、分析和解决中国的问题，进而在解决问题中创造出能够植根广袤中国大地和中华民族历史文化的

---

① 《习近平重要讲话单行本》，人民出版社 2022 年版，第 85 页。

中国化马克思主义。因此，坚持以马克思主义为指导，不仅不是用它来取代中国文化，相反，只有植根中华民族的历史文化沃土，马克思主义才能树大根深；只有坚持把马克思主义基本原理同中华优秀传统文化相结合，马克思主义中国化时代化才能根深枝繁、叶茂果壮。

党的二十大报告指出，"中华优秀传统文化源远流长、博大精深，是中华文明的智慧结晶，其中蕴涵的天下为公、民为邦本、为政以德、革故鼎新、任人唯贤、天人合一、自强不息、厚德载物、讲信修睦、亲仁善邻等，是中国人民在长期生产生活中积累的宇宙观、天下观、社会观、道德观的重要体现，同科学社会主义价值观主张具有高度契合性。"① 这表明，把马克思主义基本原理同中华优秀传统文化相结合，就是要在坚持中国人的世界观、历史观、价值观的高度上，坚定历史自信、文化自信，坚持古为今用、推陈出新；就是要坚持在理论创新过程中把马克思主义思想精髓同中华优秀传统文化精华贯通起来、同人民群众日用而不觉的共同价值观念融通起来，不断赋予科学理论鲜明的中国特色，不断夯实马克思主义中国化时代化的历史基础和群众基础；就是要注重从安邦理政的治国之道、修身处世的道德理念、格物究理的思想方法、质文兼具的话语方式等方面，不断推进中华优秀传统文化实现创造性转化、创新性发展，推动马克思主义在中国牢牢扎根。

三　坚持守正创新：实现马克思主义中国化时代化的新的飞跃

党的十九届六中全会审议通过的《中共中央关于党的百年奋斗重大成就和历史经验的决议》指出，以习近平同志为主要代表的中国共产党人，自信自强、守正创新，创立了习近平新时代中国特色

---

① 习近平：《高举中国特色社会主义伟大旗帜　为全面建设社会主义现代化国家而团结奋斗——在中国共产党第二十次全国代表大会上的报告》，《人民日报》2022 年 10 月 26 日第 1 版。

社会主义思想。这一思想"是当代中国马克思主义、二十一世纪马克思主义，是中华文化和中国精神的时代精华，实现了马克思主义中国化新的飞跃"。在党的二十大报告中，习近平总书记以"开辟马克思主义中国化时代化"为题指出，"十九大、十九届六中全会提出的'十个明确''十四个坚持''十三个方面成就'概括了这一思想的主要内容，必须长期坚持并不断丰富发展"①。这一系列重要论述，阐明了习近平新时代中国特色社会主义思想的主要内容，展现了习近平新时代中国特色社会主义思想在马克思主义发展史、中华文明发展史上的重要地位，也为深刻领悟习近平新时代中国特色社会主义思想开辟马克思主义中国化时代化新境界提供了最为明确的聚焦。概括来看：第一，"十个明确"，是习近平新时代中国特色社会主义思想的基本理论，构成了支撑这一思想的"四梁八柱"。把握好"十个明确"，就把握了这一思想的基本精神和核心要义。第二，"十四个坚持"，是习近平新时代中国特色社会主义思想的基本方略，体现了这一思想把"解释世界"与"改变世界"相统一的鲜明特色。把握好"十四个坚持"，就把握了这一思想的基本方略和实践特性。第三，"十三个方面成就"，是习近平新时代中国特色社会主义思想的基本实践，体现了这一思想在引领新时代中国特色社会主义伟大事业上取得的原创新思想、变革性实践、突破性进展、标志性成果。把握好"十三个方面成就"，就把握了这一思想的基本格局和现实力量。

党的十九大、十九届六中全会和二十大系统深刻地阐释了习近平新时代中国特色社会主义思想的指导地位、引领作用、核心要义、精神实质、丰富内涵以及实践要求，全面把握习近平新时代中国特色社会主义思想，尤其是深刻领悟这一思想开辟马克思主义中国化

---

① 习近平：《高举中国特色社会主义伟大旗帜　为全面建设社会主义现代化国家而团结奋斗——在中国共产党第二十次全国代表大会上的报告》，《人民日报》2022 年 10 月 26 日第 1 版。

时代化新境界的重大意义和时代内涵，还需要我们从以下三个方面来进一步深化对这一思想的学习与理解。

（一）坚持"两个结合"的创新典范

习近平新时代中国特色社会主义思想立足中华民族伟大复兴战略全局，是新时代中国特色社会主义伟大实践的理论结晶；习近平新时代中国特色社会主义思想植根广袤中国大地和中华民族历史文化，是中华文化和中国精神的时代精华。

这一思想面向中国具体实际尤其是当代中国面临的一系列重大时代课题和关系党和国家事业发展的一系列重大理论和实践问题（包括实践遇到的新问题、改革发展稳定存在的深层次问题、人民群众急难愁盼问题、国际变局中的重大问题、党的建设面临的突出问题等），聚焦"国之大者"，运用马克思主义基本原理从中国的问题寻找适合中国的解决方法，不断提出真正解决问题的新理念新思路新办法，体现了坚持从实际出发、实事求是和问题导向的中国人的世界观和方法论的鲜明特色。

这一思想把握中国实际包括中国问题得以形成的历史环境和文化条件，坚持以中华文明为源头活水，从五千多年璀璨文明中承继哲学理念、人文精神、道德价值、历史智慧的精华养分，坚持在世界观、历史观、价值观和方法论的高度上把马克思主义思想精髓同中华优秀传统文化精华贯通起来、同人民群众日用而不觉的共同价值观念融通起来，坚持弘扬文化自信、彰显历史自觉、赓续中华文脉，是推动中华优秀传统文化创造性转化、创新性发展的生动典范，展现了强大的历史穿透力、文化感染力、精神感召力。

这一思想统揽中华文明及其历史演进的漫长而日新又新的发展历程，注重从中国人的世界图景、思维方式和价值观念的基本原则、基本程序的连续性与创新性辩证统一的高度，去推进"两个结合"自身的内在结合与良性互动，去塑造具有时代高度和世界意义的当代中国人的世界观和方法论，在坚持人民至上、坚持自信自立、坚持守正创新、坚持问题导向、坚持系统观念、坚持胸怀天下中为丰富和发展马克思主义作出了原创性贡献和整体性推进，实现了马克思主义中国化新的飞跃、新的升华。

（二）把握三大规律的时代高度

深刻把握三大规律（共产党执政规律、社会主义建设规律、人类社会发展规律），不断深化对三大规律的认识，是改革开放以来我们党治国理政和理论创新的基本遵循和高度自觉。习近平新时代中国特色社会主义思想的创立，深刻提炼新时代三大时代课题（"坚持和发展什么样的中国特色社会主义、怎样坚持和发展中国特色社会主义""建设什么样的社会主义现代化强国、怎样建设社会主义现代化强国""建设什么样的长期执政的马克思主义政党、怎样建设长期执政的马克思主义政党"），系统思考和贯通把握三大时代课题，以全新的视野升华了对三大规律的认识，展现了我们党在三大规律把握上的新高度。

习近平新时代中国特色社会主义思想坚持科学社会主义基本原则，坚守党和人民在艰辛探索中走出的中国特色社会主义道路，深刻揭示中国特色社会主义发展的理论逻辑、历史逻辑、实践逻辑，把中国特色社会主义和实现社会主义现代化、实现中华民族伟大复兴有机贯通起来，彰显了新时代中国特色社会主义的蓬勃生机和活力，书写了坚持和发展中国特色社会主义的崭新篇章，推动中国特色社会主义成为二十一世纪科学社会主义发展的旗帜和振兴世界社会主义的中流砥柱。

习近平新时代中国特色社会主义思想科学总结我们党关于社会主义现代化建设的宝贵经验，积极借鉴世界其他国家现代化建设的经验教训，概括形成中国式现代化理论的重大创新成果，初步构建了中国式现代化的理论体系和实践要求，不仅为全面建成社会主义现代化强国、实现中华民族伟大复兴指明了走得通、行得稳的唯一正确大道，而且实现了世界现代化理论和实践的重大创新，为广大发展中国家独立自主迈向现代化树立了典范，提供了全新选择。

习近平新时代中国特色社会主义思想坚持马克思主义政党理论和党建学说，一方面，围绕坚持和加强党的全面领导，旗帜鲜明提出"四个最"即中国特色社会主义最本质的特征是中国共产党领导，中国特色社会主义制度的最大优势是中国共产党领导，中国共产党是最高政治领导力量，坚持党中央集中统一领导是最高政治原则的重大论断，深刻揭示了坚持和加强党的全面领导的根本地位和内在逻辑；另一方面，围绕全面从严治党，强调打铁必须自身硬，必须坚持自我革命，以党的自我革命引领社会革命，确保党在新时代新征程上始终成为"坚强领导核心"和"最可靠的主心骨"，找到了跳出治乱兴衰历史周期率的第二个答案。

（三）走好"五个必由之路"的根本逻辑

习近平总书记指出，"坚持党的全面领导是坚持和发展中国特色社会主义的必由之路，中国特色社会主义是实现中华民族伟大复兴的必由之路，团结奋斗是中国人民创造历史伟业的必由之路，贯彻新发展理念是新时代我国发展壮大的必由之路，全面从严治党是党永葆生机活力、走好新的赶考之路的必由之路"①。"五个必由之路"重大论断的提出，从中国共产党、中国特色社会主义、中华民族、中国人民、中国式现代化等方面深入观照和系统展望当代中国发展进步的历史规律与光明前景，既是对我们党在长期实践中尤其是党的十八大以来的开创性实践中得出的至关紧要的规律性认识的深刻把握，也是对我们党以对三大规律具有时代高度的新认识为指导，对坚持和发展中国特色社会主义、以中国式现代化全面推进中华民族伟大复兴的战略引领；既充分表达了我们党认识中国特色社会主

---

① 习近平：《高举中国特色社会主义伟大旗帜　为全面建设社会主义现代化国家而团结奋斗——在中国共产党第二十次全国代表大会上的报告》，《人民日报》2022 年10 月 26 日第 1 版。

义建设规律的新跃升、把握中国式现代化的新图景和推进兴党强党、管党治党的新境界，又深刻表征了习近平新时代中国特色社会主义思想开辟马克思主义中国化时代化新境界的大逻辑。

四　高扬文明自信：彰显马克思主义中国化时代化的世界意义

党的二十大报告指出，"中国共产党是为中国人民谋幸福、为中华民族谋复兴的党，也是为人类谋进步、为世界谋大同的党。"[①] 习近平新时代中国特色社会主义思想作为中国共产党的指导思想，既是当代中国的马克思主义，也是二十一世纪马克思主义；既开辟了马克思主义中国化时代化新境界，又塑造并引领了人类文明新形态。深刻把握习近平新时代中国特色社会主义思想开辟马克思主义中国化时代化新境界，需要我们从推动二十一世纪人类文明更新发展的更广阔视野，去深刻把握这一思想的深邃文明逻辑和深刻人类意义，从而更加坚定地以中国式现代化全面推进中华民族伟大复兴，更加坚定地以中华民族伟大复兴展现人类文明发展的光明前景。

（一）胸怀天下的文明底蕴

中国共产党是马克思主义历史观和文明观的忠实继承者、坚定实践者和创新开拓者。在百年奋斗中，我们党不仅从未停止对社会主义文明的探索，也从未停止对西方中心主义文明观的批判和突破。党的十八大以来，习近平总书记放眼两个大局深刻呈现的全新历史处境和文明变革趋势，深刻研判人类文明的新走向、文明交流互鉴的新特点、文化与经济社会科技关系的新动态、意识形态与价值观竞争的新格局，坚持实事求是与解放思想、坚持真理与创造价值、传承历史与塑造时代、坚守本根与开拓创新、文化自信与文明对话的统一，在不断推进马克思主义中国化时代化实践中创造性展开对

---

① 习近平：《高举中国特色社会主义伟大旗帜　为全面建设社会主义现代化国家而团结奋斗——在中国共产党第二十次全国代表大会上的报告》，《人民日报》2022 年10 月 26 日第 1 版。

中国特色社会主义的文明本质及其历史创造的深刻阐发与实践推进，鲜明地展现了当代中国共产党人和中华民族高度的文化自觉和文明自信，为人类在二十一世纪彻底突破西方中心主义文明观及其等级论思维方式实现了一次重大的纲领性奠基。

习近平新时代中国特色社会主义思想深刻阐发人类文明形态在本质上所具有的多样、平等、包容属性，既揭示了人类文明的本质属性和根本特征，又实现了对"西方中心论"和文化霸权主义的深刻纠偏，彰显了当代中国在人类文明本质问题上的根本观点和思想立场。

习近平新时代中国特色社会主义思想深刻诠释人类文明关系在互动上所具有的交流、互鉴、共存特征，既阐明了正确对待和处理不同文明关系的本质要求，又实现了对"文明冲突论""文明优越论"等错误思潮的深刻纠偏，充分彰显了当代中国在人类文明关系问题上的思想格局和实践智慧。

习近平新时代中国特色社会主义思想深刻建构人类文明发展需要遵循的共商、共建、共享原则，既引领了人类文明发展亟待确立的正确方向和现实路径，又实现了对"历史终结论"和诸多反全球化、逆全球化思潮的深刻纠偏，充分展现了当代中国在人类文明发展问题上的根本承诺和积极建构。

（二）引领时代的文明格局

现代化尤其是资本主义的现代化模式，在推进了人类文明巨大发展的同时，也在人与世界的关系上带来了巨大而多样的问题、困境和赤字。习近平新时代中国特色社会主义思想坚持以马克思主义文明观去把握和塑造人与世界的关系，不仅为从整体上消解西方现代化模式所造成的和平赤字、发展赤字、安全赤字、治理赤字和生态赤字等提供了实践创造的示范，而且为从人与世界关系的多个层面坚决防范照抄照搬西方现代化模式的思维方式，从而全面塑造并引领人类文明发展的新形态新理念开辟了坚实广阔的前景。

第一，在处理人与自然关系上，习近平新时代中国特色社会主义思想坚持把生态文明建设作为关乎中华民族永续发展的根本大计，坚持绿水青山就是金山银山的理念，自觉地推进绿色发展、循环发展、低碳发展，坚持走生产发展、生活富裕、生态良好的文明发展道路。尤其是党的十八大以来，我们党以前所未有的力度抓生态文明建设，推动全党全国绿色发展的自觉性和主动性显著增强，美丽中国建设迈出重大步伐，生态环境保护实现了历史性、转折性、全局性变化，为全球生态文明建设发挥了重要的引领作用。

第二，在处理人与社会关系上，习近平新时代中国特色社会主义思想坚持完善和发展社会主义制度，坚持推进国家治理体系和治理能力现代化，既积极创造和积累社会财富，又防止两极分化，努力推动全体人民共同富裕取得更为明显的实质性进展。尤其是党的十八大以来，我们党在领导全国人民共同奋斗把"蛋糕"做大做好的同时，又通过合理的制度安排正确处理增长和分配的关系，努力把"蛋糕"切好分好，从而发展了人民奋发安居乐业、社会安全安定有序的良好局面，续写了社会长期稳定与创新活力持续迸发的奇迹。

第三，在处理人与自我关系上，习近平新时代中国特色社会主义思想坚持中国特色文化发展道路，坚定文化自信，建设文化强国，更好构筑中国精神、中国价值、中国力量。尤其是党的十八大以来，我们党坚持以人民为中心的工作导向，坚持马克思主义在意识形态领域指导地位的根本制度，坚持以社会主义核心价值观为引领，发展社会主义先进文化，弘扬革命文化，传承中华优秀传统文化，满足人民日益增长的精神文化需求，巩固全党全国各族人民团结奋斗的共同思想基础，不断提升国家文化软实力和中华文化影响力，极大地增强了实现中华民族伟大复兴的精神力量。

第四，在处理国家与国家关系上，习近平新时代中国特色社会主义思想坚持既为中国人民谋幸福、为中华民族谋复兴，也为人类谋进步、为世界谋大同，以自强不息、和而不同的奋斗深刻改变世界发展的趋势和格局。尤其是党的十八大以来，我们党始终坚持推动构建人类命运共同体，坚定维护国际公平正义，倡导践行真正的多边主义，旗帜鲜明地反对一切霸权主义和强权政治，毫不动摇反对一切单边主义、保护主义、霸凌行径，展现负责任大国担当，为建设持久和平、普遍安全、共同繁荣、开放包容、清洁美丽的世界贡献中国智慧、中国方案、中国力量，成为推动世界和平发展和人类文明更新的引领力量。

五　塑造看家本领：凝练马克思主义中国化时代化的活的灵魂

习近平总书记指出，"继续推进实践基础上的理论创新，首先要把握好新时代中国特色社会主义思想的世界观和方法论，坚持好、运用好贯穿其中的立场观点方法。"[①] 高度重视世界观和方法论，是马克思主义的传统；把掌握马克思主义世界观和方法论作为我们党"做好一切工作的看家本领"和领导干部"必须普遍掌握的工作制胜的看家本领"，是我们党的好传统。习近平总书记在党的二十大报告中从六个方面作出概括阐述，强调必须坚持人民至上、自信自立、守正创新、问题导向、系统观念、胸怀天下，不仅创造性地凝练了习近平新时代中国特色社会主义思想的世界观和方法论，也为我们从世界观和方法论高度领悟习近平新时代中国特色社会主义思想开辟马克思主义中国化时代化新境界提供了深刻启迪。

"六个坚持"，揭示了习近平新时代中国特色社会主义思想的精髓要义、理论品格和鲜明特质，体现了解放思想与实事求是、坚持真理与创造价值、理论创新与实践创造、文化自信与文明对话的统一，既是深刻理解习近平新时代中国特色社会主义思想必须牢牢把

---

① 习近平：《高举中国特色社会主义伟大旗帜　为全面建设社会主义现代化国家而团结奋斗——在中国共产党第二十次全国代表大会上的报告》，《人民日报》2022 年10 月 26 日第 1 版。

握的基本点，也是继续推进实践基础上的理论创新，不断开辟马克思主义中国化时代化新境界必须始终坚持的基本点。

　　"六个坚持"，是习近平新时代中国特色社会主义思想对马克思主义世界观和方法论的原创性贡献，体现了中国化时代化马克思主义的世界观和方法论的理论精髓、实践精华和时代高度。从某种意义上说，习近平新时代中国特色社会主义思想之所以具有强大的真理力量、道义力量、实践力量、文明力量，就在于其在马克思主义世界观和方法论上深刻凝聚并充分展现了"六个坚持"的理论精粹和实践智慧，从而为我们党研究问题、解决问题提供了"总钥匙"，为广大党员干部提供了"必须普遍掌握的工作制胜的看家本领"。展开来看：第一，"六个必须坚持"在世界观的界面上深刻阐发并彰显习近平新时代中国特色社会主义思想具有时代高度和文明引领的世界把握，强调以"两个大局"为基点直面当代中国的变革场景和当今世界的变化图景，为我们党不断推进马克思主义中国化时代化奠定了强大思想基石。第二，"六个必须坚持"在历史观的界面上深刻阐发并彰显习近平新时代中国特色社会主义思想具有时代高度和文明引领的历史思维，强调坚持大历史观和正确党史观，为我们党不断推进马克思主义中国化时代化启迪了厚重思想底蕴。第三，"六个必须坚持"在价值观的界面上深刻阐发并彰显习近平新时代中国特色社会主义思想具有时代高度和文明引领的价值导向，强调人民群众始终是我们党一切理论创新和实践创造的出发点、立足点和归宿点，为我们党不断推进马克思主义中国化时代化构筑了坚实思想支撑。第四，"六个必须坚持"在文明论的界面上深刻阐发并展现习近平新时代中国特色社会主义思想具有时代高度和文明引领的世界眼光，强调文明的多彩、平等、包容本质和倡导文明交流互鉴，为我们党不断推进马克思主义中国化时代化开拓了广阔思想格局。第五，"六个必须坚持"在方法论的界面上阐发并彰显习近平新时代中国特色社会主义思想具有时代高度和文明引领的思维方式，强调解决中国的问题和提出解决人类问题的中国方案要坚持中国人的方法论，为我们党不断推进马克思主义中国化时代化锤炼了基础性思想方法。

一言以蔽之，"六个坚持"在"时代精神的精华"和"文明的活的灵魂"的统一中，展现了习近平新时代中国特色社会主义思想坚持把解放思想与实事求是、追求真理与服务人民、历史观照与时代引领、理论创新与实践创造、文化自信与文明担当有机统一起来的理论品格和鲜明特质，为我们党提供了研究问题、解决问题的"总钥匙"，为广大党员干部提供了坚定信仰信念、把握历史主动的"看家本领"。

理论在一个国家、一个时代的实现程度，总是取决于理论满足这个国家、这个时代的需要的程度。党的十八大以来的实践已经充分证明，习近平新时代中国特色社会主义思想是当代中国马克思主义、二十一世纪马克思主义，是中华文化和中国精神的时代精华，是党和人民实践经验和集体智慧的结晶，是新时代坚持和发展中国特色社会主义、坚持以中国式现代化全面推进中华民族伟大复兴的指导思想和行动指南，为解决当今世界问题提供了中国智慧、中国方案。

从理论创新和理论飞跃的内涵逻辑的角度来看，习近平新时代中国特色社会主义思想之所以能够开辟马克思主义中国化时代化新境界，就在于这一思想在洞察"两个大局"中深刻把握了马克思主义中国化时代化的时代精神，在提出"两个结合"中深刻揭示了马克思主义中国化时代化的根本途径，在守正创新中实现了马克思主义中国化时代化理论形态的新飞跃，在高扬文明自信中展现了马克思主义中国化时代化的世界意义，在塑造"看家本领"中凝成了马克思主义中国化时代化的活的灵魂，从而全方位展现了马克思主义中国化时代化最新成果的强大真理力量、实践伟力和世界意义。在新时代新征程上不断深化对习近平新时代中国特色社会思想之所以能够开辟马克思主义中国化时代化新境界的领悟，必将推动全党全国各族人民更加坚定地拥护"两个确立"、坚决做到"两个维护"，从而以饱满精神状态和昂扬奋斗姿态，积极投身全面建设社会主义国家新征程，奋力谱写马克思主义中国化时代化新篇章。

我们究竟需要什么样的现代化？

张志强

张志强，中国社会科学院哲学研究所所长，研究员

习近平总书记在 2023 年 3 月 15 日在中国共产党与世界政党高层对话会上的主旨讲话《携手同行现代化之路》中提出了一系列现代化之问。这一系列现代化之问，归根结底，是人类究竟需要什么样的现代化、怎样才能实现现代化的问题。习近平总书记的现代化之问，是对人类社会现代化进程及其所遭遇到困境深刻反思的结果。中国式现代化理论，正是习近平总书记对现代化之问的系统回答。

中国式现代化理论，是基于中国的现代化实践的理论总结，是中国共产党经过百年探索，对现代化的宗旨目标、实践路径、核心要义和哲学基础进行的独特的体系性探究，是关于人类社会现代化进程的中国理论。中国式现代化理论，意味着新时代对中国式现代化的推进和拓展达到了理论自觉的程度，意味着中国共产党对现代化道路的探索已经形成了成熟的认识。中国式现代化理论作为全面建设现代化国家的理论支撑，是迈向第二个百年目标的理论指南。中国式现代化理论，作为习近平新时代中国特色社会主义思想的重要组成部分，是习近平新时代中国特色社会主义思想的核心主题之一。中国式现代化丰富了人类社会现代化的新图景，中国式现代化理论也丰富和拓展了世界现代化理论的新视野。

关于现代化的宗旨目标，习近平总书记指出，"现代化的最终目标是实现人自由而全面的发展"①。人的自由而全面的发展，是人类社会现代化进程兴起的本源与目标，西方现代化模式在自身发展的过程中逐渐出现了对这一宗旨目标的异化，人的自由和全面的发展的目标，异化成为个别人的自由和发展对其他人的自由和发展的限

---

① 习近平：《携手同行现代化之路——在中国共产党与世界政党高层对话上的主旨讲话》，人民出版社 2023 年版，第 1 页。

制、个别国家的自由和发展对其他国家的自由和发展的限制，从而丧失了每个人的自由发展是一切自由发展的条件的意义，从而也阻断了人的全面发展的可能性。作为现代化宗旨目标的人的自由和全面的发展，实质上是对现代化所构筑的人类文明新形态的核心特质的揭示。现代化所构筑形成的人类新文明，是一种马克思所谓"社会的人类和人类的社会"，是最符合人类社会本性的人类社会，这就是以人民为中心的社会。这个社会并非布尔乔亚的抽象社会，而是作为实践产物的、由具体的人或人民所构成的具体社会。具体社会是中国式现代化理论提出的一个关于新的社会构想，这个构想突破了资产阶级社会的抽象性质，认为一个真正实现人类社会本性的社会应该是由具体的人、具体的人民所构成的一个具体的社会，所谓具体社会，就是由具体的历史和文明实践所构筑的社会，具体社会一定是从自身文明基础中生长出来的有机社会，并非是一种由抽象的规则主要依赖系统整合手段而构筑的抽象社会，抽象社会是一种人工的社会，一种机械整合的社会，而不是一个具体的、自然衍生的社会。从古老文明中生长出来的现代社会应该是一个具有有机而具体的社会，是根据人的社会性且能够将人的社会性充分实现出来的社会。

关于现代化的实质，习近平总书记指出，"现代化不仅要看纸面上的指标数据，更要看人民的幸福安康"①。现代化的实质是要让现代化更好回应人民各方面诉求和多层次需要，是要顺应人民对美好生活的向往，顺应人民对文明进步的渴望。习近平总书记的指示充分表明，人民的诉求是从具体社会的历史文化土壤中具体而真实的形成的，人民的诉求不是抽象的观念，更不是外部强加的幻象。物质富裕而不两极分化，政治清明而非政治动荡，精神富足而非物质至上，社会安定而非社会分化，生态宜人而非竭泽而渔，这些都是

---

①　习近平：《携手同行现代化之路——在中国共产党与世界政党高层对话上的主旨讲话》，人民出版社 2023 年版，第 2 页。

人民对美好生活的具体追求，都是来自人民生活的实际要求，也是来自长期文明生活的熏陶所赋予的价值理想。现代化的实质，就是为人民提供具体而真实的幸福安康。

对现代化宗旨、目标和实质的揭示，实际上就是立足中国现代化实践，对现代化共同特征的根本揭示。现代化的共同特征来自于人类社会现代化进程的宗旨目标和实质。对现代化宗旨目标和实质的遗忘和异化，正是今天人类社会现代化进程遭遇困境的原因，也是西方现代化模式的根本症结所在。

习近平总书记关于现代化宗旨目标实质的揭示，说明了社会主义现代化在人类社会现代化进程中的地位。作为克服资本主义内在矛盾的社会主义，恰恰是最能实现现代化实质和目标的现代化方式。

关于现代化的实践途径，习近平总书记指出，"一个国家走向现代化，既要遵循现代化一般规律，更要立足本国国情，具有本国特色。什么样的现代化最适合自己，本国人民最有发言权。发展中国家有权利也有能力基于自身国情自主探索各具特色的现代化之路"①。习近平总书记的指示充分说明，现代化的实践路径，不能照搬现成模式，而是要从本国国情和文明基础中进行创造性实践的结果，从而现代化的道路必然地会具有各自的特色。正因此，现代化不是少数国家的专利品，也不是非此即彼的单选题，不能搞简单的千篇一律、复制粘贴，不同国家、不同地区各具特色的现代化道路，都植根于自身丰富多样、源远流长的文明传承，人类社会创造的各种文明，都为各国现代化积蓄了厚重底蕴、赋予了鲜明特质，并跨越时空、超越国界，共同为人类社会现代化进程作出了重要贡献。

习近平总书记关于现代化实践路径的论述，一方面是基于中国式现代化实践而提出的理论概括，另一方面也为中国式现代化提供了理论基础。立足国情、立足文明传承创造格局特色的现代化图景，

---

① 习近平：《携手同行现代化之路——在中国共产党与世界政党高层对话上的主旨讲话》，人民出版社2023年版，第3页。

正是"两个结合"原理在现代化理论中的体现，我们也可以说，中国式现代化理论也正是"两个结合"的科学产物。

关于中国式现代化的中国特色，是中国式现代化理论的重要内涵。习近平总书记指出，"中国式现代化是人口规模巨大、全体人民共同富裕、物质文明和精神文明相协调、人与自然和谐共生、走和平发展道路的现代化"①。中国式现代化的中国特色的形成，都是既基于自身国情，又借鉴各国经验，既传承历史文化，又融合现代文明，既造福中国人民，又促进世界共同发展，是我们强国建设、民族复兴的康庄大道，也是中国谋求人类进步、世界大同的必由之路。这表明，中国式现代化是立足中国具体实际、立足中华优秀传统文化，在中国共产党领导下，综合现代化一般规律而进行实践创造的产物。这一实践同时创造了现代化的中国与中国式的现代化。这一实践在创造了现代化中国的同时也为世界共同发展、为世界大同提供了必由之路。

关于中国式现代化的中国特色的理论概括，揭示了中国特色来自于中华文明5000多年发展道路，来自于中华文明发展规律，来自于中华文明的突出特性，中国式现代化在赋予中华文明现代力量的同时，在创造了中华文明现代形态的同时，也由中华文明赋予了自身深厚的文明底蕴，也从中华文明基础中汲取了创造中国式现代化文化形态的力量。中国式现代化是"两个结合"实践创造的产物，中国式现代化理论也是"两个结合"思想的科学产物。正如中国式现代化为人类文明创造出新形态的论断昭示于我们的，中国式现代化的中国特色也必然具有着昭示现代化共同特征的意义。

人口规模巨大、共同富裕、物质文明和精神文明相协调、人和自然和谐共生、和平发展这些中国式现代化的中国特色，一方面由5000多年中华文明历史发展所养成，是由中华文明所赋予的文明特

---

① 习近平：《携手同行现代化之路——在中国共产党与世界政党高层对话上的主旨讲话》，人民出版社2023年版，第5页。

色，是中华文明核心价值观的体现。另一方面，由中华文明所赋予的中国特色，也在一定程度上昭示了现代化应该具有的共同特征，由中华民族所创造的中国式现代化，也包含着现代化的一般性内涵和共同性特征。例如，人口规模巨大的现代化中人口规模的问题，不仅仅是一个现代化需要面对的国情层次的问题，人口规模巨大本身就是文明长期持续发展带来的一个重要的文明成果，也中华文明价值原理的生动体现。这个价值原理就是共生的价值观。正因为中华文明具有共生的理念，具有一种以天下观天下、立足世界看世界的价值观，一种天下一家的情怀，才会不断地发展出如此大规模的中华民族共同体。同样是由于共生的价值观，中华民族共同体的共生性也必然要将巨大规模的人口带入现代化。由人口规模巨大的共同体的共生性所带来的现代化，必定是一个能够为地球所有人所享受所参与的现代化，必定是一个能够将世界规模的人口带入现代化的现代化。人类命运共同体理念的提出，就来自于这种共生性的价值观，因此，能够实现共生性价值观的现代化，也必将是能为全人类创造出共同现代化局面的现代化。通过人口规模巨大的现代化这一中国特色，我们可以看到中国特色中蕴含着的人类共同追求的现代化共同特征。而作为中国特色之一的共同富裕，也同样来自于共同体的共生理念。

作为中国特色的物质文明和精神文明相协调的现代化，更来自于中华文明心物交融、天人合一的世界观和价值观。天地人之间是相互交融、物我一体的，人为天地所生，人的实践始终是天地自然的内容。心物交融的理想必定会带来精神文明和物质文明相协调的社会理想。因此，现代化也必定要符合这一理想，而不能是一种人与自然对立的现代化。这一点当然是现代化的共同而又本质的特征。西方现代化以心物二元论作为哲学基础，尽管在发明开发自然和组织社会的工具手段上取得了前所未有的进步，但工具理性的成功掩盖不了物质与精神不协调带来的问题，掩盖不了西式现代化的内在缺陷。物质文明和精神文明相协调、人与自然的和谐共生、人与人、国与国之间的和平共处，是取代弱肉强食、强人从己的"和合太和"的永久和平的世界理想，这一理想应该为现代化奠定了共同特征的价值基础。这个价值理想也必定成为创造人类文明新形态的文明基础。

　　中国式现代化理论的重要贡献，在于基于中国式现代化实践，从哲学上解决了一般与个别、普遍与特殊的关系问题。中国式现代化理论的核心要义在于其深刻阐明了这样一个道理，亦即，现代化的一般规律在中国得以实现，必须依赖于具体的文明历史条件，现代化的共同特征也必须呈现为具体的形态。中国式现代化理论的理论意义在于揭示了没有以一般形态存在的现代化，只有具体形态的现代化的道理。这一道理，既通过中国式现代化的实践得到了充分证明，更在哲学理论上深刻阐明了这一道理。中国式现代化理论之所以可以成立，在于其贯彻了黑格尔和马克思所谓"具体的普遍性"的道理，亦即，所有的普遍都是具体的普遍，而没有抽象的普遍。所有的一般都是具体的一般，而没有抽象的一般。抽象的一般和普遍，不过是思维的中介，而不是实践的现实状态。抽象的一般和普遍只存在于观念当中，是形而上学的抽象环节而已。

　　关于中国式现代化的独特优势，习近平总书记指出，在于推进中国式现代化作为系统工程的特点，特别指出了需要统筹兼顾、系统谋划、整体推进的六大关系：顶层设计与实践探索、战略与策略、守正与创新、效率与公平、活力与秩序、自立自强与对外开放。中国式现代化的独特优势具是从正确处理这六大关系中体现出来。正确处理六大关系，就是要掌握好对立面的平衡统一关系。顶层设计不转化为理论教条、战略谋划与灵活施策相结合、守正是在创新中守正，创新是在守正中创新，既不偏离正道，也不使正道僵化为老路，而效率和公平的综合平衡，更是社会主义市场经济的独特优势，在兼顾效率与公平的同时，也让社会主义优势转化为举国体制与多种所有制并存，从而极大地释放了比资本主义更大的生产力，创造出了中国特色社会主义的现代生产方式。正确处理这六大关系的关键，就要牢牢把握中国式现代化哲学基础，牢牢把握唯物辩证法的世界观和方法论，深刻领悟习近平新时代中国特色社会主义思想的世界观和方法论，深入贯彻实事求是、自信自强、守正创新的根本思想方法和工作方法。

中国式现代化体现了科学社会主义的先进本质

唐正东

唐正东，南京大学马克思主义社会理论研究中心暨哲学系教授

　　党的二十大报告深刻地阐释了中国式现代化的科学内涵、本质要求和重大原则。在新进中央委员会的委员、候补委员和省部级主要领导干部学习贯彻习近平新时代中国特色社会主义思想和党的二十大精神研讨班开班式上，习近平总书记深入阐释了中国式现代化对科学社会主义理论的继承与发展，"中国式现代化，深深植根于中华优秀传统文化，体现科学社会主义的先进本质，借鉴吸收一切人类优秀文明成果，代表人类文明进步的发展方向"[①]。

　　人民性是科学社会主义首要的本质属性。科学社会主义的唯物史观基础决定了它所关注的实践活动必然是人民群众的社会实践，而不可能是一小部分人的所谓自主实践。这便决定了科学社会主义在目的、路径、主体等方面必然具有鲜明的人民属性，正像恩格斯在《社会主义从空想到科学的发展》中所指出的，"资本主义生产方式日益把大多数居民变为无产者，从而就造成一种在死亡的威胁下不得不去完成这个变革的力量。这种生产方式日益迫使人们把大规模的社会化的生产资料变为国家财产，因此它本身就指明完成这个变革的道路。无产阶级将取得国家政权，并且首先把生产资料变为国家财产"[②]。

　　中国共产党人是坚持和发展科学社会主义人民性的典范。在1935 年的《论反对日本帝国主义的策略》中，毛泽东敏锐地抓住了中国人民的新民主主义革命实践在主体、路径等方面的变化。他指出，日本帝国主义想把中国变为它的殖民地，这就变动了中国的阶

　　①　《习近平在学习贯彻党的二十大精神研讨班开班式上发表重要讲话强调　正确理解和大力推进中国式现代化》，《人民日报》2023 年 2 月 8 日第 1 版。

　　②　《马克思恩格斯文集》第 3 卷，人民出版社 2009 年版，第 561 页。

级关系，使除了工人、农民、小资产阶级之外，中国的民族资产阶级也有了参加抗日斗争的可能性。正因为如此，原先的工农共和国的口号就需要改变为人民共和国，以便对人民斗争的主体作出更明确的界定，建立广泛的抗日民族统一战线的新策略也由此而清晰地提了出来。在改革开放和社会主义现代化建设时期，邓小平准确地解读了中国人民的最根本利益，把实现社会主义四个现代化提升到我们当前最大的政治层面上，从而开启了建设具有中国特色的社会主义的伟大征程。"我们当前以及今后相当长一个时期的主要任务是什么？一句话，就是搞现代化建设。能否实现四个现代化，决定着我们国家的命运、民族的命运。……社会主义现代化建设是我们当前最大的政治，因为它代表着人民的最大的利益、最根本的利益。"①

党的十八大以来，以习近平同志为主要代表的当代中国共产党人在新时代中国特色社会主义的实践语境中，把科学社会主义的人民属性提升到了一个崭新的高度。习近平总书记指出，"我反复强调，江山就是人民，人民就是江山，打江山、守江山，守的是人民的心，就是要告诫全党同志，对我们这样一个长期执政的党而言，没有比忘记初心使命、脱离群众更大的危险"②。新时代社会主要矛盾新变化凸显了中国人民的需要从直接的物质文化需要转变到了更为丰富和全面的追求美好生活的需要，这就给中国的现代化路径提出了更高的要求。由于中国人民对美好生活的需要是指所有参加中国特色社会主义建设的劳动者共同追求美好生活、实现人的全面发展的需要，因而，中国式现代化在内涵上就必然具有人口规模巨大、全体人民共同富裕、物质文明和精神文明相协调等重要内容。凡是侧重于一小部分人的现代化、只注重物的丰富性的现代化，都不是中国人民需要的现代化，当然也就不可能是中国式现代化所追求的目标。而要实现上述内容，中国式现代化在路径上就必然具有人与

---

①《邓小平文选》第2卷，人民出版社1994年版，第162—163页。

②《习近平谈治国理政》第4卷，外文出版社2022年版，第63页。

自然和谐共生、走和平发展道路的鲜明特征。凡是主张对自然界的无限索取、对他国的殖民和掠夺的现代化路径，都无法真正满足中国人民追求美好生活的需要，从而也不可能是中国式现代化的展开路径。显然，中国式现代化在新时代、新发展阶段的语境中，对科学社会主义的人民性属性作出了充分的展现和提升。

科学性是科学社会主义重要的本质属性。与空想社会主义的抽象性不同，科学社会主义把社会形态的发展、现代化路径的展开，放在生产方式内在矛盾运动的本质层面上来加以解读，从而赋予了社会主义理论和实践鲜明的科学特性。当列宁在 1921 年的《论粮食税》中强调经济形态上的国家资本主义在当时实践语境中的有效性时，他想表明的是现实社会主义的任何一种发展形式，都不是政治家拍头脑想出来的，而是科学地概括生产方式内在矛盾运动在当时条件下的具体表现形式而形成的。毛泽东也是一样。在新民主主义革命阶段，他对反抗日本帝国主义的入侵等军事活动的理解，是放在取消妨碍中国生产力发展的旧政治、旧军事力量的视域中来加以展开的，"政治是上层建筑，经济是基础。政治好比就是这个房子，经济就是地基。我们搞政治、搞政府、搞军队，为的是什么？就是要破坏妨碍生产力发展的旧政治、旧政府、旧军队。日本帝国主义占了我们的地方，我们还有什么生产力可以发展？这是妨碍生产力发展的"①。正因为有这样的科学的解读视域，所以才决定了他在革命策略上能提出建立抗日民族统一战线等科学的主张。

中国特色社会主义实践进入新时代，习近平总书记提出的中国式现代化的科学论断，把科学社会主义的科学本质在中国的语境中更加清晰地展现了出来。社会主义生产方式的矛盾运动在当下条件下面对着诸多前所未有的复杂情况，中华民族伟大复兴的战略全局与世界百年未有之大变局纠结在了一起，"当代中国正在经历人类历

---

① 《毛泽东文集》第 3 卷，人民出版社 1996 年版，第 108 页。

史上最为宏大而独特的实践创新，改革发展稳定任务之重、矛盾风险挑战之多、治国理政考验之大都前所未有，世界百年未有之大变局深刻变化前所未有，提出了大量亟待回答的理论和实践课题"①。正因为如此，中国式现代化始终坚持中国共产党的领导，因为这是这种现代化进程不迷失方向的前提条件。同样因为如此，中国式现代化在拥有各国现代化共同特征的同时，更有基于国情的中国特色，譬如，全体人民共同富裕、走和平发展道路，等等。在党的二十大报告中，习近平总书记深刻地指出，"中国式现代化的本质要求是：坚持中国共产党领导，坚持中国特色社会主义，实现高质量发展，发展全过程人民民主，丰富人民精神世界，实现全体人民共同富裕，促进人与自然和谐共生，推动构建人类命运共同体，创造人类文明新形态"②。这是对中国式现代化对科学社会主义之科学本质的继承与发展的准确概括。

时代性是科学社会主义鲜明的本质属性。唯物史观的实践基础决定了现实实践活动推进到什么地方，科学社会主义的理论与实践就要发展到什么地方。当马克思在《哥达纲领批判》中强调在资本主义社会与共产主义社会之间有一个无产阶级革命专政的过渡时期，当列宁在 1918 年俄共（布）第七次代表大会上的报告中提出目前俄国还只是处在由资本主义向社会主义过渡的第一阶段的观点时，他们所凸显的都是科学社会主义的时代性本质。中国共产党人也是彰显科学社会主义之时代性的典范。当邓小平在 1984 年"建设有中国特色的社会主义"的谈话中梳理和阐释中国的社会主义运动在当时条件下的展开方式时，他十分清晰地把握住了当时的时代背景即生产力发展水平的落后性。正因为如此，邓小平在回答什么

---

① 《习近平谈治国理政》第 4 卷，外文出版社 2022 年版，第 30 页。

② 习近平：《高举中国特色社会主义伟大旗帜　为全面建设社会主义现代化国家而团结奋斗——在中国共产党第二十次全国代表大会上的报告》，人民出版社 2022 年版，第 23—24 页。

是社会主义、怎样建设社会主义的大问题时，提出了社会主义阶段的最根本任务就是发展生产力的科学主张，"马克思主义最注重发展生产力。……所以社会主义阶段的最根本任务就是发展生产力，社会主义的优越性归根到底要体现在它的生产力比资本主义发展得更快一些、更高一些，并且在发展生产力的基础上不断改善人民的物质文化生活。如果说我们建国以后有缺点，那就是对发展生产力有某种忽略"①。这是对科学社会主义之时代性的明确贯彻与运用。

中国特色社会主义进入新时代、新发展阶段，摆在当代中国共产党人面前的一项重要任务就是准确地把握新的时代背景并在此基础上创造性地呈现和发展科学社会主义的时代性本质。习近平总书记对中国发展的国内外形势作出了深刻的阐释："当前和今后一个时期，我国发展仍然处于重要战略机遇期，但机遇和挑战都有新的发展变化。"② 中国式现代化就是在这样的时代背景下提出来，它必然会充分地体现和彰显科学社会主义的时代性特征。正因为如此，在中国式现代化的前进道路上，我们必须牢牢把握以下五项重大原则，即坚持和加强党的全面领导、坚持中国特色社会主义道路、坚持以人民为中心的发展思想、坚持深化改革开放、坚持发扬斗争精神。这五项重大原则，既为中国式现代化指明了根本方向、提供了制度保证和根本遵循，又为中国式现代化激发了强劲动力、凝聚了磅礴力量。

中国式现代化对科学社会主义先进本质的体现，是当代中国共产党人对科学社会主义理论与实践的重大发展，是科学社会主义的最新重大成果。它代表了人类文明进步的发展方向，展现的是一种全新的人类文明形态，在科学社会主义发展史上具有重大的创新性贡献。

---

① 《邓小平文选》第 3 卷，人民出版社 1993 年版，第 63 页。
② 《习近平谈治国理政》第 4 卷，外文出版社 2022 年版，第 121 页。

中国式现代化推进了马克思主义的价值观和历史观的发展。中国式现代化彰显了马克思主义价值观的当代形态。马克思主义价值观的核心内容是以人民群众为价值主体，以实现人的自由而全面的发展为价值目标，以现实的社会实践活动为价值实现路径。中国式现代化开创和建构了一种新的人类文明形态，把马克思主义价值观提升到了一个崭新的理论高度，实现了马克思主义价值观的中国化时代化。

首先，中国式现代化把人民群众的价值主体性提升到了历史主体的层面上，凸显了价值主体的最高理论层次。马克思恩格斯等经典作家在社会主义革命的语境中对人民群众的价值主体性的阐释主要是沿着革命的动力主体和社会发展的需求主体等两个维度来展开的。毛泽东、邓小平等老一辈无产阶级革命家在社会主义革命和建设的语境中，为人民群众的价值主体性注入了智慧主体和目标主体等新维度，从而开启和推进了马克思主义价值观的中国化历程。以习近平同志为主要代表的当代中国共产党人站在建构人类文明新形态的高度，明确地提出了中国式现代化的科学论断。中国式现代化把作为价值主体的人民提升到了江山的层面上，强调了江山就是人民、人民就是江山，从而在历史主体的层面上实现了人民群众之价值主体性的整体提升。在马克思主义发展史、科学社会主义运动史以及中国的社会主义革命和建设史上，人民从来没有被提升到如此高的理论高度，这充分体现了中国共产党人的根基在人民、血脉在人民。

其次，中国式现代化把人民群众的价值目标性在实现人民美好生活需要的层面上加以具体贯彻与落实。马克思主义价值观的总体目标是实现人的自由而全面的发展。在新时代中国特色社会主义的语境中，这一总体目标具体化为实现人民美好生活的需要。正因为中国人民的需要不是单方面的物质文化的需要，而是具体的、全面的实现美好生活的需要，所以中国共产党领导的中国式现代化决不是面向少数人利益的现代化，而必然是中国十四亿多人口整体迈进现代化社会的人口规模巨大的现代化；决不是只有一部分人富裕的现代化，而必然是全体人民共同富裕的现代化；决不是单一的物质维度的现代化，而必然是物质文明和精神文明相协调的现代化；决不是以损害自然生态为代价的现代化，而必然是人与自然和谐共生的现代化；决不是基于剥夺性积累的现代化，而必然是走和平发展道路的现代化。面对人民群众之需求目标的如此变化，中国式现代化把实现好人民需求拓展到了实现好、维护好、发展好人民需求之辩证统一的层面上，深化对中国特色社会主义建设规律的认识。

　　最后，中国式现代化把以人民为主体的价值实现路径在新时代中国特色社会主义的语境中加以了深化和发展。马克思恩格斯等经典作家在社会主义革命的语境中强调了人民群众的革命实践是价值目标的实现路径。毛泽东邓小平等老一辈无产阶级革命家在社会主义建设的语境中强调了调动人民群众的积极性在实现社会主义价值目标中的重要性。在新时代中国特色社会主义之新发展阶段的语境中，习近平总书记把调动人民积极性提升和拓展到了发挥人民的积极性、主动性和创造性的层面上。当代中国正在经历人类历史上最为宏大而独特的实践创新，我们要科学地回答中国之问、世界之问、人民之问、时代之问，就不仅要把人民已有的积极性调动和发挥出来，而且还要把潜藏在人民群众中的主动性和创造性很好地发挥出来。人民的创造性实践是理论创新和实践创新的不竭源泉，我们只有尊重人民创造、集中人民智慧，才能不断推进中国式现代化的伟大实践。

　　同时，中国式现代化体现了马克思主义历史观的中国化时代化。唯物史观的核心要义是生产力与生产关系、经济基础与上层建筑的矛盾运动推动了社会历史的发展。在基本原理的层面上，唯物史观深刻地阐释了人类历史发展的一般规律，为我们研究与阐释具体社会形态的发展规律提供了方法论指南。马克思恩格斯等经典作家把这种唯物主义历史观运用到对资本主义等私有制社会形态的发展规律的研究上，得出了资本主义必然灭亡、社会主义必然胜利的科学论断。在私有制社会发展的语境中，马克思的确说过历史向世界历史转变等观点，但这并不意味着他认为人类社会的现代化模式只有基于资本逻辑的现代化这一种路径。不然的话，就无法解释他为什么要强调从必然王国向自由王国转变的必然性了。因此，在把唯物史观运用到对当代社会发展路径的分析时，必须清楚地意识到生产力与生产关系矛盾运动的原理，并不指向社会发展单一路径的结论。相反，它启示我们的是社会主义生产关系条件下的生产方式内在矛盾运动所建构和推动的现代化路径，必然与资本主义生产关系条件下的现代化路径有重要的不同。也就是说，生产力生产关系矛盾运动的不同表现形式所带来的是社会发展路径的不同。

作为一种新的人类文明形态，中国式现代化是中国共产党领导的、中国人民基于自己的国情而选择的具有中国特色的社会主义现代化。它是对新时代中国特色社会主义的生产力生产关系矛盾运动规律的准确表达与阐述。中国人民对自己的国情，对自己所处的生产力生产关系的矛盾运动状况最了解、最有发言权。习近平总书记指出，"我反复讲，鞋子合不合脚，只有穿的人才知道。中国特色社会主义制度好不好、优越不优越，中国人民最清楚，也最有发言权。我们在这个重大政治问题上一定要有定力、有主见，决不能自失主张、自乱阵脚"①。中国人民选择的中国式现代化是最适合自己的现代化。由此而及，每个发展中国家中的人民都有权根据自己国家特定的生产力和生产关系发展现状，来选择最符合其社会形态发展规律的现代化路径。把基于私有制条件下资本逻辑的某种现代化模式，演绎成可以适用于所有国家的现代化道路，这不仅是西方资本主义意识形态霸权的具体体现，而且也与唯物史观的具体化特征不相符

---

① 《习近平谈治国理政》第 3 卷，外文出版社 2020 年版，第 124—125 页。

合。各个国家只有把自身发展的命运牢牢地掌握在自己手里，并尊重其他国家人民对发展道路的自主选择，才能真正地谱写人类社会百花齐放的现代化新图景。

中国式现代化所展现的历史观是对唯物史观的继承和发展，是中国化时代化的唯物史观。它继承了唯物史观关于生产力生产关系矛盾运动规律等基本原理，同时又在中华民族伟大复兴的战略全局和世界百年未有之大变局的实践语境中，对一定的、具体的、历史的生产力与生产关系矛盾运动规律等内容作出了全新的探索与创新。它在新的历史条件下所建构的历史观，是一种更加突出人民性的历史观，因为它基于各国人民的自主选择并符合特定社会形态的发展规律；是一种更面向未来的历史观，因为作为一种坚持人民至上的现代化，中国式现代化必然比基于资本逻辑的西方现代化模式，具有更加光辉灿烂的未来。

中国式现代化：一种文明自觉

吴向东

吴向东，北京师范大学价值与文化研究中心主任、哲学学院院长

中国式现代化理论，是党的二十大的一个重大理论创新，是科学社会主义的最新重大成果。中国式现代化，既是对我们党长期以来实践和理论创新突破的概括总结，"在新中国成立特别是改革开放以来长期探索和实践基础上，经过十八大以来在理论和实践上的创新突破，我们党成功推进和拓展了中国式现代化"①；更是对未来道路的明确宣示，"从现在开始……以中国式现代化全面推进中华民族伟大复兴"②。无论是概括总结，还是道路宣示，"中国式现代化"所表达的意蕴，都上升到了一种文明自觉的高度。

一　中国实践的道路自觉

我们常说，道路决定命运。世界上的路，都是人走出来的。鲁迅先生说过"什么是路？就是从没路的地方践踏出来的，从只有荆棘的地方开辟出来的"③。中国共产党领导中国人民在长期实践探索中走出了中国式现代化新道路，中国式现代化是对中国实践的道路自觉。

鸦片战争之后，中国就面临着向何处去的问题，实际上就是如何实现从传统社会向现代社会的转型，如何实现现代化的问题。这个问题一开始就是在世界历史背景下被凸显出来的，如马克思、恩

---

① 习近平：《高举中国特色社会主义伟大旗帜　为全面建设社会主义现代化国家而团结奋斗——在中国共产党第二十次全国代表大会上的报告》，人民出版社 2022 年版，第 22 页。

② 习近平：《高举中国特色社会主义伟大旗帜　为全面建设社会主义现代化国家而团结奋斗——在中国共产党第二十次全国代表大会上的报告》，人民出版社 2022 年版，第 21 页。

③ 《鲁迅全集》第 1 卷，人民文学出版社 2005 年版，第 386 页。

格斯所说，随着西方资本主义生产方式和现代性的确立，"资产阶级，由于开拓了世界市场，使一切国家的生产和消费都成为世界性的了。……过去那种地方的和民族的自给自足的闭关自守状态，被各民族的各方面的互相往来和各方面的互相依赖所代替了。物质的生产是如此，精神的生产也是如此"①。现代性创造了世界历史，把一切民族都卷入到现代资本主义文明中来，并因此使现代化成为每一个民族普遍的历史性命运，"如果它们不想灭亡的话"②。同时，这种现代性还展示了一种权力关系，即支配和从属关系："正像它（资产阶级）使农村从属于城市一样，它使未开化和半开化的国家从属于文明的国家，使农民的民族从属于资产阶级的民族，使东方从属于西方。"③ 这也为落后国家如何走出一条自己的道路，实现现代化提出了一个难题。

在这样的背景下，中国社会，自由主义、保守主义，各种思潮登上历史舞台。文化上的中西古今之争在这个背景下跳脱出来，而且影响至今。毛泽东说，十月革命一声炮响，给我们送来了马克思列宁主义。在具体的历史实践中，中国共产党把马克思主义基本原理与中国实际相结合，与中华优秀传统文化相结合，走过百年奋斗历程，经过新民主主义革命、社会主义革命和建设、改革开放和社会主义现代化建设、新时代中国特色社会主义建设，走出了自己的路。在这个过程中，我们对实践和道路不断进行理论总结和自我认识，得出两个根本性的结论：一是走自己的路，建设中国特色社会主义；二是中国式现代化。

走自己的路，建设中国特色社会主义，这是我们党自改革开放以来始终坚持、反复申明的一个根本性结论。在改革开放之初，邓小平就明确指出："走自己的道路，建设有中国特色的社会主义。这

---

① 《马克思恩格斯文集》第 2 卷，人民出版社 2009 年版，第 35 页。
② 《马克思恩格斯文集》第 2 卷，人民出版社 2009 年版，第 35 页。
③ 《马克思恩格斯文集》第 2 卷，人民出版社 2009 年版，第 36 页。

就是我们总结长期历史经验得出的基本结论。"① 2021 年，习近平总书记在建党百年"七一"讲话中再次明确指出："走自己的路，是党的全部理论和实践立足点，更是党百年奋斗得出的历史结论。中国特色社会主义是党和人民历经千辛万苦、付出巨大代价取得的根本成就，是实现中华民族伟大复兴的正确道路。"② 而中国式现代化是我们党在实践中形成的又一个根本性结论。事实上，中国特色社会主义与中国式现代化是内在地联系在一起的。中国特色社会主义道路，是实现我国社会主义现代化的必由之路，是创造人民美好生活的必由之路。随着中国实践的不断展开和自觉反思，中国式现代化这一概念得以提出，其理论内涵得以不断被丰富和深入阐述。

中华人民共和国成立初期，我们把现代化视为工业化，以这一思想为指导制订了第一个五年计划。在五年计划的实施过程中，我们逐渐把工业化的思想发展成"四个现代化"的思想。1954 年 9 月，周恩来在第一届全国人民代表大会第一次会议上，提出了工业、农业、交通运输业和国防现代化的目标。从 1959 年年底到 1960 年年初，毛泽东在读苏联《政治经济学教科书》时，明确提出："建设社会主义，原来要求是工业现代化，农业现代化，科学文化现代化，现在要加上国防现代化。"③ 1964 年，在第三届全国人民代表大会第一次会议上，周恩来正式公布了实现农业、工业、国防和科学技术四个现代化的战略目标。

改革开放后，邓小平提出建设有中国特色的社会主义，同时提出了"中国式的现代化"这个新概念。早在 1979 年 3 月，在会见英中文化协会执行委员会代表团时，邓小平首次指出我们的现代化概念与西方不同，"我姑且用个新说法，叫做中国式的四个现代化"④。

---

① 《邓小平文选》第 3 卷，人民出版社 1993 年版，第 3 页。
② 《习近平谈治国理政》第 4 卷，外文出版社 2022 年版，第 10 页。
③ 《毛泽东文集》第 8 卷，人民出版社 1999 年版，第 116 页。
④ 《邓小平思想年编（1975—1997）》，中央文献出版社 2011 年版，第 225 页。

随即在中国共产党的理论工作务虚会上的讲话《坚持四项基本原则》中，邓小平明确指出："过去搞民主革命，要适合中国情况，走毛泽东同志开辟的农村包围城市的道路。现在搞建设，也要适合中国情况，走出一条中国式的现代化道路。""中国式的现代化，必须从中国特点出发。"① 1984 年 3 月，邓小平在会见时任日本首相中曾根康弘时再次明确表明："到本世纪末在中国建立一个小康社会。这个小康社会，叫做中国式的现代化。翻两番、小康社会、中国式的现代化，这些都是我们的新概念。"② 在这里，邓小平提出中国式的现代化，首先，强调这是个新概念，之前讲四个现代化，主要是着眼于经济和科学技术的发展的目标，现在讲中国式现代化，更加强调社会整体的全面的发展；其次，强调我们的现代化从中国特点、中国实际出发，因而是中国式的；最后，表明我们现代化的水平实际是小康社会，与世界上发达国家相比较还不够高。如邓小平所解释："我们开了大口，本世纪末实现四个现代化。后来改了个口，叫中国式的现代化，就是把标准放低一点。"③

随后，党的历次代表大会都强调了走中国特色社会主义道路，根据国际环境变化和我国发展实际对中国式现代化的战略目标步骤进行了规划安排。1987 年，党的十三大确立了"三步走"战略，就是到二十世纪八十年代末解决人民温饱问题，到二十世纪末使人民生活达到小康水平，到二十一世纪中叶基本实现现代化。进入新世纪，在现代化建设的前两步战略目标实现之后，党的十六大提出了在二十一世纪头 20 年全面建设惠及十几亿人口的更高水平的小康社会目标。2012 年，党的十八大明确提出在中国共产党成立 100 年时全面建成小康社会，在中华人民共和国成立 100 年时建成富强民主文明和谐的社会主义现代化国家。2017 年党的十九大对实现第二个

---

① 《邓小平文选》第 2 卷，人民出版社 1994 年版，第 163、164 页。
② 《邓小平文选》第 3 卷，人民出版社 1993 年版，第 54 页。
③ 《邓小平文选》第 2 卷，人民出版社 1994 年版，第 194 页。

百年奋斗目标作出分两个阶段推进的战略安排，明确提出到 2035 年基本实现社会主义现代化，到本世纪中叶把中国建成富强民主文明和谐美丽的社会主义现代化强国。党的二十大则对全面建成社会主义现代化强国两步走战略安排进行宏观展望，细化了实现第二个百年奋斗目标的步骤和路径。

党的十八大以来，一方面，以习近平同志为核心的党中央科学总结中国社会主义现代化建设的实践经验，不断创造性推进中国式现代化的实践发展；另一方面，正是在新时代的伟大实践中，习近平总书记对中国式现代化的重大理论和实践问题进行了深邃思考，提出了一系列原创性新理念新思想新战略，形成了关于中国式现代化的系列重要论述。2021 年，习近平总书记在建党百年"七一"讲话中，首次明确将中国式现代化新道路与人类文明新形态联系起来，提出："我们坚持和发展中国特色社会主义，推动物质文明、政治文明、精神文明、社会文明、生态文明协调发展，创造了中国式现代化新道路，创造了人类文明新形态。"① 党的十九届六中全会通过的《中共中央关于党的百年奋斗重大成就和历史经验的决议》进一步指出，党领导人民成功走出中国式现代化道路，创造了人类文明新形态，拓展了发展中国家走向现代化的途径。在党的二十大报告中，习近平总书记进一步阐明了中国式现代化的中国特色、本质要求，重大原则、战略安排、总体目标、主要任务等。2023 年 2 月，习近平总书记在学习贯彻党的二十大精神研讨班上发表重要讲话，第一次提出"中国式现代化理论"这一命题，强调概括提出并深入阐述中国式现代化理论，是党的二十大的一个重大理论创新，是科学社会主义的最新重大成果。中国式现代化是我们党领导全国各族人民在长期探索和实践中历经千辛万苦、付出巨大代价取得的重大成果，我们必须倍加珍惜、始终坚持、不断拓展和深化。

---

① 《习近平谈治国理政》第 4 卷，外文出版社 2022 年版，第 10 页。

从"中国式的现代化"到"中国式现代化道路",再从"中国式现代化道路"到"中国式现代化",实际上是我们党对中国实践的一种道路自觉。我们的实践,我们走的路,是中国特色社会主义,是中国式现代化。中国特色社会主义和中国式现代化是一体两面,中国特色社会主义是中国式现代化的内在性说明,中国式现代化则是中国特色社会主义的形式化表达。如果说邓小平在改革开放之初提出的中国式的现代化,更多的还是一种设想、一个概念,我们今天讲的中国式现代化,则是在丰富实践基础上的一种自我总结和自我认识、自我规定。我们自觉以中国式现代化为主线,来把握和理解新近中国的百年实践。新民主主义革命为实现现代化创造了根本社会条件;社会主义革命和建设为现代化建设奠定根本政治前提和宝贵经验、理论准备、物质基础;改革开放和社会主义建设新时期,为中国式现代化提供了充满新的活力的体制保证和快速发展的物质条件;中国特色社会主义新时代,成功推进和拓展了中国式现代化,初步构建中国式现代化的理论体系,为中国式现代化提供了更为完善的制度保证、更为坚实的物质基础、更为主动的精神力量。中国共产党100多年团结带领中国人民追求民族复兴的历史,也是一部不断探索现代化道路的历史。经过数代人不懈努力,我们走出了中国式现代化道路。

他者的视野也可以验证我们对实践的这种道路自觉。美国学者费正清二十世纪四十年代在《美国与中国》一书中说,"西方能从自身文明内部实现现代化","中国由于它早已有了与众不同的文化传统,就非借鉴外界来实现现代化不可"①。在他看来,中华帝国是一种稳定的但并非一成不变的传统秩序,一直延续到十九世纪,它遇到了一种截然不同的而且更为强大的文明。西方的入侵产生了一种前所未有的动力,西方的冲击无可挽回地改变了中国的社会和政

---

① [美]费正清:《美国与中国》,张理京译,世界知识出版社1999年版,第132、134页。

治，西方注入了引起现代化并导致永久性变化的力量。费正清把中国近代史看作中国从传统向现代化缓慢迈进的过程，这种现代化过程就是西方不断冲击，我们不断做出反应。在很长时间里面，这个"冲击—反应"模式是西方学者对中国开展的现代化道路的一种共识。这一模式似乎看到"韦伯式命题"的影子。马克斯·韦伯（Max Weber）在《儒教与道教》（*Confucianism and Taoism*）一书中提出了著名的"韦伯式命题"，追问如果没有西方冲击，中国自身能否发展起类似西方的理性资本主义。他的结论是否定的，即传统中国社会缺乏一种类似基督新教的特殊宗教伦理作为不可缺少的鼓舞力量，以至于西方文明冲击下的中国无法靠自身的力量走上理性化资本主义的道路。经过 50 年的阅历和观察，二十世纪九十年代初，费正清在《中国新史》这本书中对以前的观点进行修正，他说："如果我们要理解中国，第一件必须做的事是，避免用欧洲的尺度来判断。"[1] 他认为中国的现代化发展，很可能不是一个冲击—反应的结果，而是一个自身内在基因变革和内在发展冲动的结果，也就是说，中国的现代化道路具有她自身的内在性和动力源。

二　中国道路的文明自觉

中国式现代化，不仅是对中国实践的道路自觉，更是表达了中国道路的文明性质，是一种文明自觉。这种文明性质和文明自觉，通过中国式现代化的中国特色、本质要求的理论阐述得到集中表达与体现。基于对中国社会主义现代化建设长期探索和实践的科学总结，党的二十大报告阐明了中国式现代化的中国特色和本质要求。中国式现代化的本质要求是对中国特色的具体展开，中国特色是对本质要求的抽象概括，二者都呈现出中国式现代化所蕴含的独特世界观、价值观、历史观、文明观、民主观、生态观，表明了中国式

---

① John K. Fairbank, *China: A New History*, Cambridge: Harvard University Press, 1992, p. 47.

现代化的文明性质，表现为与西方式现代化不同的文明类型或者文明范式。这种文明类型或者范式，我称之为建构性文明，与之相对应的西方式现代化，某种意义上可视为是一种对抗性文明。

对于西方式的现代化及其形成的现代性，首先必须肯定这是一种历史性成就，相对于前资本主义而言是文明的巨大进步。但同时我们要看到西方式现代化及其形成的现代性，在根底上是一种对抗性的文明。本质上强调的是主客二分，对立，克服，消灭，从而是力的文明，某种意义上讲是丛林文明。为自由主义奠基和论证的近现代西方哲学、经济学、政治学理论，在理论层面上，揭示、呈现了这种文明的对抗性，包括对自由主义和现代性进行反思批判的批判理论中，都可以体察到这种对抗性。

这种文明确立的是理性自我的中心地位，它在哲学中表现为这样一种结构，即笛卡尔"我思故我在"中的抽象主体性和康德哲学中绝对的自我意识。主体自由在自然界表现为人为自然立法，"在社会里表现为主体受私法保护，合理追逐自己的利益游刃有余；在国家范围内表现为原则上（每个人）都有平等参与建构政治意志的权利；在个人身上表现为道德自主和自我实现。"① 所以，黑格尔指出："说到底，现代世界的原则就是主体性的自由。"② 主客二分、主客对立的主体实现原则，也即主体自由原则。这种原则在实践层面上，一方面通过矛盾、斗争、竞争带来进步，取得现代性的诸种成就；另一方面，主体性不仅使理性自身，还使整个生活系统都陷于分裂和对抗状态，导致了时代困境："人与自然之对立，在这个对立中，人分别作为认识主体和行为者，而处于分裂之中；个体与社会之对立，以及有限精神与无限精神之对立。最后这一对立也反映在人与

---

① ［德］哈贝马斯：《现代性的哲学话语》，曹卫东等译，译林出版社 2004 年版，第 96 页。

② ［德］黑格尔：《黑格尔全集》第 7 卷，刘立群等译，商务印书馆 2014 年版，第 439 页。

命运的关系上。"① 现代性诸般危机和对抗性文明的后果，比从前任何时候都更加剧烈、更加普遍化。

中国式现代化就其性质而言，是一种建构性文明，本质上是建设性的。它强调的是人口规模巨大的现代化，要从中国实际出发，人类历史上没有一个民族、一个国家可以通过依赖外部力量、照搬外国模式、跟在他人后面亦步亦趋实现强大和振兴；强调全体人民共同富裕而不是两极分化，坚持以人民为中心，把实现人民美好生活的向往作为现代化建设的出发点和落脚点；强调物质文明与精神文明相协调，促进物的全面丰富与人的全面发展；强调全过程人民民主，坚持党的领导、人民当家作主、依法治国有机统一，实现过程民主和成果民主、程序民主和实质民主、直接民主和间接民主、人民民主和国家意志相统一；强调人与自然和谐共生，坚定不移走生产发展、生活富裕、生态良好的文明发展道路；强调走和平发展的道路，坚持和平、发展、合作、共赢，在坚定维护世界和平与发展中谋求自身发展，又以自身发展更好地维护世界和平与发展。这里鲜明地表现了中国式现代化所蕴含的独特世界观、价值观、历史观、文明观、民主观、生态观，其背后呈现的是实践合理性、关系思维、共同体原则。

理性是现代性的原则，康德在解释什么是启蒙运动时说道："要有勇气运用你自己的理智！这就是启蒙运动的口号。"② 韦伯认为，近代欧洲资本主义文明的一切发展成果都是理性主义的产物。理性本来一开始是全面的、完整的，不仅包括工具理性，还包括价值理性。但随着时间的推移，理性分裂的倾向日益明显，理性主义在实践中不断地片面化，工具理性取代价值理性，工具理性逐渐成为一种观察问题和处理问题的普遍化的思维方式和方法，以至于最后成

---

① ［加］查尔斯·泰勒：《黑格尔与现代社会》，徐文瑞译，吉林出版集团有限责任公司 2009 年版，第 76 页。

② ［德］康德：《历史理性批判文集》，何兆武译，商务印书馆 1991 年版，第 22 页。

为如恩格斯所说的："理性专制主义"，或如韦伯所说的"形式的合理性和实质的非理性"，造成"现代的铁笼"。

实践合理性是对理性原则的一种扬弃。第一，针对传统理性主义把理性理解成一种先验的绝对的本体，实践合理性强调理性本质上根源于人的实践，基于人类实践活动而形成的理性是具体的、历史的、开放的、发展的。这表现为，中国式现代化始终坚持问题导向，在现代化实践中不断回答什么是社会主义、怎样建设社会主义，建设什么样的党、怎样建设党，实现什么样的发展、怎样实现发展，建设什么样的社会主义现代化强国、怎样建设社会主义现代化强国，建设一个什么样的世界、如何建设这个世界等一系列的中国之问、世界之问、人民之问、时代之问；中国式现代化始终坚持从中国实际出发，探索现代化的途径和推进方式，强调"一个国家走向现代化，既要遵循现代化一般规律，更要符合本国实际，具有本国特色"，这就解决了中国式现代化的一个根本的前提性问题；中国式现代化始终坚持普遍性与特殊性的辩证法，推进马克思主义中国化时代化，创立了邓小平理论、"三个代表"重要思想、科学发展观、习近平新时代中国特色社会主义思想，形成了与时俱进的理论成果。第二，针对传统理性主义的理性失衡、工具的异化，实践合理性强调人的活动的合规律性与合目的性的统一，工具理性和价值理性的统一，合理与合情的统一，并强调价值理性统领工具理性。这充分体现在社会主义市场经济的建立和发展上，体现在人民至上价值原则对资本逻辑的驾驭上。一方面，我们充分运用市场经济，发挥市场在资源配置中的决定性作用，发挥资本的文明面；另一方面，社会主义和市场经济相结合，用人民至上的价值原则驾驭资本逻辑，社会主义市场经济坚持以人民为中心的发展思想，把"有效的市场"与"有为的政府"有机结合，始终坚持发展为了人民，发展依靠人民，发展成果由人民共享，从而使得市场经济和资本的运用不断满足人民群众日益增长的美好生活需要，推动实现共同富裕。第三，针对传统理性主义理性的宰制性，实践和理性强调对话与互鉴的原则。西方理性主义背后蕴含的普遍主义逻辑，使得理性及其价值具有一种宰制性和独霸性。它所主张的价值被描绘成唯一合乎理性的、有普遍意义的价值，唯一正确的价值体系，是一切社会、民族、国家、时代都必须无条件服从和接受的价值，因而成为一种宰制力量。实践合理性强调"坚持尊重世界文明多样性，以文明交流超越文明隔阂、文明互鉴超越文明冲突、文明共存超越文明优越"①。无论是构建人类命运共同体，建设一个持久和平、普遍安全、共同繁荣、开放包容、清洁美丽的世界，还是弘扬和平、发展、公平、正义、民主、自由的全人类共同价值，凸显的是平等、互鉴、对话、包容的理念与原则。

实践合理性，之所以强调调和情与理、价值理性与工具理性，背后起支配作用的是关系思维。西方现代性建立在个体原子主义的价值思维基础之上。所谓实体即是自我封闭、孤立自存的单子，近代的科学世界就是由一个个单子组成的实体世界。自由主义强调个体本位，"经济人假设"强调理性的个人追求自身利益的最大化。马克思主义哲学的世界观则强调现实世界是一种在实践基础上的关系性存在，"当我们深思熟虑地考察自然界或人类历史或我们的精神活动的时候，首先呈现在我们眼前的，是一幅由种种联系和相互作用无穷无尽地交织起来的画面"②，其中的任何事物都不是孤立的，都处于与其他存在物的内在关系中。这种现实关系是在实践中不断生成的，也随着实践的发展不断变化着，因而也是历史的。

关系思维，超越个体原子主义和社会整体主义，强调个人与社会的双向还原和历史生成。人的本质在其现实性上是一切社会关系

---

① 习近平：《高举中国特色社会主义伟大旗帜　为全面建设社会主义现代化国家而团结奋斗——在中国共产党第二十次全国代表大会上的报告》，人民出版社 2022 年版，第 63 页。

② 《马克思恩格斯选集》第 3 卷，人民出版社 1995 年版，第 359 页。

的总和，而社会是表示个人彼此发生的那些联系和关系的总和。作为关系性的存在，个人与社会之间存在着不可相互归约的张力关系，并存在着双向生产或双向创造的关系，"正像社会本身生产作为人的人一样，社会也是由人生产的。"① 这种个人与社会关系的实际境况在不同社会历史发展阶段上表现出不尽相同的性质和水平，反映这种关系的价值原则表现为具体性和历史性。中国特色社会主义社会，与其生产方式、物质生活条件和文化传统相适应，个人与社会关系的价值原则表现为理性集体主义，强调个人与社会的互相促进、辩证统一、和谐共生。它强调个人与社会都是目的与手段、权利与义务的统一，它们之间也互为目的与手段。它肯定个人的利益、自由与独立人格，并主张"只有在共同体中，个人才能获得全面发展其才能的手段，也就是说，只有在共同体中才可能有个人自由"②。关系思维强调系统观念，坚持用普遍联系的、全面系统的、发展变化的观点观察事物，把握事物的发展规律。这充分体现在党的十八大以来，以习近平同志为核心的党中央统筹中华民族伟大复兴战略全局和世界百年未有之大变局，统筹推进"五位一体"总体布局、协调推进"四个全面"战略布局，对党和国家事业发展作出科学完整的战略部署。比如，在经济社会发展方面，坚持综合考虑政治和经济、当前和长远、物质和文化、发展和民生、资源和生态、国内和国际多方面因素；在深化改革方面，坚持顶层设计和整体谋划，做到全局和局部相配套、治标和治本相结合、渐进和突破相衔接，实现整体推进和重点突破相统一。

基于关系思维，共同体原则必然成为一种价值原则。马克思曾经指出："那个脱离了个人就引起个人反抗的共同体，是人的真正的共同体，是人的本质。"③ 德国社会学家滕尼斯对"共同体"与"社

---

① 《马克思恩格斯全集》第 42 卷，人民出版社 1979 年版，第 121 页。
② 《马克思恩格斯文集》第 1 卷，人民出版社 2009 年版，第 571 页。
③ 《马克思恩格斯全集》第 3 卷，人民出版社 2002 年版，第 395 页。

会"作出了一个著名区分。这种区分虽然对于我们理解共同体的本质特征具有意义，但是在马克思那里，滕尼斯所说的社会，仍然是属于共同体，只不过是不同于传统自然共同体的抽象共同体。在自然共同体中，各个个人都不是把自己当作劳动者，而是把自己当作所有者和同时也进行劳动的共同体的成员，劳动的目的不是创造价值，而是维持各个所有者及其家庭以及整个共同体的生存。随着劳动的社会历史性展开，导致资产阶级社会的抽象共同体。在这个抽象共同体里，以物的依赖性为基础的独立性替代了人的依赖关系，"个人现在受抽象统治，而他们以前是相互依赖的。但是，抽象或观念，无非是那些统治个人的物质关系的理论表现"①。随着劳动内在矛盾的进一步展开，特别是全球化、信息技术的快速发展以及自然限度的凸显，合理形态的共同体不仅成为事实性存在，也必然要求成为一种价值原则。

共同体原则强调共同体是人的存在方式。我们生活在共同体之中，人和共同体就是一种关系中的存在，共同体并不仅仅是人的客体，它是人的他在，是人本身。我们强调人与自然是生命共同体，建构人类命运共同体，对人与共同体的关系形成一种自觉。特别是人类共同体不再是抽象的概念，或者一种想象性的观念，而是一个现实。"人类生活在同一个地球村里。生活在历史和现实交汇的同一个时空里。越来越成为你中有我，我中有你的命运共同体。"② 我们今天所说的合理形态的共同体，是经过了市民社会、契约社会洗礼之后的共同体，它强调的是作为有机体，具有共同利益、共同价值、共同责任，是利益共同体、价值共同体、责任共同体。共同体原则强调共商共建共享。这充分体现在推进社会治理现代化中，我们把党的领导和中国社会主义制度优势转化为治理优势，建设人人有责、人人尽责、人人享有的社会治理共同体；也体现在积极参与全球治

① 《马克思恩格斯全集》第 30 卷，人民出版社 1995 年版，第 114 页。
② 《习近平谈治国理政》第 1 卷，外文出版社 2018 年版，第 10 页。

理体系改革和建设中，我们坚持真正的多边主义，推动世界各国在千差万别的利益和诉求中实现共商共享、和而不同、合作共赢，推进国际关系民主化，为完善全球治理贡献中国智慧、中国力量。

中国式现代化所蕴含的这种以实践合理性、关系思维、共同体原则为核心的文明，在人与自然、人与社会、人与自身、人与世界的关系上，表现出的是一种建构性而非对抗性。它是一种建构性的文明而非对抗性文明，它表达的是一种新的文明形态。这种文明及其形态何以可能，是一个更加深层次的问题。它不是纯粹的理论思辨和概念推演，而是要靠中国式现代化的实践证成，这里面关涉到历史、文化、传统、世界历史、政党以及共同利益等诸多因素的综合作用。这种文明，不是与西方式现代化的对抗性文明相对抗的另一种文明，而是在西方式现代化前提和历史成就基础上的一种扬弃。因此，它同样是一种历史性事业。

三　人类文明新形态的意义自觉

中国式现代化，不仅是中华民族伟大复兴的叙事，"以中国式现代化全面推进中华民族伟大复兴"；是社会主义发展的叙事，"科学社会主义在二十一世纪的中国焕发出新的蓬勃生机"，也是人类文明发展的叙事，"为人类实现现代化提供了新的选择，……为解决人类面临的共同问题提供更多更好的中国智慧、中国方案、中国力量"①。这里表达了对中国式现代化创造人类文明新形态的意义自觉。

中华民族伟大复兴，最根本的是文明复兴。文化是一个国家、一个民族的灵魂。文化自信是更基础、更广泛、更深厚的自信，是更基本、更深沉、更持久的力量。一个民族的复兴，不仅是物质财富的极大丰富，也是精神财富的极大丰富；不仅是物质的富足，也

---

① 习近平：《高举中国特色社会主义伟大旗帜　为全面建设社会主义现代化国家而团结奋斗——在中国共产党第二十次全国代表大会上的报告》，人民出版社 2022 年版，第 16 页。

是制度的先进、文化的繁荣，因而是文明的整体性发展和强大影响力，从而表现为文明的复兴。中华文明绵延五千年，曾以其大一统的自发秩序和天下主义的扩展秩序自成一体，取得过辉煌的历史成就，对人类文明作出过不可磨灭的贡献。但鸦片战争以后，中国逐步成为半殖民地半封建社会，"国家蒙辱、人民蒙难、文明蒙尘"①。中国式现代化凸显了中华文明的深厚底蕴，并把中华文明的发展推向新高度新境界。

中国式现代化，深深植根于中华优秀传统文化，并生成着中华民族的现代文明。无疑，中华文明赋予中国式现代化以深厚底蕴。现代与传统始终是现代化过程中必须处理的一种关系。一个历史悠久、延绵不断的文明，必然有其丰富而深刻的文化内涵，并形成文化传统。中华优秀传统文化，是中华文明的智慧结晶和精华所在，转化为中华文明的活的文化传统，这一传统是不可或缺的，它是中华民族的根和魂，使代与代之间、一个历史阶段与另一个历史阶段之间保持了某种连续性和同一性，构成了中国社会创造和再创造自己的文化密码。海德格尔曾这样说过："一切本质的和伟大的东西都只有从人有个家并且在一个传统中生了根中产生出来。"② 中国式现代化，作为一种建构性文明，其蕴含的实践合理性、关系思维、共同体原则，深深体现着中华优秀传统文化的深厚底蕴和丰厚滋养，深刻体现了中华文明的活的文化传统。更重要的是，中国式现代化的实践过程生成着中华民族现代文明。中华民族具有突出的创新性和包容性，决定了中华民族守正创新、尊古不复古的进取精神，决定了中华文化对世界文明兼收并蓄的开放胸怀。中国式现代化在发展历程中，守正创新、兼收并蓄，借鉴吸收一切人类优秀文明成果，对中国传统文化进行创造性转化和创新性发展。特别是把马克思主义与中华优秀传统文化相结合，造就了一个有机统一的新的文化生

---

① 《习近平谈治国理政》第 4 卷，外文出版社 2022 年版，第 4 页。
② 《海德格尔选集》下卷，孙周兴译，上海三联书店 1996 年版，第 1305 页。

命体，让马克思主义成为中国的，中华优秀传统文化成为现代的，让经由二者"结合"而形成的新文化成为中国式现代化的文化形态，成为中华民族现代文明的精神支撑。中国式现代化生成和建设的中华民族现代文明这一新的文明形态，将成为实现中华民族伟大复兴最鲜明的标志。

中国式现代化体现了社会主义的先进本质，焕发科学社会主义强大的生机活力。中国式现代化，以社会主义为定向，它与中国特色社会主义是一体两面，或者说是同一件事，只是两个角度而已。社会主义思想是随着资本主义产生而产生的，自托马斯·莫尔的《乌托邦》（*Utopia*）1516 年出版以来，社会主义思想史至今 500 多年了。正是唯物史观和剩余价值学说的发现，马克思主义使社会主义变成了科学。如马克思所强调的"哲学家们只是用不同的方式解释世界，而问题在于改变世界"①，马克思主义的社会主义使世界历史发生了深刻改变。社会主义从个人学说变成广泛的社会运动、社会制度和历史实践。二十世纪九十年代的冷战结束之前，社会主义国家在世界版图上占据了半壁江山。英国学者特里·伊格尔顿申言："与政治家、科学家、军人和宗教人士不同，很少有思想家能真正改变历史的进程，而《共产党宣言》的作者恰恰在人类历史的发展进程中发挥了决定性的作用。历史上从未出现过建立在笛卡尔思想之上的政府，用柏拉图思想武装起来的游击队，或者以黑格尔的理论为指导的工会组织。马克思彻底改变了我们对人类历史的理解，这是连马克思主义最激烈的批评者也无法否认的事实。"②

二十世纪无疑是人类历史巨变的世纪。在它的前半期，社会主义以其在世界范围内所取得的伟大胜利而震惊了世界；在它的后半期，即二十世纪九十年代，社会主义因其遭受挫折特别是在苏联和

---

① 《马克思恩格斯文集》第 1 卷，人民出版社 2009 年版，第 502 页。
② ［英］特里·伊格尔顿：《马克思为什么是对的》，李杨等译，新星出版社 2011 年版，第 2 页。

东欧的失败，又一次震惊了世界。在此背景下，美国学者福山的《历史的终结》，运用所谓现代自然科学的逻辑，指认历史终结于资本主义文明形态，它在资本主义的各种建制，包括经济的、政治的、社会的和文化的建制中得到了最后的完成，历史不再可能展现出什么其他的可能性。然而，事实是历史并没有按照福山的主观设想所谓终结了。中国式现代化、中国特色社会主义的成功实践和伟大成就，不仅深化了对社会主义本质的认识，更使得科学社会主义在二十一世纪的中国焕发出新的蓬勃生机、强大活力，呈现了社会主义文明形态的当代面貌。重温 1992 年邓小平的话语，我们深刻领会到伟大政治家的远见卓识："我坚信，世界上赞成马克思主义的人会多起来的，因为马克思主义是科学。……社会主义经历一个长过程发展后必然代替资本主义。这是社会历史发展不可逆转的总趋势……一些国家出现严重曲折，社会主义好像被削弱了，但人民经受锻炼，从中吸收教训，将促使社会主义向着更加健康的方向发展。因此，不要惊慌失措，不要认为马克思主义就消失了，没用了，失败了。哪有这回事！"[①]

中国式现代化拓展发展中国家走向现代化的途径，为人类实现现代化提供了新的选择。现代化最初是从西方开始的，近代以来西方国家率先走上现代化道路，这也引起一种错觉：现代化等同于西方化。这种错觉，西方人有，中国人也有。其认识论根源在于错误理解普遍与特殊的关系，把特殊的东西说成是普遍的东西，把普遍的东西加以抽象化、非历史化，再把普遍的东西说成是统治的东西。同时，为自身利益所驱动，西方中心主义将现代化等于西方化变成一种意识形态，进而使之成为一种迷思。就像意识形态把特殊阶级的利益说成是普遍利益、把"普遍的东西"说成是占统治地位的东西一样，它也把西方资本主义这种一定历史阶段上的特殊文明形态

---

① 《邓小平文选》第 3 卷，人民出版社 1993 年版，第 382—386 页。

虚构为普遍的和永恒的文明。

中国式现代化的实践，打破了"现代化＝西方化"的迷思，凸显了主观主义、教条主义的荒谬，瓦解了其意识形态幻象。中国式现代化无疑是在世界历史背景下来展开的，又是在中国历史传承、文化传统、经济社会发展的基础上长期发展、渐进改进、内生性演化的结果。它既有各国现代化的共同特征，更有基于自己国情的中国特色。它充分显示现代化实践是现实的、具体的和历史的，是普遍性和特殊性的统一，普遍性是寓于特殊性之中的抽象。中国式现代化展现了现代化道路是多样的，并非只有西式道路的"独木桥"，每个国家都可以基于自身实际，走一条符合自身特点的现代化道路。

不仅如此，中国式现代化表现了对西方资本主义现代化的超越，创造出新的文明形态。作为在世界历史背景下的后发现代化，作为在有着自己的独特文化传统和深厚文明底蕴基础上的现代化，作为以中国化的马克思主义和中国特色社会主义为本质定向的现代化，中国式现代化在历史发展的逻辑中，摒弃了西方以资本为中心、两极分化、物质主义膨胀、人与自然对立、对外扩张掠夺的现代化老路，取而代之的是坚持以人民为中心、实现全体人民共同富裕、物质文明和精神文明相协调、实现人与自然和谐共生、走和平发展道路的现代化。它所蕴含的独特世界观、价值观、历史观、文明观、民主观、生态观，及其背后呈现的实践合理性、关系思维、共同体思想，不仅表明它对西方现代性文明成果的积极占有，更表现出对其的历史性超越，展现了建构性文明的特质和新文明形态的样貌。无论是打破"现代化＝西方化"的迷思，还是创造了超越资本主义文明的新形态，在此意义上，中国式现代化为广大发展中国家独立自主迈向现代化树立了典范，为其探索现代化道路的多样性提供了全新选择。

因此，中国式现代化，不仅是中华民族伟大复兴的叙事，是社会主义发展的叙事，也是人类文明发展的叙事。它深深植根于中华优秀传统文化，体现科学社会主义的先进本质，借鉴吸收一切人类优秀文明成果，代表人类文明进步的发展方向，展现了不同于西方现代化模式的新图景，是一种全新的人类文明形态。这种全新的文明形态，正是对毛泽东所说的"中国应当对人类有较大的贡献"的最深切的回应。

中国式现代化的内生逻辑

黄凯锋

黄凯锋，上海社会科学院中国马克思主义研究所所长，研究员

　　党的十八大以来，我们不断实现理论和实践上的创新突破，成功推进和拓展了中国式现代化，创立了新时代中国特色社会主义思想，实现了马克思主义中国化时代化新的飞跃，为中国式现代化提供了根本遵循。进一步深化对中国式现代化的内涵和本质的认识，概括形成中国式现代化的中国特色、本质要求和重大原则，初步构建中国式现代化的理论体系。这既是对中国共产党领导下中华民族自主自觉实践的经验总结，又是马克思主义中国化时代化的理论成果，实现民族叙事、社会主义叙事和现代化叙事的内在统一。深刻学习领会习近平总书记对中国式现代化的系统论述，对蕴含其中的内在逻辑进行学理性阐释，对整体把握中国式现代化理论体系，持续推进"两个结合"，具有重要意义。

一　中华民族的自我主张和自主发展

　　中国式现代化首先是中国人在自己的土地上建设国家和社会的过程，确立和体现的是中国人、中华民族发展的主体性。它是一个不断进步的历史的、动态的过程。"现代化"的实质是整个社会生产力水平高度发展，最终目的是综合国力的强盛和人民生活质量的普遍提高。任何国家和民族实现真正的而不是虚幻的现代化，其过程和标志是这个国家和民族对现代化发展不可替代的"自我实现"和"自主生长"，而不是"自我迷失"。

　　近代以来，随着西方列强的全球扩张与殖民，中华民族曾被迫卷入西方开启的世界现代化进程，中国的现代化类型也曾被理解为

"后发""外生"①。十九世纪下半叶至二十世纪初，旧王朝体制下中国带有资产阶级发展取向的"自强""维新"和"立宪"运动的失败、中华人民共和国前内忧外患背景下现代化进程的实际状态，一定程度上又加深了"后发""外生"的主观印象。马克思主义指导下的中国共产党带领中国人民完成了民主革命和民族革命的历史任务，推翻了帝国主义、封建主义和官僚资本主义，从而在根本上改变了近现代以来中华民族的历史命运，为中国现代化建设奠定了政治基础，创造了根本社会条件。

中华人民共和国成立初期，我们曾仿效苏联模式，与西方资本主义脱钩，以中央指令性计划推行优先发展重工业的快速工业化战略，其中包括一系列相对激进的社会改革，一定程度上加剧了中国现代化建设不由自主的"学徒"状态。从这个意义上去分析，中国式现代化曾被理解为"后发""外生"，不仅仅是价值判断，也反映了当时的客观现实，具有一定的历史合理性。中国现代化启动阶段的部分推动力可能是来自外部，一定程度上也确实被资本主义主导的全球化运动所裹挟，问题在于，如果长时间受制于"后发""外生"的无奈和亦步亦趋的照猫画虎，中国式现代化的自主意识迟迟不发，就容易造成实践探索中的曲折反复。

改革开放以来，我们党对中国发展道路的内生性有了理论上的高度自觉，带领中华民族坚持解放思想、实事求是，以实践先行、理论与实践互动的方式探索中国现代化发展之路。不把书本当教条，不照搬外国模式，总结经验教训以提炼规律性认识。在坚持社会主义价值目标的前提下，逐步走出一条既不是西方资本主义现代化道路，也不是苏联社会主义现代化道路，更不是拉美民族

---

① 二十世纪八九十年代北京大学罗荣渠先生总结现代化概念的广义和狭义内涵，进行现代化类型分析，提出资本主义现代化、社会主义现代化、混合型现代化等模式，认为中国的现代化后于资本主义现代化，也后于苏联式社会主义现代化，是谓"后发"，又由于受世界现代化浪潮的冲击和裹挟，是谓"外生"。

依附性的现代化道路，而是真正属于中华民族的内生性、创新型发展道路。

我们不断反思中国现代化进程中的曲折经历，从改革开放的新坐标出发，初步总结出一系列贴合国情、有的放矢的观点和判断。比如，中国特色社会主义开放但不依附、调控但不指令、系统协调但不齐头并进、渐进而非一步到位；社会主义和资本主义都只是实现现代化的方式，而且社会主义有可能比资本主义干得更好；不能按一种模式解决现代化问题，尤其不能把现代化等同于西方化；中国式现代化是社会主义方式的现代化，坚持以公有制为主体，以共同富裕为目的；中国式现代化是从中国实际出发的现代化，既要注意现实国情又要考虑历史传统等。①

进入新时代，中国现代化建设深入推进，实现中华民族伟大复兴进入不可逆转的历史进程，科学社会主义在二十一世纪的中国焕发出新的蓬勃生机。党的十九大、十九届五中全会、十九届六中全会聚焦中国式现代化，总结了一系列带有规律性的理论认识。党的二十大报告进行了集中、完整和系统的论述，进一步明确中国式现代化的性质和定位，强调中国式现代化是中国共产党领导的社会主义现代化，既有各国现代化的共同特征，更有基于自己国情的中国特色；进一步明确中国式现代化的五大特征，即人口规模巨大的现代化，全体人民共同富裕的现代化，物质文明精神文明相协调的现代化，人与自然和谐共生的现代化，走和平发展道路的现代化；进一步明确中国式现代化的本质要求，即坚持中国共产党领导，坚持中国特色社会主义，实现高质量发展，发展全过程人民民主，丰富人民精神世界，实现全体人民共同富裕，促进人与自然和谐共生，推动构建人类命运共同体，创造人类文明

---

① 黄凯锋：《走出一条内生性创新型发展道路》，《解放日报》2021 年 11 月 9 日第 12 版。

新形态。①

这些基于历史过程和思想建构的科学认识绝不是凭空而造，更不是其他现代化理论的翻版，而始终是中华民族对现代化发展的"自我主张"，体现了中国共产党领导下全体中国人民把命运牢牢掌握在自己手中的主体意识。正因为坚持了这种主体性，才有效保证中国式现代化没有陷入西方模式误区和拉美模式陷阱，有力回应了"后发""外生""赶超"现代化类型理论未能回应的、来自时代和实践的挑战。

当然，这种"自我实现"和"自主生长"不是自我封闭，而是"以我为主"，批判性地吸收西方现代文明的有益成果，通达本土思想文化源头，在文化结合的锻炼中形成的"自我主张"。中华民族成功开辟中国式现代化道路，形成了符合中国实际、具有中国特色的社会主义现代化理论，也是对马克思主义经典作家关于跨越"卡夫丁峡谷"这一思想的回应和证明：像中国这样有着悠久文明传统的东方国度，完全可以在民族民主革命和社会主义革命的基础上，吸收资本主义的肯定性成就，避免资本主义的波折和阵痛，通过社会主义的方式来实现现代化。

二　中国式现代化与马克思主义中国化时代化的内在契合

基于独特的现实条件和历史环境，中国式现代化与马克思主义中国化时代化建立起不以人的主观意志为转移的内在本质联系。一方面，马克思主义中国化时代化的历史进程，同时也是中国式现代化由"后发"走向"内生"、由被动转为主动的历史进程，后者始终离不开前者的引领和指导；另一方面，中国式现代化的道路探索和经验总结反过来不断促进马克思主义植根中国现实，催生马克思

① 习近平：《高举中国特色社会主义伟大旗帜　为全面建设社会主义现代化国家而团结奋斗——在中国共产党第二十次全国代表大会上的报告》，《人民日报》2022年10月26日第1版。

主义中国化时代化的理论创新。

中国式现代化始终坚持马克思主义现代化理论的守正创新。马克思主义经典作家虽然没有给"现代化"明确下过定义，但在他们卷帙浩繁的著述中却蕴含着极其丰富的现代化思想。最具代表性的有如下三方面基本认识：其一，根据生产力普遍发展与民族普遍交往的事实，现代化的生产方式带来资本文明化趋势和人类历史的巨大变革，对于"不发达的国家"而言，"较发达的国家"所显示的"只是后来未来的景象"[①]；其二，真正意义上的现代社会是建立在已有文明基础上的更高级的社会主义或共产主义社会，在"谋求自己的解放"过程中，"经过一系列将把环境和人都加以改造的历史过程"，创造出"向其趋归的那种更高形式"[②]，从而克服资本主义病理性缺陷；其三，经济上落后的国家可以通过革命性的实践找到符合本国具体实际和历史传统的发展道路，跨越"卡夫丁峡谷"。

中国共产党成立后，坚持马克思主义基本理论与中国具体实际相结合、与中华优秀传统文化相结合，既实事求是，力戒主观主义，尊重人民群众的实践智慧，又解放思想，与时俱进，不把经典当教条，不断探索现实的具体的做法、经验和认识，不断开辟马克思主义中国化时代化新境界。在新民主主义革命时期，团结带领人民，浴血奋战、百折不挠，建立了人民当家作主的中华人民共和国，实现了民族独立、人民解放，为实现现代化创造了根本社会条件；中华人民共和国成立后，团结带领人民进行社会主义革命，建立起独立的比较完整的工业体系和国民经济体系，为现代化建设奠定根本政治前提和宝贵经验、理论准备、物质基础；改革开放和社会主义建设新时期，党和国家工作重心转移到经济建设，实行社会主义市场经济体制，实现了人民生活从温饱不足到总体小康、奔向全面小

---

① 《马克思恩格斯全集》第 23 卷，人民出版社 1972 年版，第 8 页。

② ［德］马克思：《法兰西内战》，中共中央马克思恩格斯列宁斯大林著作编译局编译，人民出版社 2018 年版，第 64 页。

康的历史性跨越，为中国式现代化提供了充满新的活力的体制保证和快速发展的物质条件；党的十八大以来，成功推进和拓展了中国式现代化，创立了新时代中国特色社会主义思想，实现了马克思主义中国化时代化新的飞跃，为中国式现代化提供了根本遵循。①

中国式现代化与马克思主义中国化时代化的内在契合，马克思主义现代化理论的守正创新，也与理论界对其他现代化理论的学习借鉴和批判性反思密切相关。西方经典现代化理论关于科学革命、民主革命、产业革命乃至管理革命的评价标准和任务分析，"依附理论""世界体系理论"所揭示的西方中心主义的问题和不足，非西方、后发展国家现代化类型理论的定位和思考等②，正是在马克思主义世界观和方法论指导下获得的学术积累和研究成果。

中国式现代化与马克思主义中国化时代化的内在契合，在基本方法层面表现为马克思主义基本原理与中国具体实际、与中华优秀传统文化的"彼此契合"和"相互成就"③。一方面，马克思主义的人民主体理论、东方民族革命理论、国家理论、资本论、共产主义理论等，与中国近代社会性质、阶级状况、国家建设、社会主义建设与改革等具有内在契合性。实践证明，我们党在百年奋斗的历史进程中，紧紧围绕实现中华民族伟大复兴的历史主题，积极传播和运用马克思主义，分析和解决中国革命、建设和改革进程中的理论问题和实践问题，推动了马克思主义中国化、时代化和大众化，彰

---

① 《习近平在学习贯彻党的二十大精神研讨班开班式上发表重要讲话强调　正确理解和大力推进中国式现代化》，《人民日报》2023 年 2 月 8 日第 1 版。
② 参见［美］塔尔科特·帕森斯《社会行动的结构》，张明德等译，译林出版社2003 年版；［美］伊曼纽尔·沃勒斯坦《现代世界体系》，郭方等译，社会科学文献出版社2013 年版；［日］富永建一《日本的现代化与社会变迁》，李国庆、刘畅译，商务印书馆2004 年版；罗荣渠《现代化新论》，商务印书馆2004 年版；罗荣渠《现代化新论续编》，北京大学出版社1997 年版。
③ 《更好担负起新的文化使命——论学习贯彻习近平总书记在文化传承发展座谈会上重要讲话》，《人民日报》2023 年 6 月 8 日第 1 版。

显了马克思主义的科学性、人民性、实践性、开放性，使中国人民迎来了站起来、富起来、强起来的伟大飞跃。另一方面，马克思主义基本原理同中华优秀传统文化因相互契合而有机结合，马克思主义的价值观主张与中华优秀传统文化的宇宙观、天下观、社会观、道德观、人民观，特别是天下为公、民为邦本、为政以德、革故鼎新、天人合一等高度契合。结合的结果是互相成就，造就了一个有机统一的新的文化生命体，让马克思主义成为中国的，中华优秀传统文化成为现代的，让经由"结合"而形成的新文化成为中国式现代化的文化形态。①

　　中国式现代化在"两个结合"的基本方法推动下，既是中国与世界、历史与现实、理论与实践相结合的产物，又是通达伟大传统思想资源、拥有优秀传统文化基因、与世界文化交流互鉴的产物。由此，中国式现代化与马克思主义中国化时代化的内在契合，既表现为马克思主义与中华优秀传统文化互相成就，还表现为马克思主义与中国式现代化的互动融合。

　　中国式现代化与马克思主义中国化时代化内在契合，还表现在目标层面的高度一致，即实现中华民族伟大复兴。中华文明是世界上唯一自古延续至今、从未中断的文明。实现中华民族伟大复兴，必然要考虑以马克思主义中国化时代化最新成果，引领中华优秀传统文化的创造性转化和创新性发展，从而焕发出更为强烈的历史自觉和主动精神；必然要以中国式现代化超越西方现代化模式，建成能够驾驭市场和资本、实现共同富裕和普遍繁荣的新型社会主义。持续推进马克思主义中国化时代化，开辟中国式现代化道路，创造人类文明新形态，贯穿其中的主题就是实现中华民族伟大复兴。

　　中国共产党从诞生之日起就把实现中华民族伟大复兴作为自己的初心和使命。实现中华民族伟大复兴既是中国式现代化的宏伟目标，

---

　　① 《更好担负起新的文化使命——论学习贯彻习近平总书记在文化传承发展座谈会上重要讲话》，《人民日报》2023 年 6 月 8 日第 1 版。

又是马克思主义中国化时代化的宏伟目标。以中国式现代化全面推进中华民族伟大复兴，就要在新时代新征程中不断实现开拓创新，通过系统谋划、整体布局、协调推进，贯彻中国式现代化的本质要求、发展布局和价值理念。以马克思主义中国化时代化全面实现中华民族伟大复兴，就要不断推进"两个结合"，坚持人民至上、自信自立、守正创新、问题导向、系统观念、胸怀天下的世界观和方法论，使中国特色社会主义道路有更加宏阔深远的历史纵深和现实根基。

中国式现代化的核心是社会主义，反映科学社会主义在中国的创造性实践，其理论表达就是马克思主义，是马克思主义在中国的创造性运用和发展。从这个角度去看，中国式现代化的成功，也就是马克思主义中国化时代化大众化的成功。

三　复合叙事与综合创新的思维方式

把握中国式现代化内生逻辑实际上就是把握以社会主义方式实现现代化的内在机理和思维方法。告别两极思维，坚持复合叙事与综合创新，正是内在机理之一。社会主义是世界的普遍存在与历史发展的必然走向，但在不同国家、不同发展阶段有着不同的表现形式与实现道路。现实的资本主义和现实的社会主义呈现为竞争中长期共存的复杂形态，而马克思当年所分析的资本主义文明化趋势与局限以及社会主义作为更高形态所具有的制度优势和思想力量仍具有理论上的说服力。因此，我们认为要以复合叙事和综合创新为思维方法深入领会习近平总书记关于中国式现代化的系统论述，进而在学理上实现社会主义叙事、现代化叙事和民族复兴叙事的内在统一。

中国特色社会主义进入新时代以来，以习近平同志为主要代表的中国共产党人始终对马克思主义中国化、中华民族复兴、社会主义现代化之间的关系有一个历史的、整体观照，并对贯穿其中的现实归宿和理论基点有深刻认识，因而合理、辩证地把握了一种复合叙事的思维方式。① 事实上，中国共产党领导中华民族自主探索的中国式现代化，本身也体现社会主义、现代化和民族复兴三条线索的汇通融合。

社会主义叙事、现代化叙事、民族复兴叙事内在统一的核心和关键是中国特色社会主义。建构中国式现代化理论体系，正是要说清楚中华民族自我生长、自主发展的中国特色社会主义道路，如何既是中华文化现代化与马克思主义中国化互动融合的道路，又是超越传统意义上的社会主义，利用又引导市场经济的道路，还是吸收世界一切现代文明、与西方资本主义社会在竞争中发展的道路。②

所谓复合叙事和综合创新，意味着对现代化理论的理解和把握告别纯而又纯的单一叙事，告别就社会主义考虑社会主义，就现代化分析现代化，就民族复兴阐释民族复兴，而是把中国式现代化的三条线索统一起来，进行系统思考、辩证把握，进而历史地、科学地把握中国式现代化理论体系。社会主义和资本主义都只是现代化的实现方式，但社会主义是中国式现代化的核心和灵魂，只有社会主义现代化才能超越西方资本主义现代化，进而实现中华民族伟大复兴；只有现代化才能推进社会主义从初级阶段向高级阶段迈进，实现马克思当年关于未来社会更高形态的价值理想；只有实现中华民族伟大复兴，才能使中国式现代化深刻改变世界现代化版图，才能推进社会主义在世界范围内以其历史必然性代替资本主义，推动构建人类命运共同体，创造人类文明新形态。

马克思主义在中国的传播和发展，是历史和人民的选择。马克思主义和中华优秀传统文化来源不同，但彼此存在高度的契合性。马克思主义的人民主体论、历史唯物论、客观辩证法等理论，对资

① 黄凯锋：《习近平新时代中国特色社会主义思想的整体性逻辑》，《理论视野》2020 年第 9 期。

② 黄凯锋：《"两个结合"与习近平新时代中国特色社会主义思想的原创性贡献》，《社会科学》2022 年第 4 期。

本主义生产关系本质的揭露，对人的政治解放和自由本质的分析，对未来理想社会远景的展望，已逐步熔铸于中国优秀传统文化的家国情怀、大同世界和价值追求。马克思主义成为中国马克思主义，赢得了政治地位和文化认同，中华优秀传统文化经过创造性转化和创新性发展，获得现代表达，两者互动融合形成的新文化成为中国式现代化的文化形态。所以，今天我们所说的中国式现代化、社会主义现代化，应当正视这样一个基本事实。中华优秀传统文化现代转化与马克思主义中国化的"互相成就"进一步巩固了文化主体性，以中华民族特有的接受方式实现马克思主义中国化，探索并发现来自鲜活实践、符合人民群众精神需求的表达形式，其理论体系和实践形态既不是原封不动的马克思主义，也不是传统文化的简单复归。

改革开放四十多年的实践中，我们一直在探索社会主义价值理想和现代化所包含的市场逻辑之间的关系。事实上，社会主义价值理想的实现离不开对市场和资本的利用。但市场经济在极大激发竞争意识、创新意识和公平观念的同时，也存在把一切关系和价值淹没于金钱交换的倾向。社会主义叙事和现代化叙事的内在统一就意味着我们主动将社会主义价值理想"前置"和"嵌入"市场经济，充分认识资本文明化的趋势和局限，成功引领市场经济的发展。现实的社会主义是在资本主义发展的薄弱环节产生并发展起来的，作为一种不同于资本主义的现代化方式，中国特色社会主义赋予现代化新的功能和高远的价值取向。嵌入社会主义因素、实现价值目标的前置，以社会主义理想反思现代化的过程和结果，可以有效指引现代化的发展，创造一条现实的具体的由成功经验所不断支撑的新路，更有可能在借鉴资本主义现代化有益成果的同时，避免其所面临的种种问题和困境，更好地完成现代化的任务，更有利于人类向社会主义过渡。[①] 因此，我们特别强调走自己的路，解放思想，实事

---

① 黄凯锋：《对"原生"和"西方"的超越》，《解放日报》2019 年 9 月 16 日第14 版。

求是，求真务实，以实践为检验真理的标准。既重视普遍规律又特别强调发展机遇，既重视主动自觉的思想建构又强调群众鲜活生动的实践形式和日常智慧。

坚持复合叙事和综合创新的思维方式，与新时代中国特色社会主义思想所贯穿的世界观和方法论是一致的，尤其要"把握好全局和局部、当前和长远、宏观和微观、主要矛盾和次要矛盾、特殊和一般的关系，不断提高战略思维、历史思维、辩证思维、系统思维、创新思维、法治思维、底线思维能力，为前瞻性思考、全局性谋划、整体性推进党和国家各项事业提供科学思想方法"①，为实现民族复兴叙事、现代化叙事和社会主义叙事的统一提供理论基础。

四　中国特色与普遍共识的有机统一

党的二十大报告一方面系统总结了中国式现代化的历史定位、主要特征，另一方面又对未来推动构建人类命运共同体，创造人类文明新形态，弘扬全人类共同价值提出总体要求，充分体现中国式现代化的"中国特色"与"全人类共同价值"的一致性，这也是中国式现代化的内生逻辑。

无论"中国特色"所强调的"特色"，还是"全人类共同价值"所强调的"普色"，都是对文化建构的理性思考。"特"是指有个性特点，"色"是指个性的鲜明表现和独有风格。"特色"是任何主体独立地生存发展都会自然而然形成的一定面貌。强调"特色"，未必否定或摆脱"普遍共识"。因为"普色"也是从个性特色中抽象的价值共识。中国式现代化追求共同富裕和普遍繁荣，既坚持社会主义共同理想，又探索出社会主义与市场经济相结合的制度体制，是"特色"与"普色"内在一致的范例。认为"中国特色"否定或逃

---

① 习近平：《高举中国特色社会主义伟大旗帜　为全面建设社会主义现代化国家而团结奋斗——在中国共产党第二十次全国代表大会上的报告》，《人民日报》2022 年 10 月 26 日第 1 版。

避现代文明之普遍共识，完全是误解。

改革开放初期，邓小平以"中国特色社会主义"作为实现现代化的方式，是为了告别对社会主义的僵化理解，也为了避免把自己当作世界社会主义运动的"唯一代表"，既坚持主体性原则，又对共识空间留有余地。这里的"中国特色"应该不难理解。"特色"不是一个框，切忌把什么东西都往里面装。中国式现代化首先是"现代化"。就像"中国特色社会主义"首先是"社会主义"；马克思主义中国化时代化首先是马克思主义；各种马克思主义首先是马克思等经典作家的思想。正因为有马克思的思想理论作为根本依据，才能够判断各种以马克思主义为名的思想理论的"特色"。

1979年12月6日，邓小平在会见时任日本首相大平正芳时说："我们的四个现代化的概念，不是像你们那样的现代化的概念，而是'小康之家'。"① 1984年3月25日，邓小平在会见时任日本首相中曾根康弘时说："到本世纪末在中国建立一个小康社会。这个社会，叫做中国式的现代化。"② 一切从实际出发，实事求是，中国式现代化的应然和实然就体现"特色"。

中国式现代化的特色不是主观追求得来的，而是实践中形成的客观结果。只有在重视本国具体现实条件、在实现共同价值的具体表现形式和路径上强调特色，才合情合理。任何事物都是共性与个性、普遍性与特殊性的统一。很多思维方式上的偏差在于不是立足这种辩证统一关系，不是从历史发展、思维和观念形成的过程来考虑问题，而是从普遍出发要求和责成现实具体的情况。所以，关键不是强调"普色"，而在于如何达成抽象的普遍性，在具体的事物上如何谈论其共性的方面。

对普遍共识的理论预设常常不证自明地成为理论研究的路径依赖，全球化和现代化普遍共识的先验预设实际上遭遇了前所未有的

---

① 《邓小平文选》第2卷，人民出版社1994年版，第237页。
② 《邓小平文选》第3卷，人民出版社1993年版，第54页。

挑战，这一挑战既是理论层面上的，也是实际感受上的。现实已催生多元多层主体内生性、创新性的"特色"发展道路。事实也在表明：中国式现代化只有在历史的具体的情境中，先验抽象的普遍共识及其理论预设才可能有生命力。"普色"预设的缺陷和局限被逐步揭示，实际上与多元主体的感性活动和理性自觉紧密相关。尽管如此，普遍共识并不因为预设的被不断挑战甚至被否定而失去存在的必要性。当然，满足于此恐怕还不够，还需要继续前进，确认人类作为最高最大主体所对应的共同价值及其标识性理念仍然可期。正是在这个意义上，一方面，推进并拓展中国式现代化道路，创造人类文明新形态，怎么强调其独特意义都不过分；另一方面，探索中国特色，研究中国式现代化的内生逻辑，包括在实践中不断探索具体经验和做法，并不意味着我们会成为普遍共识的边缘和例外，而应始终与总体意义上的人类文明同向同行。

中国式现代化正是从具体现实出发理解和把握现代化普遍共识的话语表达。民族复兴叙事、社会主义叙事、现代化叙事的统一实际上意味着中国式现代化已经成为"中学"——是中国自己的主义和学说，当然体现"中国特色"。这个特色，自当"以我为主，以人为鉴"。在倡导中国特色时，我们要以实事求是的科学精神来分析和把握改革开放和进入新时代以来的历史和现实，汇通古今中西，不断提炼、丰富和深化对"中国特色"的认识和理解。"特色"不是否定"普色"，更非"普色"的例外，而是我们中国人对实践中创立的文明新形态的标识。以冷静清醒的眼光审视、分析、优化"中国特色"，不断寻求更加合理、更具价值共识的理念和境界，正是我们理解和把握"特色"与"普色"内在关系的基本方法。

迈步新征程，我们党已经把"必须坚持胸怀天下"作为新时代中国特色社会主义思想的世界观和方法论，要为人类谋进步、为世界谋大同，要洞察人类进步的潮流，要积极回应各国人民的普遍的关切，要为解决人类面临的共同问题做出贡献，要以海纳百川的宽阔胸襟来借鉴吸收人类一切优秀的文明成果，推动建设更加美好的社会主义。① 这些要求正是以"中国特色"求"全人类共同价值"，以"全人类共同价值"照亮"中国特色"的高远立意，开辟了马克思主义中国化时代化新境界。

中国式现代化的成功，打破了西方现代化的道路、制度和模式定于一尊的迷思，从根本上改变了西方现代化模式长期主导的世界现代化格局，展现了现代化道路、社会制度和人类文明的多样性和丰富性，拓展了发展中国家走向现代化的路径，也为整个世界的发展贡献了中国道路、中国智慧和中国方案。我们认为，立足中华民族自主自觉的实践探索，继续推进中国式现代化与马克思主义中国化时代化的内在契合，运用复合叙事和综合创新的思维方法，实现民族叙事、社会主义叙事和现代化叙事的内在统一，实现中国特色与全人类共同价值的内在统一，是建构中国式现代化理论体系的内生逻辑。党的二十大报告已经擘画中国式现代化战略目标，未来十五年、三十年甚至更长时期将是中国式现代化内生性理论不断臻于成熟和完备的阶段。中国共产党的坚强领导、十四亿中国人民对美好生活的向往将成为支持中国发展的最大驱动力。我们既需要对世界各国现代化路径多样性作出理论论证，对现代中国的历史叙事作出更加合理的建构，对中国发展各个阶段的实践经验作出更为全面系统的理论提炼；也需要推动社会主义理论本身的完善和成熟，深化对社会主义与资本主义并存的结构、特点和规律的研究。

---

① 习近平：《高举中国特色社会主义伟大旗帜 为全面建设社会主义现代化国家而团结奋斗——在中国共产党第二十次全国代表大会上的报告》，《人民日报》2022 年 10 月 26 日第 1 版。

以中国式现代化推动社会
发展理论创新

邴　正

邴正，原吉林大学常务副校长，吉林大学哲学基础理论研究中心教授，校务委员会副主任

一　西方现代化理论

现代化一般是指农业社会向工业社会转变的社会发展进程。现代化研究始于十九世纪末二十世纪初。现代化理论的主要代表为法国涂尔干的社会团结理论、德国韦伯的科层制理论、美国帕森斯的结构功能主义、美国英格尔斯的人的现代化理论等。

他们认为工业社会是不同于农业社会的现代化社会，其主要特征是工业化（工业产值超过农业产值）、城镇化（城镇人口超过农村人口）、民主化（政治权力发生、转移和运用不是世袭的、专制的，而是民众推选和同意的）和人的现代化（人口素质、社会关系和价值观念达到现代社会要求的水平）。

现代化理论有三个突出特点：强调经济增长论，认为发展就是经济增长过程；强调线性的发展观，认为社会发展都是由简单到复杂、由低级到高级的进化过程；强调发展方式的普遍性、唯一性。现代化理论鉴于西方社会率先进入现代化社会，以西方资本主义自由市场经济、普选制议会民主政治，以及自由主义和个人主义价值观为现代化的基本标准，存在严重的西方中心主义倾向。

二　西方现代化的缺陷

应当承认，西方社会率先开启了现代化进程，取得了许多现代化的成就和经验。但是，西方现代化本身不是没有缺点和失误的，西方现代化的主要缺陷有以下五点。

第一，西方现代化以资本为中心。马克思认为，资本是能够增值的货币，资本的本性就是追求增值，资本主义就是努力把资本效率和效益做到最大化的制度安排，逐利是资本主义的本质特征。资本的逐利性带来了资本的竞争性，竞争开拓了市场，马克思在《共产党宣言》中说过："不断扩大产品销路的需要，驱使资产阶级奔走于全球各地。它必须到处落户，到处创业，到处建立联系""资产阶级，由于开拓了世界市场，使一切国家的生产和消费都成为世界性的了""过去那种地方的和民族的自给自足和闭关自守状态，被各民族的各方面的互相往来和各方面的互相依赖所代替了"。①

第二，以原始积累为代价。十五世纪末期至十九世纪初期资本主义生产方式完全确立以前新兴资产阶级和资产阶级化的贵族通过采取暴力手段强制生产者和生产资料相分离和加速货币财富积累的历史过程，即加速封建生产方式转变为资本主义生产方式的历史过程。在十四、十五世纪农奴制解体过程中，英国新兴的资产阶级和新贵族通过暴力把农民从土地上赶走，强占农民份地及公有地，剥夺农民的土地使用权和所有权，限制或取消原有的共同耕地权和畜牧权，把强占的土地圈占起来，变成私有的大牧场、大农场。这就是英国历史上的"圈地运动"。

第三，以殖民扩张掠夺为手段。从十五世纪开始，随着地理大发现和世界贸易的推动，西方殖民者利用他们率先发展的优势，迅速把亚非拉广大地区变成他们的殖民地，以获得廉价的原材料、劳动力和倾销产品的市场。同时，通过向殖民地大规模移民，缓解由于工业化、城镇化带来的转移庞大的农村人口的矛盾。

第四，以资本与技术垄断造成社会的两极分化。在自由市场经济条件下，价值规律推动资本高度集中化，只有高度集中的资本才能产生更大的效益和效率。资本的高度集中必然形成资本和技术的高度垄断，形成"穷者越穷，富者越富"的马太效应。瑞士信贷发布的 2021 年《全球财富报告》显示，全球贫富差距大幅上升，全球最富有的 10% 人口拥有 82% 的全球财富，其中最富有的 1% 人口拥

———————————

① 《马克思恩格斯选集》第 1 卷，人民出版社 2012 年版，第 404 页。

有45%的全球财富。根据美联储公布的数据，2021年占美国人口1%的最富有群体的财富总和高达45.9万亿美元，超过收入由低至高占美国人口90%的群体的财富总和。①

第五，以消费主义和享乐主义为主要生活方式。丹尼尔·贝尔在《资本主义文化矛盾》中指出，资本主义源于两种伦理精神。一是韦伯所说的具有勤勉、廉洁、作为天职的劳动等性格、清教禁欲苦行主义。二是信奉对人间的欲望无限追求、激进个人主义的贪婪攫取性。这两种精神相互牵制，最终这种不安定的关系走向瓦解。丹尼尔·贝尔认为，清教徒式的和新教伦理的放弃，不仅仅是文化规范和社会构造规范的分裂，而且也造成了社会构造中的异常矛盾。一方面，企业使个人成为组织人间，使他们不停地工作、追求更多的收入以满足不断膨胀的欲望。而企业则通过其制造的商品广告、督促人间尽情地享乐、松弛和解放。因此，人间在白天是严肃人间，在夜晚则变成了游戏人间。

三　后发展理论

对广大发展中国家来说，西方现代化既无法简单模仿，也不可重复，更不一定适合本国国情，而且其弊端更会酿成严重后果。第二次世界大战结束以后，第三世界国家纷纷走上了民族独立的道路。当时有两条道路选择，一条就是西方资本主义的发展道路，另一条是苏联模式的社会主义道路。包括中国在内的少数第三世界国家选择了苏联道路，1991年东欧剧变，意味着苏联道路的破产。而其他的许多第三世界国家选择了西方模式的现代化道路。到二十世纪六七十年代，这种西方模式的发展道路遇到了严峻的挑战。由于一些国家简单照抄照搬西方的现代化模式，导致国家的经济命脉被发达国家资本控制，成为依附于发达国家

---

① 梁玉春：《贫富差距悬殊戳破美国幻象》，《光明日报》2023年4月16日第8版。

的廉价的资源、劳动力和倾销商品的市场。这些国家国内出现严重的贫富和城乡发展的两极分化和腐败，频繁发生政治动荡和军事政变。这就是所谓的"拉美现象""亚洲现象"和"非洲现象"。

针对这一严重问题，从二十世纪六十年代起，一些西方和拉美学者在反思批判现代化理论的基础上，提出了后发展理论。后发展理论把世界分成发达国家（Developed Country）和发展中国家（Developing Country）。后发展理论的主要代表是美国弗兰克的依附理论，沃勒斯坦的世界体系论，法国佩鲁的新发展观，美国亨廷顿、日本富永健一的人文生态学派。

他们认为：在资本主义条件下，形成了经济发展的中心、半边缘和边缘的国际关系结构；发达国家对资本和技术的垄断造成了发展中国家被迫依附于发达国家，丧失经济独立性；发展中国家不应简单重复西方现代化模式，现代化的道路不是单一的、唯一的，应该是多样的；发展不是简单的经济增长，应该以人为本。后发展理论主张人本主义、本土主义的发展观。

后发展理论虽然意识到西方现代化理论的缺陷，但他们的探索存在以下两个问题：一是大多停留在对西方现代化的理论性批判，缺乏现实中的实践过程；二是对未来社会的发展持乌托邦的态度，只管批判，不管建构。

四　中国式现代化实践的初步成就

发展到今天，现代化的含义已经不仅仅限于农业社会向工业社会转变的社会发展进程，也拓展到"当代化"或"后现代化"的领域，即从工业社会向信息社会过渡的问题。中国必须面对双重现代化的发展挑战，同时完成从农业社会到工业社会的过渡与从工业社会到信息社会的过渡。

1949 年中华人民共和国成立，GDP 总量为 123 亿美元，人均 GDP 23 美元。1978 年中国 GDP 达到 2164 亿美元，人均 GDP

达到381美元。

中国早在1978年就开启了改革开放的历史进程，探索出既坚持改革开放，实行社会主义市场经济为特点的经济改革，又坚持中国特色社会主义发展道路。不但及时规避了苏联解体导致的社会危机，还能够抓住全球化、信息化来临的战略机遇期，实现加速发展，和平崛起。特别是近十年来，中国特色社会主义进入新时代，中国一跃成为世界第二大经济体，取得了举世瞩目的辉煌成就。同样作为发展中国家，中国为什么能够避开所谓"拉美现象""亚洲现象"和"非洲现象"，在经济飞速发展的同时基本实现社会稳定，其根本原因，就是中国选择了中国式现代化的中国特色社会主义的发展道路。

通过以下1978年世界经济排行榜与2022年世界经济排行榜的比较，我们可以看到中国经济在44年间取得的巨大进步（见表1）。

表1　　　　　　　　　1978年、2022年世界经济排行榜　　　　　单位：亿美元

1978年世界经济排行榜			2022年世界经济排行榜		
序号	国家	GDP	序号	国家	GDP
1	美国	22947	1	美国	254644
2	日本	10136	2	中国	179927
3	苏联	8401	3	日本	42288
4	联邦德国	7376	4	德国	40721
5	法国	5067	5	印度	33769
6	英国	3358	6	英国	30688
7	意大利	3140	7	法国	27829
8	加拿大	2187	8	俄罗斯	22158
9	中国	2164	9	加拿大	21403

资料来源：笔者整理。

五　中国式现代化理论的创新

习近平总书记在党的二十大报告中明确提出中国式现代化理论，是习近平新时代中国特色社会主义思想的新发展，是对马克思主义理论的新贡献，也是对现代化理论和社会发展理论的重大理论创新。习近平总书记于 2022 年 7 月 26 日在省部级主要领导干部专题研讨班上的重要讲话中明确提出了中国式现代化的概念："在新中国成立特别是改革开放以来的长期探索和实践基础上，经过党的十八大以来在理论和实践上的创新突破，我们成功推进和拓展了中国式现代化。"① 习近平总书记在中共中央党校（国家行政学院）开班式上发表重要讲话强调，"概括提出并深入阐述中国式现代化理论，是党的二十大的一个重大理论创新，是科学社会主义的最新重大成果。中国式现代化是我们党领导全国各族人民在长期探索和实践中历经千辛万苦、付出巨大代价取得的重大成果，我们必须倍加珍惜、始终坚持、不断拓展和深化。"② 中国式现代化理论在总结中国现代化实践的基础上，从以下几个方面创新了现代化理论和社会发展理论。

（一）现代化模式的多样性

习近平总书记进一步阐明了对现代化模式单一性和多样性选择的立场。他指出："世界上既不存在定于一尊的现代化模式，也不存在放之四海而皆准的现代化标准。我们推进的现代化，是中国共产党领导的社会主义现代化，必须坚持以中国式现代化推进中华民族伟大复兴，既不走封闭僵化的老路，也不走改旗易帜的邪路，坚持把国家和民族发展放在自己力量的基点上、把中国发展

---

① 《习近平在省部级主要领导干部"学习习近平总书记重要讲话精神，迎接党的二十大"专题研讨班上发表重要讲话》，《人民日报》2022 年 7 月 27 日第 1 版。

② 习近平：《在中央党校建校 90 周年庆祝大会暨 2023 年春季学期开学典礼上的讲话》，《人民日报》2023 年 4 月 1 日第 1 版。

进步的命运牢牢掌握在自己手中。"①

从当代世界各国及地区形形色色的发展特点和水平看，存在着现代化模式的多样性，即欧美现代化国家、日本及亚洲四小龙、中东石油国家、俄罗斯及东欧国家、拉美国家、亚洲国家、非洲国家和中国内地。欧美现代化国家以西方资本主义自由市场经济、普选制议会民主政治，以及自由主义和个人主义价值观为主要特征；日本及亚洲四小龙（韩国、新加坡、中国台湾和中国香港）体现为西方模式、东方家族主义和儒家文化；中东石油国家（包括沙特、阿曼、阿联酋、科威特、卡塔尔、巴林等）体现为西方控制的石油经济与技术、酋长专制制度和伊斯兰文化；俄罗斯及东欧国家目前正处于转型与动荡的过渡阶段，一些国家正接近欧美现代化国家，而另一些国家或陷入战火，或成为欧洲最贫穷的国家；拉美国家、亚洲国家、非洲国家都在外来经济技术与本土特点的矛盾交织中徘徊；中国内地正坚定不移地沿着中国式现代化的道路快速前进。

（二）坚持中国共产党领导，坚持中国特色社会主义

习近平总书记在党的二十大报告中指出："明确中国特色社会主义最本质的特征是中国共产党领导，中国特色社会主义制度的最大优势是中国共产党领导，中国共产党是最高政治领导力量，全党必须增强'四个意识'、坚定'四个自信'、做到'两个维护'。""中国式现代化的本质要求是：坚持中国共产党领导，坚持中国特色社会主义，实现高质量发展，发展全过程人民民主，丰富人民精神世界，实现全体人民共同富裕，促进人与自然和谐共

---

① 习近平：《高举中国特色社会主义伟大旗帜　为全面建设社会主义现代化国家而团结奋斗——在中国共产党第二十次全国代表大会上的报告》，《人民日报》2022年10月26日第1版。

生，推动构建人类命运共同体，创造人类文明新形态。"①

回顾中国的现代化历程，坚持中国共产党领导，是中国式现代化道路探索、初创、推进和不断发展的根本前提。中国共产党领导中国人民推翻帝国主义、封建主义、官僚资本主义三座大山，实现了国家独立和统一，为实现现代化创造了政治基础。中华人民共和国成立以来，中国共产党领导中国人民在中国建立社会主义制度，在较短的时间内完成了中国的初级工业化，开启了现代工业化的发展，建成了较完备的工业体系，在部分高科技领域追赶世界先进水平，提出了实现农业、工业、国防、科技四个现代化的发展目标。改革开放以来，中国共产党领导中国人民，坚持改革开放，发展中国特色社会主义市场经济，推动中国成为世界第二大经济体，创造了经济奇迹。进入新时代，中国共产党领导中国人民，明确提出中国式现代化发展道路，面对百年未有之大变局，自信自强、守正创新，踔厉奋发、勇毅前行，为全面建设社会主义现代化国家、全面推进中华民族伟大复兴而团结奋斗。

实践证明，中国式现代化的本质要求是：坚持中国共产党领导，坚持中国特色社会主义。习近平总书记指出，"党的领导直接关系中国式现代化的根本方向、前途命运、最终成败。党的领导决定中国式现代化的根本性质，只有毫不动摇坚持党的领导，中国式现代化才能前景光明、繁荣兴盛；否则就会偏离航向、丧失灵魂，甚至犯颠覆性错误"②。

---

① 习近平：《高举中国特色社会主义伟大旗帜　为全面建设社会主义现代化国家而团结奋斗——在中国共产党第二十次全国代表大会上的报告》，《人民日报》2022 年 10 月 26 日第 1 版。

② 《习近平在学习贯彻党的二十大精神研讨班开班式上发表重要讲话强调　正确理解和大力推进中国式现代化》，《人民日报》2023 年 2 月 8 日第 1 版。

（三）中国式现代化的主要特征

习近平总书记指出："中国式现代化，是中国共产党领导的社会主义现代化，既有各国现代化的共同特征，更有基于自己国情的中国特色。"[①]

习近平总书记指出："党的二十大报告明确概括了中国式现代化是人口规模巨大的现代化、是全体人民共同富裕的现代化、是物质文明和精神文明相协调的现代化、是人与自然和谐共生的现代化、是走和平发展道路的现代化这 5 个方面的中国特色，深刻揭示了中国式现代化的科学内涵。"[②] 中国式现代化的五个特征，既体现了对中国国情的充分考量，又出于对西方现代化的经验教训的合理超越，更兼顾了全球化信息化时代来临的现实要求。

人口规模巨大的现代化是从中国国情出发的充分体现。中国目前是世界上人口规模最大的两个国家之一，2021 年，中国有 14.12 亿人口，占世界人口的 18%。中国国土面积为 960 万平方公里，欧洲面积为 1017 万平方公里，而欧洲只有 7.4 亿人口，仅为中国人口的 50%。

欧洲现代化起源于西欧，至今东欧、东南欧的一些国家，如俄罗斯、保加利亚、黑山、塞尔维亚、白俄罗斯、北马其顿、阿尔巴尼亚、摩尔多瓦、乌克兰等国，从 1720 年英国工业革命算起，已经发展了 300 年，但其人均 GDP 均落在中国的后面。

中国式现代化是占世界人口近 1/5 的人口规模最大的社会整体性的现代化，我们之所以能迅速崛起，就是因为在借鉴西方发达国家现代化经验的同时，没有简单模仿西方现代化的发展道路，而是

---

① 习近平：《高举中国特色社会主义伟大旗帜　为全面建设社会主义现代化国家而团结奋斗——在中国共产党第二十次全国代表大会上的报告》，《人民日报》2022 年 10 月 26 日第 1 版。

② 《习近平在学习贯彻党的二十大精神研讨班开班式上发表重要讲话强调　正确理解和大力推进中国式现代化》，《人民日报》2023 年 2 月 8 日第 1 版。

紧密结合中国现实具体国情，开辟出一条中国特色社会主义的中国式现代化发展道路。

全体人民共同富裕，物质文明和精神文明相协调，是出于对西方现代化的经验教训的吸取及合理超越。针对西方现代化过程中出现的以资本为本、两极分化、物质文明和精神文明不相协调的缺陷，中国式现代化力图实现马克思所说的跨越资本主义发展的"卡夫丁峡谷"，实现全体人民共同富裕及物质文明和精神文明相协调的发展。人与自然和谐共生，走和平发展道路，既是针对西方现代化过程中出现的破坏环境、殖民扩张等教训的吸取和总结；也是兼顾了全球化信息化时代来临的现实要求。

（四）对中国特色社会主义现代化实践的总结概括

习近平总书记指出："党的十八大以来，我们党在已有基础上继续前进，不断实现理论和实践上的创新突破，成功推进和拓展了中国式现代化。"[①] 中国式现代化理论与后发展理论的本质区别，在于中国式现代化理论不仅仅停留在对西方现代化模式的批判上，而且主要是来自对当代中国社会发展的具体实践中。习近平总书记指出，在深化改革的过程中"我们在认识上不断深化，创立了新时代中国特色社会主义思想，实现了马克思主义中国化时代化新的飞跃，为中国式现代化提供了根本遵循。我们进一步深化对中国式现代化的内涵和本质的认识，概括形成中国式现代化的中国特色、本质要求和重大原则，初步构建中国式现代化的理论体系，使中国式现代化更加清晰、更加科学、更加可感可行。"[②]

---

① 《习近平在学习贯彻党的二十大精神研讨班开班式上发表重要讲话强调　正确理解和大力推进中国式现代化》，《人民日报》2023 年 2 月 8 日第 1 版。

② 《习近平在学习贯彻党的二十大精神研讨班开班式上发表重要讲话强调　正确理解和大力推进中国式现代化》，《人民日报》2023 年 2 月 8 日第 1 版。

（五）明确中国式现代化的发展目标

中国式现代化理论与后发展理论的另一个本质区别，是明确中国式现代化的发展目标。党的二十大报告中明确了今后的发展目标，即全面建成社会主义现代化强国，总的战略安排是分两步走：从二〇二〇年到二〇三五年基本实现社会主义现代化；从二〇三五年到本世纪中叶把中国建成富强民主文明和谐美丽的社会主义现代化强国。中国式现代化理论在批判西方现代化缺陷的同时，避免用乌托邦式的哲学与宗教式的空想，而是深扎中国大地，明确发展目标，安排战略举措，把理论与实践紧密结合在一起，实现了社会发展理论的新突破。

（六）运用"两个结合"实现中国式现代化的理论创新和实践创新

习近平总书记指出："中国共产党人深刻认识到，只有把马克思主义基本原理同中国具体实际相结合、同中华优秀传统文化相结合，坚持运用辩证唯物主义和历史唯物主义，才能正确回答时代和实践提出的重大问题，才能始终保持马克思主义的蓬勃生机和旺盛活力。"[①] 中国式现代化的发展道路，既是把马克思主义基本原理同中国具体实际相结合的产物，也是同中华优秀传统文化相结合的产物。中国式现代化的五大特征，既体现了马克思主义的革命性、批判性、人民性、实践性，又体现了中华优秀传统文化的民为邦本、民胞物与、协和万邦、天下大同、天下为公的精神。

习近平总书记在中共中央党校（国家行政学院）开班式上发表重要讲话强调，"概括提出并深入阐述中国式现代化理论，是党的二十大的一个重大理论创新，是科学社会主义的最新重大成果。中国

---

① 习近平：《高举中国特色社会主义伟大旗帜　为全面建设社会主义现代化国家而团结奋斗——在中国共产党第二十次全国代表大会上的报告》，《人民日报》2022年10月26日第1版。

式现代化是我们党领导全国各族人民在长期探索和实践中历经千辛万苦、付出巨大代价取得的重大成果，我们必须倍加珍惜、始终坚持、不断拓展和深化。"① 认真研究中国式现代化理论，是当前哲学社会科学工作者的学术责任和重大使命。

---

① 《习近平在学习贯彻党的二十大精神研讨班开班式上发表重要讲话强调　正确理解和大力推进中国式现代化》，《人民日报》2023 年 2 月 8 日第 1 版。

马克思主义中国化时代化
成功的文化阐释

韩 震

韩震，北京师范大学学术委员会主任、教授

马克思主义基本原理同中国具体实际相结合、同中华优秀传统文化相结合全面解释了马克思主义中国化时代化的进程。"两个结合"的过程也就是马克思主义中国化时代化的历史实践过程，这一过程确证了"中国化时代化马克思主义行"，也就确证了"马克思主义行"。"两个结合"之所以行得通，中国化时代化马克思主义之所以行，在某种意义上都有文化的原因。在一定的意义上，中国化时代化马克思主义之所以行，就是因为马克思主义与中华文化的世界观、价值观有契合之处。

一

马克思主义不是书斋中的理论，更不是用来记诵的教条。实际上，"推进马克思主义中国化时代化是一个追求真理、揭示真理、笃行真理的过程"①，这个过程本身就是现实历史运动中实践的"革命的、批判的辩证法"。正是在艰苦卓绝的历史实践中，甚至经历某些让人感到切肤之痛的碰壁、失误与教训，我们才逐渐认识到，不应把马克思主义当作背诵和重复的具体结论和词句，更不应把马克思主义当作一成不变的教条。在实践前行的路上，只有把马克思主义作为立场观点方法，才能真正运用辩证唯物主义和历史唯物主义，才能正确回答时代发展和实践拓展提出的重大问题；只有把马克思主义基本原理同中国具体实际相结合、同中华优秀传统文化相结合，让理论和实践相互促进，才能始终保持马克思主义理论创新发展的

① 习近平：《高举中国特色社会主义伟大旗帜　为全面建设社会主义现代化国家而团结奋斗——在中国共产党第二十次全国代表大会上的报告》，《人民日报》2022年10月26日第1版。

蓬勃生机和旺盛活力。

马克思主义不是书斋中的教义，而是对历史运动真实关系的理论表达。马克思恩格斯在《共产党宣言》1872 年德文版序言中指出："这些原理的实际运用……随时随地都要以当时的历史条件为转移。"① 这就是马克思主义的力量之所在。马克思主义的科学性就在于其人民性、实践性和开放性，这种理论是人民在实践运动中不断进行科学的探索，从而伴随着实践运动的发展而发展。既然在中国运用马克思主义理论，那么"随时随地"以"当时的历史条件为转移"就必定是马克思主义的中国化和时代化。正如习近平总书记指出的，"实践告诉我们，中国共产党为什么能，中国特色社会主义为什么好，归根到底是马克思主义行，是中国化时代化的马克思主义行"②。按照马克思主义的世界观和方法论，在中国大地上根据中国"历史运动的真实关系"发展马克思主义，因此马克思主义在中国得以落地生根，焕发出勃勃生机。

二

就第二个结合而言，2019 年 10 月 31 日在党的十九届四中全会第二次全体会议上的讲话中，习近平总书记指出："马克思主义传入中国后，科学社会主义的主张受到中国人民热烈欢迎，并最终扎根中国大地、开花结果，决不是偶然的，而是同我国传承了几千年的优秀历史文化和广大人民日用而不觉的价值观念融通的。马克思对我国古代农民起义提出的具有社会主义因素的革命口号有过敏锐的观察。他说，'中国社会主义之于欧洲社会主义，也许就像中国哲学

---

① 《马克思恩格斯选集》第 1 卷，人民出版社 2012 年版，第 376 页。

② 习近平：《高举中国特色社会主义伟大旗帜　为全面建设社会主义现代化国家而团结奋斗——在中国共产党第二十次全国代表大会上的报告》，人民出版社 2022 年版，第 16 页。

与黑格尔哲学一样'。"① 这段话把马克思主义在中国得以传播、接受、运用和发展的文化根基，作了明确且深刻的概括。本文主要从"中国化时代化马克思主义行"的文化根基，谈谈我的一些体会和认识。

中国共产党人在坚持和发展马克思主义的过程中，将马克思主义基本原理植根在中华民族历史文化传统的沃土之中，让马克思主义这棵大树有了中国深厚的历史文化根基。一方面，深刻地改变了中国，拓展了中国人民的文化视野，提升了中国人民的思想境界；另一方面，中国也给予马克思主义理论得以落地实践的广阔社会空间，从而给马克思主义理论发展提供了不竭的思想文化动力。

首先，中华优秀传统文化同科学社会主义在价值取向上高度契合，从而能够让中国人民能够真切地理解并且认同马克思主义的理论观念和价值观主张。中华传统文化是农业社会的产物，而西方崛起是工业革命的结果。西欧在农业革命中起步比较晚，但是其他地区在近代工业革命中却落在后边了。譬如，中国在农业社会时长期处于领先地位，但却在工业革命的进程中落伍了。在某种意义上，中国革命、建设、改革的实践，或者说，中华民族伟大复兴的"中国梦"，就是要推动中国社会发展进步，赶上世界历史的潮流。正像欧洲的农业可以赶上西亚的农业，包括中国在内的其他地区也可以赶超西方的工业化进程。实际上，近代以来，中国在寻找救亡图存的道路上有过许多的探索，不仅有人提出模仿资本主义发展道路的"全盘西化"论，也曾经有袁世凯、张勋所上演的"复古"闹剧。但是，这些尝试都不能实现中国既维护民族独立又追求国家强盛的双重目标。就中国当时的形势，西方学者也普遍认为："外国人通过一系列战争迫使中国向贸易、投资和传教活动开放国门。到了19世纪末，中国领导人得出结论：经济上的落后是造成中国军事力量赢

---

① 习近平：《坚持和完善中国特色社会主义制度　推进国家治理体系和治理能力现代化》，《求是》2020 年第 1 期。

弱的首要原因。如何在保持国家独立的同时实现现代化，使国家富强，成为中国政治中的首要问题。"① 为什么不能走文化保守主义的道路？因为那个道路不能启蒙，无法引领中国走向现代化，因其不能现代化且无法使中国强盛起来，所以也无法让中国真正实现民族独立。为什么不能走"全盘西化"的路？因为不仅存在客观条件不允许的问题，而且西方列强也不允许中国通过走它们的路变得与它们一样强大。在此关键的问题是，西方资本主义文明道路的价值观主张与中国传统文化相去甚远。中国主张天下为公、大同世界，在处理国际关系时倡导求同存异、和而不同，以讲信修睦、亲仁善邻为价值原则，而西方资本主义国家则是靠殖民掠夺而兴起，企图以霸权支配整个世界。西方资本主义国家不尊重其他民族的民族特性，正如马克思、恩格斯所指出的，"资产阶级……把一切民族甚至最野蛮的民族都卷到文明中来了……它迫使一切民族——如果它们不想灭亡的话——采用资产阶级的生存方式；它迫使它们在自己那里推行所谓的文明，即变成资产者。一句话，它按照自己的面貌为自己创造了一个世界"②。问题是，当资本主义把其他民族卷入资本主义世界体系之中时，它并非要让非西方变得与西方一样富强，而是主张西方文化的优越性，漠视其他民族的根本利益和文化权利，让非西方变成西方的附庸，即"它使未开化的和半开化的国家从属于文明的国家，使农民的民族从属于资产阶级的民族，使东方从属于西方"③。在这种情况下，马克思主义的出现，让中国人民找到了价值观相契合的"知音"。

近代中国有两大历史任务：一是启蒙，实现国家现代化发展；二是救亡，实现民族独立和人民解放。一方面中国要进行现代性启

---

① ［美］安德·内森、罗伯特·罗斯：《长城与空城计——中国对安全的寻求》，柯雄等译，新华出版社1997年版，第150页。

② 《马克思恩格斯文集》第2卷，人民出版社2009年版，第35—36页。

③ 《马克思恩格斯文集》第2卷，人民出版社2009年版，第36页。

蒙，走出封建主义的落后境地，在这方面马克思主义能够符合中国人民的期望，因为马克思主义承认资本主义对封建主义的先进性（因为它大大地发展了生产力，创造了比以往历史上任何时期都更多的财富）；另一方面，中国要救亡图存，维护民族独立，而批判资本主义剥削本质和揭露殖民主义残酷掠夺的马克思主义，也能够给予中国人民一面反对帝国主义侵略和压迫的旗帜，马克思主义主张一切受压迫民族都应该得到解放，这让中国人民得到了极大的精神鼓舞。例如，李大钊关于唯物史观的论述，就可以看出他在其中找到了中国人民的价值追求。他指出："应该细细的研考马克思的唯物史观，怎样应用于中国今日的政治经济情形。详细一点说，就是依马克思的唯物史观以研究怎样成了中国今日政治经济的情状，我们应该怎样去做民族独立的运动，把中国从列强压迫之下救济出来""倘能循此途辙，以达于民族独立的境界，那么马克思的学说真是拯救中国的导星"。① 陈独秀在《十月革命与中国民族解放运动》一文中，不仅将十月革命视为"工农解放民族解放""双管齐下"的革命，而且认为"十月革命在民族解放运动上比工农解放运动上更为成功"②。由此可见，十月革命一声炮响，给中国送来了马克思主义，那是因为十月革命让中国人民看到了民族独立和国家富强道路的希望。中国共产党自成立以来，就一直高举马克思主义的旗帜，为争取民族独立、人民解放，实现国家富强、人民富裕而进行不懈的奋斗。因此，马克思主义被中国人民所选择，社会主义为中国历史所选择。也正因为如此，"没有中国共产党，就没有新中国"就成为一种具有历史必然性的判断。

其次，中华优秀传统文化同辩证唯物主义和历史唯物主义在世界观方法论上有共同点，从而能够让中国人民接受并且信仰马克思主义。习近平总书记指出："中华优秀传统文化源远流长、博大精

① 《李大钊全集》第 4 卷，人民出版社 2013 年版，第 516—517 页。
② 《陈独秀文集》第 3 卷，人民出版社 2013 年版，第 328 页。

深，是中华文明的智慧结晶，其中蕴含的天下为公、民为邦本、为政以德、革故鼎新、任人唯贤、天人合一、自强不息、厚德载物、讲信修睦、亲仁善邻等，是中国人民在长期生产生活中积累的宇宙观、天下观、社会观、道德观的重要体现。"① 这些观念不仅同科学社会主义价值观高度契合，而且也与马克思主义世界观和方法论在精神上高度相通。譬如，"中国始终秉持一种整体性、连续性的宇宙观……这种整体性宇宙观，本身就包含了整体思维、天人合一的文化基因"。这种宇宙观，"是一种将天地宇宙、人类万物统一起来的强调普遍联系的整体性宇宙观，是一种动态而非静止的宇宙观"②。从对史前文化的考古发现，中国早期就孕育了这种朴素的整体性和普遍联系的辩证思想，并"发展到《周易》《道德经》所代表的尊重自然、顺应自然、适时而为的世界观，阴阳互补、对立统一、变动不居的辩证思维"③。可见，中国优秀传统文化中的世界观显然与马克思主义唯物辩证法在精神上是相通的，具有高度的契合性。再有，在世界历史上，中华文明主流文化的一个显著特征就是持一种理性世俗的立场，主张"敬鬼神而远之"，强调经世致用和实用理性，这与马克思主义无神论观点，以及强调以人民群众的实践活动改造世界，在现实社会追求美好社会的理想有共通之处。

另外，社会历史观上，中国优秀传统文化与马克思主义也有许多可以相互呼应的相通之处。中国在处理不同民族、不同国家的关系上，自古就有天下为公、协和万邦的理念，这与马克思主义世界

---

① 习近平：《高举中国特色社会主义伟大旗帜　为全面建设社会主义现代化国家而团结奋斗——在中国共产党第二十次全国代表大会上的报告》，人民出版社 2022 年版，第 18 页。

② 习近平：《高举中国特色社会主义伟大旗帜　为全面建设社会主义现代化国家而团结奋斗——在中国共产党第二十次全国代表大会上的报告》，《人民日报》2022 年10 月 26 日第 1 版。

③ 韩建业：《从考古发现看 8000 年以来早期中国的文化基因》，载全国哲学社会科学工作办公室编《从考古看中国》，中华书局 2022 年版，第 98、100、101 页。

自由人联合体的追求在社会历史观主张上高度契合。马克思主义产生于欧洲，但却在东方结出硕果，显然与马克思主义的社会理想与中国文化传统有相通之处有关。而在西方，马克思主义关于自由人联合体的共产主义理想迟迟不能落地，不能在马克思主义的故乡成为现实的实践，这不是因为马克思主义"不行"，而更多的是因为资本的逻辑遮蔽了真理的逻辑。与此同时，西方个人主义文化传统的盛行，显然也是一个非常重要的原因。譬如，伴随着经济全球化和科技革命的进程，经济安全、气候、环境等问题已经把全人类的命运紧密地联系在一起，基于此中国提出了构建人类命运共同体的理念，以图同舟共济、共克时艰。可是，美国则不这样理解，它反而将人类世界看作"你输我赢"的竞技场。为了回应习近平主席2017年达沃斯世界经济论坛致辞，时任美国国家安全顾问麦克马斯特和时任国家经济委员会主任科恩，在《华尔街日报》撰文指出"世界不是一种'全球共同体'，而是一个由各个国家、非政府行为主体和企业为获得优势而在其中参与竞争的舞台"①。可见，中国人因为自身的文化传统，在国际上看到的更多的是合作共赢，而美国人因其文化传统和霸权思维看到的更多的是"你输我赢"的零和关系。美国之所以不能理解中国和平发展的理念，就在于他们的文化传统所致。西方文化受到很深的海盗文化的浸染，因而西方持有国强必霸的逻辑，美国是西方文化的后裔，它继承发展了这种文化逻辑，还以这种逻辑和文化心理套用在中国身上。如美国学者塞缪尔·亨廷顿就言辞凿凿地指出："中国的历史、文化、传统、规模、经济活力和自我形象，都驱使它在东亚寻求一种霸权地位。这个目标是中国经济迅速发展的自然结果。所有其他大国英国、法国、德国、日本、美国和苏联，在经历高速工业化和经济增长的同时或在紧随其后的年代里，都进行了对外扩张、自我伸张和实行帝国主义。没有理由

---

① 参见［英］罗斯义《中国共产党的政策对中国乃至全人类都至关重要》，《国外社会科学》2021年第3期。

认为，中国在经济和军事实力增强后不会采取同样的做法。"① 但是，中国的文化传统的确有不同于西方文化传统的地方，这也正是中国人民所珍视的，同时也会给人类文明带来更佳的参照和选择。随着世界交往的增加，人们对中国文化传统的理解会越来越真切。法国国际问题专家布鲁诺·吉格就指出："中国是一个和平发展的大国，对自身的文化特质感到自豪，遵守国际规则，提倡互相尊重……如果所有大国都能像中国一样，世界将更和平。"② 我们希望，文明之间可以交流互鉴：正像源自西欧的马克思主义激活并丰富了中国文化，中国的文明新形态也能够为人类的福祉做出贡献。

再次，中华优秀传统文化中的思想文化术语同唯物辩证法话语体系语言风格上近似，从而能够让中国人民容易领会马克思主义的精神实质，并且有利于马克思主义在中国大地的传播。既然中国传统文化和马克思主义在世界观上都倾向于把世界看作一个普遍联系的、运动变化的整体，因此唯物辩证法思想很容易在中国找到理论上的知音。正因为如此，当许多其他从欧美舶来的哲学体系在语言上显得佶屈聱牙、晦涩难懂的时候，马克思主义却在李大钊、陈独秀、毛泽东、邓小平、习近平等中国马克思主义者那里获得了生动的中国语言表达，特别是诸如"实事求是""一分为二""矛盾""知行合一""天下为公""世界大同""人民至上""底线思维""江山就是人民，人民就是江山"等一系列丰富多彩、脍炙人口的中国话语，把马克思主义思想精髓表达得淋漓尽致，并且很快为中国人民所理解、所赞同、所运用。在这里，马克思主义的人民性让这种理论与中国共产党人有了共同的语言，而中国共产党人对马克思主义的中国话语表达又进一步把马克思主义融入了中国人民的精神

---

① ［美］塞缪尔·亨廷顿：《文明的冲突与世界秩序的重建》，周琪等译，新华出版社 1998 年版，第 255 页。

② 徐永春等：《中国发展模式避免西方"老路"缺陷——法国政学界人士谈中国式现代化》，《参考消息》2022 年 11 月 24 日第 7 版。

追求之中。

语言不是小事，语言是人类有意义生活的载体。正如马克思指出的，人是社会关系的总和，而人的社会关系往往是靠语言构建起来的。如果没有合适的语言，就无法表达一定的思想；没有合适的话语体系，也就无法阐明一定的理论体系。语言表达得准确且容易被人所理解，才能为群众所掌握，唯有被群众掌握了，理论才能发挥其批判的力量。这就是《易经》所指出的，"言行，君子之枢机""言行，君子之所以动天地也""君子居其室，出其言善，则千里之外应之，况其迩者乎？居其室，出其言不善，则千里之外违之，况其迩者乎？"① 这就是说，话说得合适，文字表达的思想观念正确，无论身边还是远处的人都能够理解，并且加以认可；而话说得不合适，文字表达的思想观念不正确，身边和远处的人可能会不认可或者干脆反对。由此，术语或言语行为不是微不足道的小事，而是有关人们能否正确理解和接受某种理论的关键。马克思主义之所以在中国得到广泛传播、接受、拥护和发展，这与中国思想文化术语能够比较好地表达马克思主义是有一定关系的。

三

关于马克思主义基本原理同中华优秀传统文化相结合的问题，我们必须注意以下四个问题：第一，"第二个结合"的提出基于马克思主义与中国优秀传统文化在价值观上"有高度契合性"，但不能因此就认为中国把马克思主义作为指导思想多此一举。中国传统文化是产生于自然经济时代，是在传统社会中孕育的；马克思主义产生于工业革命之后的资本主义社会，是在社会经历现代转型时产生的理论成果。马克思主义传入中国，让中国以更加快捷的方式理解了现代性启蒙的重要性，加快了中国社会的现代转型。如果没有马克

---

① 《周易》，杨天才译注，中华书局 2017 年版，第 319 页。

思主义的引入，中国传统文化的现代转型会非常漫长而曲折。

第二，"第二个结合"是现在提出的，但不是到现在才实现了这个结合，这种结合早就开始了，甚至早就有了自觉的结合。实际上，自马克思主义传入中国，在马克思主义中国化时代化过程中就一直在进行这种结合。从李大钊、陈独秀到毛泽东，从邓小平、江泽民、胡锦涛到习近平，这些党的创始人和领袖都在基于中国历史传统用中国话语在阐释马克思主义，以使其转化为推动中国社会发展的真实的精神力量。从李达、陈望道到艾思奇，一大批学者也都在用中国的话语转译着马克思主义理论真谛，从而让马克思主义成为最为中国大众熟知的理论。但是，提出"第二个结合"是马克思主义中国化时代化的更高程度的自觉，体现了理论创新的新境界。譬如，在五四运动文化氛氲之下，我们党成立之初主要目标是改变落后的中国面貌，因此对中国传统文化的批判性态度遮蔽了实际上存在着的"契合"，这时候的"结合"是实际的存在，还不适合成为明确的表达。即使如此，马克思主义与中国优秀传统文化的结合也是我们党的追求。早在 1938 年，毛泽东同志在《中国共产党在民族战争中的地位》中指出："学习我们的历史遗产，用马克思主义的方法给以批判的总结，是我们学习的另一任务。我们这个民族有数千年的历史，有它的特点，有它的许多珍贵品。……今天的中国是历史的中国的一个发展；我们是马克思主义的历史主义者，我们不应当割断历史。从孔夫子到孙中山，我们应当给以总结，承继这一份珍贵的遗产。对于指导当前的伟大的运动，是有重要的帮助的。"[①] 在这里，毛泽东一是肯定了中国传统文化中有许多珍贵的遗产，二是要求我们用马克思主义的方法加以总结，这个总结就是"结合"，三是这种"结合"了的珍贵遗产也能够指导现实的革命运动。到 1941 年，毛泽东在《改造我们的学习》中明确批评了有些人"对于自己

---

① 《毛泽东选集》第 2 卷，人民出版社 1991 年版，第 533—534 页。

的历史一点不懂，或懂得甚少，不以为耻，反以为荣"①。这充分反映了中国共产党人对马克思主义同中华优秀传统文化相结合的自觉性。又如，改革开放初期，我们有感于科学技术和经济发展与发达国家之间的距离，我们更多的精力是放在学习先进的科学技术知识和管理经验上。因此，这个时候的"结合"往往被遮蔽，难以成为原则性表达。但是，我们党仍然意识到文化根基的重要性。邓小平指出："要懂得些中国历史，这是发展的精神动力。"② 江泽民、胡锦涛同志都对弘扬中华优秀传统文化进行了深入阐释。2011 年 10月，党的第十七届六中全会审议通过《中共中央关于深化文化体制改革、推动社会主义文化大发展大繁荣若干重大问题的决定》，标志着中国共产党人对文化重要性认识的新高度。

第三，"第二个结合"的提出完成了马克思主义同中华优秀传统文化相结合从实践到理论的表达。新时代以来，我们党对弘扬中华优秀传统文化的重要性越来越明确，对马克思主义同中华优秀传统文化相结合的认识越来越自觉。这种自觉可以说从理论实质到话语表达，都达到了一个新的境界。习近平总书记指出"没有中华文化繁荣兴盛，就没有中华民族伟大复兴"③。"站立在960 万平方公里的广袤土地上，吸吮着中华民族漫长奋斗积累的文化养分"④，这是我们文化自信的底气之所在。

第四，在新时代，"第二个结合"的提出并不是马克思主义同中华优秀传统文化相结合完成时，而是进一步创造性结合的新起点。我们要立足世界百年变局和中国发展的实际，以当下正在进行的以中国式现代化推进中华民族伟大复兴的事业为中心，聆听人民的心

---

① 《延安时期党的重要领导人著作选编》（上），中央文献出版社 2014 年版，第153 页。

② 《邓小平文选》第 3 卷，人民出版社 1993 年版，第 358 页。

③ 《习近平关于社会主义文化建设论述摘编》，中央文献出版社 2017 年版，第 7页。

④ 《习近平谈治国理政》，外文出版社 2014 年版，第 29 页。

声，回应现实的需要，深入总结中国特色社会主义实践经验，更好实现马克思主义基本原理同当代中国具体实际相结合、同中华优秀传统文化相结合，同时也要进一步扩大视野，吸收历史上人类文明一切有益成果，不断创新和发展马克思主义。这就需要我们"坚定历史自信、文化自信，坚持古为今用、推陈出新，把马克思主义思想精髓同中华优秀传统文化精华贯通起来、同人民群众日用而不觉的共同价值观念融通起来，不断赋予科学理论鲜明的中国特色，不断夯实马克思主义中国化时代化的历史基础和群众基础，让马克思主义在中国牢牢扎根"①。

---

① 习近平：《高举中国特色社会主义伟大旗帜　为全面建设社会主义现代化国家而团结奋斗——在中国共产党第二十次全国代表大会上的报告》，人民出版社 2022 年版，第 18 页。

基于信息化、智能化的中国式现代化

孙伟平

孙伟平，上海大学伟长学者特聘教授，教育部长江学者特聘教授

关于中国式现代化，我和我的学生们最近做了一些梳理，结果发现研究成果已经呈现井喷状态，多到根本看不过来。因此，很显然，许多问题大家都比较深入地研究过了。在这里，我仅仅聚焦我自己的观察，以及近年来的信息化、智能化研究，尝试谈几点粗浅的看法。

第一，我个人觉得，"中国式现代化"这个概念是非常有意思的——最有意思的地方在于，它立足于中国的具体国情，具有非常强的"包容性"。因为中国实在是太大了，地区差异、城乡差异、不同单位和群体之间的差异等都非常之大。如果说要实现中国式的现代化，我们会发现，像北京、上海、广州、深圳等大城市，以及包括浙江在内的东南沿海地区的不少城市，可以说已经比较发达了。这些地区的新型工业化已经达到了相当高的水平，有些甚至已经迈进了信息化、智能化社会的早期阶段。对于这些比较发达的地区，通过一段时间的建设实现现代化，甚至目前就宣称已经实现了现代化，人们的观点估计都没有太大的分歧。但是，如果是广袤的中西部地区，特别是其中的农村地区要实现现代化，那恐怕就并非易事了。

以前我在中国社会科学院工作的时候，曾经担任十年的"中国社会科学院社会发展研究中心"主任。顾名思义，社会发展研究就是要探索中国的现代化道路，既包括城市的现代化道路，也包括农村的现代化道路。所以在那十年中，我和我的团队去过包括港澳台在内的中国每一个省、自治区、直辖市；同时，也与一些科研单位、地方政府和企业合作，做过一些具体的探索。在调研的过程中，我们有些无奈地发现，中国的有些地区，特别是像新疆、西藏、青海、甘肃等边远地区的农村，有些应该说还处于农业时代，甚至可以说处于农业时代比较低的发展水平。有些地方我曾经不止一次去过，有时会发现时间在那里停滞了，十年甚至更多年过去了，往往也没有什么变化。

因此，面对中国如此复杂、多样的情况，中国式现代化到底应该怎么建设？地区、城乡等差异怎么消除？贫困问题怎么彻底解决？等等，我觉得这些都是非常困难也非常尖锐的问题。因而我认为，中国式现代化应该坚持实事求是的原则，建设一种"包容性"特别强的现代化，对于不同的地区，应该提出不尽相同的发展目标和要求。特别是对于一些比较落后的边远地区的农村，或许只是保持绿水青山，也应该包容它，而不应该"一刀切"，不顾客观规律地"发展"。

第二，从未来发展的视角看，特别是对于目前走在发展前列的大城市来说，必须加快信息化、智能化进程，真正引领世界现代化潮流。

只有基于信息化、智能化的中国式现代化，才是代表人类发展方向、最有前途的现代化模式。众所周知，资本主义是建立在工业化基础之上的，可以称之为工业资本主义。社会主义现代化不仅要有高度发达的工业，而且应该发展高度发达的信息、智能产业。基于信息化、智能化的中国式的社会主义现代化，才是超越西方工业资本主义现代化的一种新模式。我们必须承认，从工业革命或者工业化这个角度来说，西方资本主义国家曾经是现代化的楷模。我们过去一直处在追赶的过程中。但我们现在应该说，中国要实现伟大复兴，要引领现代化潮流的话，就必须在最先进的科技、经济、军事、文化、生态等方面，在世界上取得领先地位。

大家知道，中国是文明古国，在漫长的农业时代一直处在世界发展的前列。但到了近代，为什么中国会落后挨打呢？最近这些年，我们在做信息化、智能化研究的过程中，越来越清晰地认识到一个基本的结论，就是中国近代落后挨打的根源，直截了当地说就是错过了工业革命或者说工业化。即是说，英国、法国等西方资本主义国家率先实现了工业化，这些国家用工业化、机械化的成果——也就是所谓的"坚船利炮"，对我们这类农业文明进行"降维打击"。因此，不管你的农业文明怎么发达，在新兴的强大的工业文明面前，当它用工业化、机械化的成果对你进行"降维打击"的时候，你是很难有还手之力的。这一点中国近代历史已经证明了，我们都记得鸦片战争带来的辛酸和屈辱。

以上说明，我们是不是处在或者说在追求一个最先进的维度，事关我们的事业的成败，事关中国式现代化的成败。哪怕是在具体的发展过程中，我们也不难明白这个道理。

以前我在中西部农村做调查研究的时候，有时会有农民同志问我，究竟怎么做才能富起来。他们总是抱怨自己非常辛苦，也非常努力，但一年到头就是赚不到多少钱，总是富不起来。我仔细一问，发现他们大多只种几亩或十几亩地，其他的收入来源则不确定，多数主要来自打工。

这里实际上涉及一个当代农业怎么现代化的问题。如果处在工业时代，农业应该怎么做呢？很简单，它主要是要追赶工业化的潮流，实现机械化。如果别人用机械化方式种田，一个人种二三百亩；你依靠农业时代典型的人力和畜力种田，只能种一二十亩；那么，你怎么可能有竞争力呢？怎么可能富起来呢？因此，在工业时代种田，必须实现机械化。而在信息时代、智能时代种田呢，那就必须更进一步，实现农业的"机械化＋信息化＋智能化"。同样的道理，在工业时代，制造业等产业必须实现机器生产或者大机器生产，而在今天的话，以大数据为基础的智能制造必然是一个不可违背的大趋势，是相关企业能够活下来的一个关键。

基于以上的考察和思考，特别是基于我们关于信息化、智能化的比较系统的研究，我觉得，当今时代最有前途、最符合发展趋势、代表未来发展方向的现代化，无疑是"信息化＋智能化"。因此，中国式现代化必须走"信息化＋智能化"之路。当然，这里有的人可能仅仅使用信息化概念，或者智能化概念。这种概念之争没有太大的关系，反正符合这一潮流即可。

第三，我还想谈一个简单的有关社会形态的观点。

关于社会形态存在不同的划分方法，既有农业社会、工业社会、智能社会这种技术社会形态，又有封建社会、资本主义社会、共产主义社会这种经济社会形态。我发现，它们之间实际上存在某种具体的一一对应关系。比如说，在农业社会的基础上建立的是封建社会，在工业化、机械化的基础上建立的是资本主义社会，顺此推断，在信息社会、智能社会的基础上，可以建设更先进的共产主义社会。即是说，共产主义（社会主义）社会不能满足于建立在工业社会的基础之上，它不应该跟资本主义社会共享一种技术社会形态。真正的共产主义（社会主义）社会应该建立在先进的信息社会或者智能社会的基础上。2021年1月，我在《马克思主义研究》发表了《智能社会：共产主义社会建设的基础和条件》一文，曾经比较系统地论证了这一观点。

总之，中国式现代化作为一种新型的社会主义现代化，必须建立在先进的信息、智能技术的基础上，必须建立在信息社会、智能社会这样的技术社会形态的基础之上。与此同时，建立在先进的信息、智能技术，以及信息社会、智能社会基础之上的中国式社会主义现代化，呼唤与之相适应的全新的理论和方法。一个很简单的道理是，农业社会或者封建社会形成的理论、方法，是不可能真正解决工业社会或者资本主义社会的问题的。同样，农业社会或者工业社会、封建社会或者资本主义社会所形成的理论和方法，也不可能真正解决信息社会或者智能社会，包括共产主义社会的问题。从这样一个角度来说，我个人觉得，包括现代化的理论，包括我们全部的哲学理论，可能都需要进行大胆的实质性的创新。我个人这些年来一直在做信息化、智能化的哲学研究，虽然取得的成果有限，但越来越觉得这是研究和解决中国式现代化问题的方向。

中国式现代化是以人民为中心的现代化

周　丹

周丹，中国社会科学院哲学研究所《哲学研究》编辑部主任、研究员

党的二十大报告明确提出"新时代新征程中国共产党的使命任务"，"从现在起，中国共产党的中心任务就是团结带领全国各族人民全面建成社会主义现代化强国、实现第二个百年奋斗目标，以中国式现代化全面推进中华民族伟大复兴"①。以中国式现代化全面推进中华民族伟大复兴，说到底，这是中国人民和中华民族的现代化，要坚持以人民为中心的发展思想。习近平总书记指出："为人民谋幸福、为民族谋复兴，这既是我们党领导现代化建设的出发点和落脚点，也是新发展理念的'根'和'魂'。只有坚持以人民为中心的发展思想，坚持发展为了人民、发展依靠人民、发展成果由人民共享，才会有正确的发展观、现代化观。"② 中国式现代化，是中国共产党领导下全体人民的现代化，是以人民为中心、促进人的全面发展的现代化。在现代化建设过程中，我们要自觉坚持人民主体地位，把实现人民幸福、民族复兴作为发展的目的和归宿，切实做到发展为了人民、发展依靠人民、发展成果由人民共享。从发展观、现代化观这一根本属性看，中国式现代化是以人民为中心的现代化。

一　中国式现代化以人民对美好生活向往为出发点和落脚点

以人民为中心，一切为了人民，一切从人民利益出发，这是我们党执政理念的核心思想。党的二十大报告提出"我们坚持把实现

---

①　习近平：《高举中国特色社会主义伟大旗帜　为全面建设社会主义现代化国家而团结奋斗——在中国共产党第二十次全国代表大会上的报告》，人民出版社 2022 年版，第 21 页。

②　习近平：《把握新发展阶段，贯彻新发展理念，构建新发展格局》，《求是》2021 年第 9 期。

人民对美好生活的向往作为现代化建设的出发点和落脚点"①。党的十九大报告指出，"坚持以人民为中心""把人民对美好生活的向往作为奋斗目标"②。中国式现代化是全体人民的现代化，而不是某些人某一集团某一团体某一阶层的现代化；是高质量高水平的现代化，而不是低质量低水平的现代化。"让老百姓过上好日子，始终是中国发展的最大目标。"③ 中国式现代化不断把人民对美好生活的向往变成现实，使人的生存和发展不断提高到新水平，使人类的文明程度不断跃升到新层次。

把人民对美好生活的向往作为出发点和落脚点，是由中国共产党的根本宗旨决定的。《中国共产党章程》指出："中国共产党党员必须全心全意为人民服务，不惜牺牲个人的一切，为实现共产主义奋斗终身。"④ 马克思、恩格斯在《共产党宣言》中指出："过去的一切运动都是少数人的，或者为少数人谋利益的运动。无产阶级的运动是大多数人的，为绝大多数人谋利益的独立的运动。"⑤ 作为工人阶级先锋队的党，除了忠实地代表工人阶级和人民群众的根本利益以外，没有其他任何特殊利益。"全心全意地为人民服务，一刻也不脱离群众"，毛泽东同志指出，"我们共产党人区别于其他任何政党的又一个显著的标志，就是和最广大的人民群众取得最密切的联系"⑥。全心全意为人民服务是无产阶级政党区别于其他阶级政党的

① 习近平：《高举中国特色社会主义伟大旗帜　为全面建设社会主义现代化国家而团结奋斗——在中国共产党第二十次全国代表大会上的报告》，人民出版社 2022 年版，第 22 页。

② 习近平：《决胜全面建成小康社会　夺取新时代中国特色社会主义伟大胜利——在中国共产党第十九次全国代表大会上的报告》，人民出版社 2017 年版，第 21 页。

③ 中华人民共和国国务院新闻办公室：《新时代的中国与世界》，人民出版社 2019 年版，第 54 页。

④ 《中国共产党章程》，人民出版社 2022 年版，第 25 页。

⑤ 《马克思恩格斯选集》第 1 卷，人民出版社 2012 年版，第 411 页。

⑥ 《毛泽东选集》第 3 卷，人民出版社 1991 年版，第 1094 页。

重要标志，也是共产党员党性修养的根本内容。习近平总书记指出："全党同志要把人民放在心中最高位置，坚持全心全意为人民服务的根本宗旨，实现好、维护好、发展好最广大人民根本利益，把人民拥护不拥护、赞成不赞成、高兴不高兴、答应不答应作为衡量一切工作得失的根本标准，使我们党始终拥有不竭的力量源泉。"① 全心全意为人民服务作为根本宗旨，是党的一切理论和实践活动的根本目的。中国式现代化是中国共产党领导的独立自主的现代化，全心全意为人民服务是中国式现代化的根本要求。

把人民对美好生活的向往作为出发点和落脚点，是由中国的国体和政体决定的。国体即国家的阶级性质，就是社会各阶级在国家中所处的地位，它是由社会各阶级、阶层在国家中的地位所反映出来的国家的根本属性。政体即政权的组织形式，就是统治阶级采取何种原则和方式来组织自己的政权机关，实现自己的统治。国体决定政体。中国的国体是人民民主专政的社会主义国家；中国的政体是人民代表大会制度。《中华人民共和国宪法》第一条指出："中华人民共和国是工人阶级领导的、以工农联盟为基础的人民民主专政的社会主义国家。"② 这表明中国共产党和中华人民共和国始终代表最广大人民的根本利益，民主和专政是辩证统一的，对人民实行民主、对敌人实行专政，维护人民民主政权。人民民主专政的本质是人民当家作主，这是人民政治的核心意志。《中华人民共和国宪法》第二条指出："中华人民共和国的一切权力属于人民。人民行使国家权力的机关是全国人民代表大会和地方各级人民代表大会。"③ 这表明人民是通过全国人民代表大会及地方各级人民代表大会来行使国家权力的。只有人民，才是国家的真正主人。中国式现代化就是为了实现中国人民根本利益、根本福祉的现代化。

---

① 《习近平谈治国理政》第 2 卷，外文出版社 2017 年版，第 40 页。
② 《中华人民共和国宪法》（最新修正版），法律出版社 2018 年版，第 60 页。
③ 《中华人民共和国宪法》（最新修正版），法律出版社 2018 年版，第 60 页。

"江山就是人民，人民就是江山。"中国共产党和中国人民是一体的；中国共产党的利益和中国人民的利益是一体的；党性和人民性是一体的。对于中国的现代化发展来说，人民对美好生活的向往就是我们的奋斗目标。习近平总书记指出，"现代化的本质是人的现代化"①。随着中国特色社会主义进入新时代，中国社会主要矛盾已经转化为人民日益增长的美好生活需要和不平衡不充分的发展之间的矛盾。中国社会主要矛盾的变化，是中国特色社会主义进入新时代的重要依据；也是新时代更好开展工作，推动中国特色社会主义事业更好发展的重要依据。中国式现代化就是要化解这一社会主要矛盾，努力解决发展不平衡不充分的问题，不断满足人民日益增长的美好生活需要。

在广泛的社会民生领域，我们对收入分配、就业、教育、社会保障、医疗卫生、住房保障等做出一系列重要改革，推出一系列重大举措，注重加强普惠性、基础性、兜底性民生建设，推进基本公共服务均等化。建立体现效率、促进公平的收入分配体系，调节过高收入，取缔非法收入，增加低收入者收入，稳步扩大中等收入群体，推动形成橄榄型分配格局。实施就业优先政策，推动实现更加充分、更高质量就业。深化教育教学改革创新，推进义务教育均衡发展和城乡一体化，全面推行国家通用语言文字教育教学，规范校外培训机构，积极发展职业教育，推动高等教育内涵式发展，培养德智体美劳全面发展的社会主义建设者和接班人。建成世界上规模最大的社会保障体系，十亿两千万人拥有基本养老保险，十三亿六千万人拥有基本医疗保险。全面推进健康中国建设，坚持预防为主的方针，深化医药卫生体制改革，引导医疗卫生工作重心下移、资源下沉，及时推动完善重大疫情防控体制机制、健全国家公共卫生

①　习近平：《高举中国特色社会主义伟大旗帜　为全面建设社会主义现代化国家而团结奋斗——在中国共产党第二十次全国代表大会上的报告》，《人民日报》2022年10月26日第1版。

应急管理体系，促进中医药传承创新发展，健全遍及城乡的公共卫生服务体系。坚持房子是用来住的、不是用来炒的定位，加快建立多主体供给、多渠道保障、租购并举的住房制度，加大保障房建设投入力度，城乡居民住房条件明显改善。

中国式现代化是多层次、全方位的现代化。中国人口规模巨大，区域之间、城乡之间、行业之间的收入差距明显，经济社会文化发展水平差别较大，社会公共服务供给差异也较大，这些直接影响人民群众的获得感、幸福感、安全感。具体到社会民生领域，更好的教育、更稳定的工作、更满意的收入、更可靠的社会保障、更高水平的医疗卫生服务、更舒适的居住条件、更优美的环境，都是人民群众热切关注的内容，也是衡量现代化发展水平的重要指标。中华文明传统讲"正德利用厚生""经世济民""通商惠工"，出发点和落脚点都是为了老百姓更好地生活。作为中华文明新形态的基本内涵的现代化，中国式现代化正是对这一价值理念、社会治理方式的创造转化和继承发展。从整体和总体上看，中国式现代化的特色集中表现为五个方面："人口规模巨大的现代化"；"全体人民共同富裕的现代化"；"物质文明和精神文明相协调的现代化"；"人与自然和谐共生的现代化"；"走和平发展道路的现代化"。[①] 在中国共产党的坚强领导下，国家的富强逻辑、民族的振兴逻辑、人民的幸福逻辑三者相辅相成，从根本上都服从于、服务于人民的幸福逻辑。

二　中国式现代化坚持人民主体地位的实践地位

习近平总书记指出："人民是历史的创造者，人民是真正的英雄。"[②] 唯物史观认为，人民群众是历史的创造者，是历史创造的主

---

① 习近平：《高举中国特色社会主义伟大旗帜　为全面建设社会主义现代化国家而团结奋斗——在中国共产党第二十次全国代表大会上的报告》，人民出版社 2022 年版，第 22—23 页。

② 《习近平谈治国理政》第 3 卷，外文出版社 2020 年版，第 139 页。

体。恩格斯说，如果要去探究"历史的真正的最后动力""那么问题涉及的，与其说是个别人物，即使是非常杰出的人物的动机，不如说是使广大群众、使整个整个的民族，并且在每一民族中间又是使整个整个阶级行动起来的动机；而且也不是短暂的爆发和转瞬即逝的火光，而是持久的、引起重大历史变迁的行动"①。广大群众即"整个"的民族或阶级，他们的动机和行动直接体现了历史的必然性。也就是说，人民群众在历史发展中起决定性作用。这正如毛泽东指出："人民，只有人民，才是创造世界历史的动力。"② 人民群众是中国式现代化的实践主体，我们要坚持人民主体地位。

在人类历史发展中，人民群众的生产实践活动构成整个社会生活的基础。马克思在《关于费尔巴哈的提纲》中以人的"感性活动"为基础，重新思考人的存在方式，实现了哲学观的"实践"革命。进而，马克思、恩格斯在《德意志意识形态》中强调物质生产活动是人类社会及其历史发展的基础，形成了唯物史观的基本观点。人民群众既是社会物质财富的创造者，也是社会精神财富的创造者。中国式现代化要坚持人民群众的主体地位，尊重人民群众的首创精神，充分发挥人民群众的积极性、主动性、创造性。在中国共产党的领导下，人民群众既是革命、建设和改革的主体，同时也是共享革命、建设和改革成果的主体。坚持人民主体地位，就是要坚持过程与结果相一致，鼓励大众创业、万众创新，充分激发人民群众的热情、智慧和无穷力量，不断实现好、维护好、发展好最广大人民群众的根本利益。

在中国的现代化进程中，无论是在革命、建设、改革年代还是在新时代，人民群众都是推动历史发展的决定性力量。从普遍意义看，现代化的过程就是马克思、恩格斯所指出的"历史向世界历史

---

① 《马克思恩格斯选集》第 4 卷，人民出版社 2012 年版，第 255—256 页。
② 《毛泽东选集》第 3 卷，人民出版社 1991 年版，第 1031 页。

的转变"① 过程，是人类社会从传统的农业文明向现代的工业文明转变的过程。对近代以来的中国来说，现代化最初是被动地纳入"世界历史"，处于"东方从属于西方"② 的局面。这决定了中国的现代化以争取民族独立为首要任务。新民主主义革命时期，中国共产党团结带领中国人民，推翻了帝国主义、封建主义、官僚资本主义"三座大山"，建立了人民当家作主的新中国，为中国的现代化创造了根本社会条件。社会主义革命和社会主义建设时期，中国人民在一穷二白的基础上，独立自主地建立起比较完整的工业体系和国民经济体系，逐步形成了实现"四个现代化"的宏伟蓝图。改革开放以来，从农民自发包产到户，开启家庭联产承包责任制改革，到确立社会主义市场经济改革方向，国有经济、民营经济等多种所有制经济共同发展，我们制定了到二十一世纪中叶分三步走、基本实现社会主义现代化的发展战略，成功开创了中国特色社会主义。党的十八大以来，中国共产党团结带领中国人民，统筹推进"五位一体"总体布局、协调推进"四个全面"战略布局，党和国家事业取得历史性成就、发生历史性变革，中国人民和中华民族迎来了从站起来、富起来到强起来的伟大飞跃，"世界历史"正在发生全局性和根本性的转变，呈现"东升西降"的总体特征。

中国人民是中国式现代化的实践者。毛泽东说，革命不是请客吃饭。习近平总书记指出，"中华民族伟大复兴，绝不是轻轻松松、敲锣打鼓就能实现的"③。革命是干出来的；全面建成小康社会是干出来的；全面建设社会主义现代化强国也要依靠实干才能成功。我们务必在学习和工作中不断增强干事创业的能力和本领。每一种职

---

① 《马克思恩格斯选集》第 1 卷，人民出版社 2012 年版，第 169 页。
② 《马克思恩格斯选集》第 1 卷，人民出版社 2012 年版，第 405 页。
③ 习近平：《决胜全面建成小康社会　夺取新时代中国特色社会主义伟大胜利——在中国共产党第十九次全国代表大会上的报告》，人民出版社 2017 年版，第 15 页。

业都值得尊重，每一份工作都值得认真对待。我们不仅要"干一行、爱一行"，而且要"精一行、钻一行""衣带渐宽终不悔，为伊消得人憔悴"，要敢于创新、善于创新，在现代化潮流中引领各领域各行业发展。"越是伟大的事业，越充满艰难险阻，越需要艰苦奋斗，越需要开拓创新。"① 随着中国的现代化进程不断向前推进，我们更要准确识变、科学应变、主动求变，敢做新时代的追梦人，就一定能够创造出更多令世界刮目相看的人间奇迹。

新征程上，在中国共产党领导下，全体中华儿女团结奋斗，共同开创美好未来。习近平总书记指出："人民既是历史的创造者、也是历史的见证者，既是历史的'剧中人'、也是历史的'剧作者'。"② 在新的历史条件下，必须紧紧依靠人民，广泛动员和组织人民投身到党领导的中国特色社会主义伟大事业中来。中国共产党根基在人民、血脉在人民、力量在人民。正如北京冬奥会、冬残奥会主题口号"一起向未来"，中国式现代化赖以依靠的主体力量是十四亿多中国人民及海内外广大的中华儿女，包括全体社会主义劳动者、社会主义事业的建设者、拥护社会主义的爱国者、拥护祖国统一和致力于中华民族伟大复兴的爱国者的联盟。我们坚持大团结、大联合，广泛凝聚共识，广聚天下英才，寻求最大公约数、画出最大同心圆，汇聚起实现民族复兴的磅礴力量。

三 中国式现代化规范和引导资本健康发展

对现代社会来说，资本是一个核心概念。马克思、恩格斯在分析"历史向世界历史的转变"时指出，这归根结底受"世界市场的

---

① 习近平：《更好把握和运用党的百年奋斗历史经验》，《人民日报》2022 年 7 月 1 日第 1 版。

② 《习近平总书记重要讲话文章选编》，党建读物出版社、中央文献出版社 2016 年版，第 191 页。

力量的支配"①。而支配"世界市场"的力量就是资本。在西方话语体系中，现代社会就是资本主义社会；现代化就是西方现代化（亦即资本主义现代化）。资本是资本主义社会的支配力量；西方现代化是以资本为中心的现代化。资本具有自然属性和社会属性的双重属性。前者具有增殖性、竞争性、扩张性等特点，参与生产过程并创造财富；后者特指资本背后所隐藏的资本主义生产关系。马克思批判的重点是资本的社会属性。

在资本主义社会，资本家只是资本的人格化，"他在衣袋里装着自己的社会权力和自己同社会的联系"②。在西方现代化条件下，资本是用"物"的外壳、等价交换的抽象价值形式掩盖着的资产阶级与无产阶级之间剥削与被剥削的生产关系，"这种普遍的对象化过程，表现为全面的异化"③。并且，资本主义生产方式的固有矛盾，在多轮科技革命的助推下，呈现"加速运动"。"生产资料的集中和劳动的社会化，达到了同它们的资本主义外壳不能相容的地步。这个外壳就要炸毁了。资本主义私有制的丧钟就要响了。"④ 以资本为中心的西方现代化，没有未来。

现时代，社会主义与资本主义两种社会形态共存，中国式现代化与西方现代化两种现代化形态共存，围绕"资本"呈现出两种不同路向。中国式现代化以社会主义市场经济的方式，通过改变、调整生产关系，用公有制及其资本形态扬弃传统的资本逻辑，逐步实现对资本主义生产方式和西方现代化的内在性超越。社会主义市场经济的理论逻辑和实践逻辑，既不是西方自由主义经济学的"资本利润"逻辑；也不是传统马克思主义纯粹的"资本批判"逻辑，而是与中国特色社会主义初级阶段发展相适应的"驾驭资本"逻辑。

① 《马克思恩格斯选集》第 1 卷，人民出版社 2012 年版，第 169 页。
② 《马克思恩格斯全集》第 30 卷，人民出版社 1995 年版，第 106 页。
③ 《马克思恩格斯全集》第 30 卷，人民出版社 1995 年版，第 480 页。
④ 马克思：《资本论》第 1 卷，人民出版社 2004 年版，第 874 页。

中国式现代化是以人民为中心而不是以资本为中心的现代化，是驾驭资本、利用资本为人民创造价值、创造福祉的现代化。

唯物史观认为，生产力和生产关系的关系并非线性决定论，在具体的国家形态中生产关系发挥的实际作用比生产力要复杂得多。从"生产力—生产关系—国家"关系链看，生产力强调的客体性逻辑与国家强调的主体性逻辑，可以通过生产关系的主—客体性逻辑发生作用。也就是说，一个生产力发展水平相对落后的国家，可以通过变革生产关系的方式、采用先进国家形态的方式，推动社会生产力的追赶和跨越式发展，这也是马克思"跨越卡夫丁峡谷何以可能"的基本逻辑。马克思主义揭示了经济与政治之间是决定与被决定、作用与反作用的关系，经济是政治的基础，政治是经济的集中体现，两者之间是一种互相依存、互相促进，又互相对立、相互制约的辩证关系。中国式现代化有效利用了经济与政治的辩证统一，能够充分发挥"经济和政治两个方面的优势"。

中国式现代化是社会主义性质的现代化。这表明从根本上不同于西方现代化，变革了生产资料所有制形式，换言之，现代化的"大前提"和"基础"发生了彻底改变，完全能够"防止"和"斩断"资本的社会属性，完全有条件、有能力驾驭资本。从实际情况看，改革开放以来，中国社会主义市场经济快速发展，激活了"资本的文明面"，同时资本惯有的"坏毛病"也有所显现。由于认识不足、监管缺位，一些领域出现资本无序扩张，甚至干预政治和影响舆论的现象。党中央明确强调为资本设置"红绿灯"，防止资本野蛮生长，对资本干预政治和舆论的冲动要设置"禁区"。规范和引导资本，更好地发挥资本的自然属性，即作为社会主义市场经济重要生产要素的功能。习近平总书记指出："在社会主义条件下发展市场经济，是我们党的一个伟大创举。"① 中国式现代化是"有效市场"

---

① 《习近平关于社会主义经济建设论述摘编》，中央文献出版社 2017 年版，第 64 页。

和"有为政府"的辩证统一，既发挥了市场经济的长处，又发挥了社会主义制度的优势，适应和促进社会生产力的发展，维护和实现绝大多数人的根本利益。中国式现代化为人类社会走出以资本为中心的西方现代化困境，给世界上那些既希望加快发展又希望保持自身独立性的国家和民族提供了新选择。

中国式现代化是中国特色的现代化。中国式现代化具有"社会主义性"和"中国性"的双重属性，既是社会主义的现代化，也是中华文明的现代化。传统中国的一个突出特征在于，以"大一统"为根本的政治组织原则，以政治来安顿其他经济社会文化等要素。与西方的政治和经济相分离不同，在东方尤其是中国，经济活动从来就被定义为国家责任的内在部分，国家把推动经济发展作为己任，同时也从中获得政权统治的合法性。当然，古代社会的皇权制度使"大一统"格局难以充分展现，"家天下"压抑了"大一统"内在的"公天下"的价值诉求。中国共产党团结带领中国人民走出的中国式现代化，真正实现了人民当家作主，真正解放了"大一统"内在的"公天下"的价值主张；能够集中力量办深入民心的大事，使国家意志始终围绕着中华民族根本利益而运行；真正形成了"大一统"政治原理与"天下一家"政治理想的内在一致。坚持党的领导，是对中华文明"大一统"政治传统的创造性转化和创新性发展。

中国是在"一穷二白"的基础上发展起来的，和西方发达国家相比，我们经历了长时间的"跟跑"，到"并跑"，再到现如今在许多领域许多方面"领跑"，充分体现了社会主义的制度优势，充分体现了经济和政治相互作用的优势。改革开放以来，中国现代化进程快速发展。党的十八大以来，中国经济社会各项事业取得新的历史性成就。目前，中国的国内生产总值突破百万亿元大关，稳居世界第二，人均国内生产总值超过一万美元，国家经济实力、科技实力、综合国力跃上新台阶。当前，随着以人工智能、虚拟现实、大数据、云计算、量子通信等为代表的新科技蓬勃发展和广泛运用，第四次科技革命正带领人类进入智能时代，并且这种发展速度呈指数倍增。与历史上的科技革命、工业革命相比，第四次科技革命带来人类社会的革命性变化，包括生产生活方式、价值观和伦理生活的革命性变化，是前所未有的。对中国来说，这既是时不我待，也是责无旁贷。中国式现代化只有掌握第四次科技革命的主导权，才能为中华民族伟大复兴提供更坚实的物质基础和更强大的科技动力。

四　中国式现代化逐步实现全体人民共同富裕

现代化是一个长期的实现过程，不可能一蹴而就，不可能寄希望于"一口吃成个胖子"。在战略部署上，现代化要有步骤、分阶段进行，防止"一锅粥"。党的十八大以来，中国式现代化正经历从彻底消除绝对贫困到全体人民共同富裕取得更为明显的实质性进展，从全面建成小康社会到全面建设社会主义现代化国家的伟大过程。

中国式现代化历史性地解决了绝对贫困问题，创造了人类减贫史上的奇迹。"小康不小康，关键看老乡。"中国的现代化发展，短板在农村，弱项在农村。彻底消除绝对贫困是全面建成小康社会的基本要求。党的十八大以来，全国八百三十二个贫困县全部摘帽，十二万八千个贫困村全部出列，近一亿农村贫困人口实现脱贫。这是中华民族发展史上的丰碑，这是人类发展进程中的传奇。我们提前十年实现联合国《2030 年可持续发展议程》减贫目标，为人类福祉改善作出了卓越贡献。彻底消灭绝对贫困，充分彰显了中国特色社会主义制度的优势，充分彰显了对实现人的全面发展和全体人民共同富裕的远大追求。这既是中国式现代化创造的伟大成绩，也为中国式现代化独立自主地继续往前推进创造了条件。

中国式现代化顺利实现"第一个百年奋斗目标"，全面建成小康社会，使发展成果更多更公平惠及全体人民。二十世纪七十年代末八十年代初，邓小平同志在规划中国经济社会发展蓝图时提出"小康社会"战略构想。"进入新世纪，我国进入了全面建设小康社会，加快推进社会主义现代化的新的发展阶段。"① 党的十八大首次提出"全面建成小康社会"，习近平总书记站在党和国家发展全局的高度，围绕全面建成小康社会提出了一系列新理念新思想新战略。充分保证人民平等参与、平等发展权利，维护社会公平正义，在学有所教、劳有所得、病有所医、老有所养、住有所居上持续取得新进展，在经济社会不断发展的基础上，朝着共同富裕方向稳步前进。在这方面，浙江走在全国前列，而德清又走在浙江前列。2021 年 6 月 10日，《中共中央　国务院关于支持浙江高质量发展建设共同富裕示范区的意见》发布，支持鼓励浙江先行探索高质量发展建设共同富裕示范区。这既是对已有成绩的高度肯定和认可，也是对未来更好发展的高度信任和期待。

中国式现代化不断推动全体人民共同富裕取得更为明显的实质性进展。实现共同富裕是中国特色社会主义的本质要求。党的十九届五中全会提出了到二〇三五年基本实现社会主义现代化远景目标，"人民生活更加美好，人的全面发展、全体人民共同富裕取得更为明显的实质性进展"②。就如何实现这一目标，习近平总书记指出："坚持以人民为中心的发展思想，在高质量发展中促进共同富裕，正确处理效率和公平的关系，构建初次分配、再分配、三次分配协调配套的基础性制度安排，加大税收、社保、转移支付等调节力度并提高精准性。"③ 社会主义作为一种先进的社会形态，一方面要创造更发达的社会生产力、更丰富的社会财富；另一方面要体现更高级的社会理想、价值旨趣。改革开放以来，效率和公平的关系，经历了效率优先、兼顾公平，到合理平衡效率和公平，再到发展成果更多更公平惠及全体人民的演变过程。中国式现代化坚持以人民为中

---

① 《十五大以来重要文献选编》（下），人民出版社 2003 年版，第 2412 页。

② 《中国共产党第十九届中央委员会第五次全体会议文件汇编》，人民出版社 2020 年版，第 7 页。

③ 习近平：《扎实推动共同富裕》，《求是》2021 年第 20 期。

心，坚持高质量发展，坚持物质文明和精神文明协调发展，坚持人与自然和谐共生，不断促进全体人民共同富裕。

马克思在德国，马克思主义事业在中国。《共产党宣言》指出："代替那存在着阶级和阶级对立的资产阶级旧社会的，将是这样一个联合体，在那里，每个人的自由发展是一切人的自由发展的条件。"①一百多年来，中国共产党团结带领中国人民取得了新民主主义革命、社会主义革命和建设、改革开放和社会主义现代化建设、新时代中国特色社会主义的伟大成就，成功走出一条符合中国具体国情和中华文明传统的现代化道路。更有意义的是，当今世界正处于百年未有之大变局，中国式现代化具有超越西方现代化的可能性和现实性，具有为发展中国家提供另类选择的可能性和现实性，为实现"人的全面发展"和人的解放提供了中国方案。

---

① 《马克思恩格斯文集》第 2 卷，人民出版社 2009 年版，第 53 页。

中国式现代化与中国形象的再塑造

刘森林

刘森林，山东大学哲学与社会发展学院院长，教育部长江学者特聘教授

现代化最早起源于欧洲，起初只是一个西方现象。现代化话语体系是由欧洲知识分子构造的。随着现代化的世界性传播，不单是经济、社会层面的现代化传播到世界各地，现代化的话语体系也随之传播到世界各地。在现代化的传统话语体系中，中国的形象是被塑造的，被最早构造了经济社会现代化的国家的知识分子们塑造并传递给我们的，不是我们自己主动塑造的。而被塑造的中国形象基本上是按照传统和现代的这个简单二分框架，把中国归到一个非常传统的框架之中而确立的。根据这种框架，非西方社会都是前现代的，即使不是完全的野蛮，也至多是一种未达到西方现代文明高度的"半文明"，最多处于向西方现代文明进化的某种路途之中，如果没有西方现代文明的引导和促动，是不会发展到西方现代文明水平和高度的。由此出发，这种状态的国家迈向现代文明的道路就是改弦更张，封存甚至否定自己的传统，更快、更彻底地接受西方现代文明，根据西方现代文明的要求对自己的传统进行激进的改造，才能有效地促进本国的现代化。按照这种逻辑框架，激进地否定本国的传统，往往被设想成走向本国现代化的基本前提要求。

这一点由于以下这一事实进一步加强了。我们知道，欧洲许多国家的共产党是作为最激进的一个派别从无产阶级政党中独立出来的，他们的理论和策略往往非常激进、前卫，很容易"把自己的愿望，把自己思想上政治上的态度，当做了客观现实"，好高骛远、不切实际。中国共产党在制定自己的革命理论和革命策略中也一度受到这种激进性策略的影响，由此造成重大的损失，走了一段弯路。中国共产党及时调整革命理论和策略，通过以农村包围城市的中国式理论，找到了切合中国实际的革命路线和道路，取得了中国革命的胜利。可以说，社会主义革命在中国的成功是由于中国共产党即使找到了适合中国实际的"中国式革命"理论和策略，摆脱了机械照搬欧洲、俄国共产党理论策略的错误做法。

可以说，中国社会主义革命的成功，是面对西方的我们在中国式话语建构中所取得的第一个重大成果。接下来中国的社会主义现代化建设，仍然面临摆脱西方的话语体系，建构适合中国实际的社会主义现代化话语体系，找到适合中国的社会主义现代化之路的重大任务。这是中国式现代化要解决和正在解决的问题。

要解决这样一个问题必须要主动地反思和改变西方现代化话语对中国形象的他造性，自己主动探寻适合自己的现代化道路和策略，并在这个基础上主动构建崭新的中国形象。

我们知道，在欧洲启蒙运动之初，在英国、法国这样现代化最早取得成功的国家里，中国一开始是以正面的形象出现的。欧洲启蒙运动之初，"中国知识和思想在启蒙运动中引起了巨大的思想震动"①，"但启蒙话语最后形成的中国形象并不好。欧洲启蒙运动之前和初期，中国思想曾对启蒙运动中的多种思想产生了不可忽视的影响，比如古典政治经济学的'自由放任''看不见的手'与儒家和道家的'无为而治'具有密切关系，中国传统思想对欧洲近代哲学和社会主义理论也具有多种方式的影响"②。在启蒙运动同时或随后发生的工业化、现代化成就的映衬下，启蒙运动塑造的中国形象逐渐发生了根本的转变。"中国"形象里不再有汉唐宋时期的那种包容、开放、道统与政统的平衡等正面性，反而被专制、封闭、僵化、暴力、重农抑商等负面性快速替换掉了。与之相适应，中国思想的

---

① 张西平、李颖：《启蒙的先声：中国文化与启蒙运动》，北京大学出版社 2020 年版，第 9 页。

② 参见刘森林《汉语哲学与新文科：一种中国性的建构》，《新文科理论与实践》2022 年第 2 期。

高度与深度也就逐渐丧失掉了，中国社会所具有的那种创造性能力也被否定和遮蔽了。在欧洲启蒙运动大约短短的五六十年期间，中国形象就发生了根本性的变化，从正面形象转向负面形象，使得中国在世界现代化体系当中的这种形象要靠长期、诸多的努力才能改变。中国的现代化建设不断地取得成就在不断地改变着这种形象，但是这种形象的根本改变不能仅仅是通过经济社会政治的成就来改变，更需要思想、理论上的长期努力，需要我们知识分子的工作，需要我们主动地做出反思和改变。

按照杜赞奇的说法，亚欧大陆上的农业文明和工业文明一直都是某种程度一体化发展的，工业文明发生的时候也是一体化的发展体系，亚欧大陆不同的文明之间长时间来看是有明显的相互"往来"和"流转"的。"迦太基、腓尼基贸易者、波斯、埃及、印度，特别是中国和伊斯兰世界在西方历史中起到的作用，都超过了任何最激进的历史分析所承认的程度。因此，虽然不可否认十八世纪后期的工业革命是一项欧洲的成就，但理解这场革命却离不开这个大背景：在中国发展出的纺织、陶瓷和纸张以及在印度发展出的棉花的'产业化、机械化和大规模生产'后来被西方和近东所采用。"① 欧亚大陆早就是一体化发展；不能孤立地看待一个国家的发展。必须超越近代欧洲现代化后影响日益扩大的那种局限在单一民族国家内看待现代化发展的局限性做法，在一个日益复杂和一体的全球性格局中看待现代化发展才是合理的。由此，欧美现代化发展之初、之中建构的现代化话语把上述在更大范围被观视才能有效呈现的相互"往来"和"流转"的事实，都被西方的现代话语有意识或者无意识地遮蔽掉了。对此，在中国式现代化在经济社会各方面取得更大进展的情况下，我们必须自觉地进行反思和塑造。

在中国现代化的早期阶段，甚至 20 世纪 80 年代初，认为现代

---

① ［美］杜赞奇：《全球现代性的危机——亚洲传统和可持续的未来》，黄彦杰译，商务印书馆 2017 年版，第 88—89 页。

化就是把中国变成一个西方式的国家，是占主导地位的一种观点。现在我们认为中国式现代化不是把中国变成一个西方式的国家，而是让中国回到传统中国发展的大道中去，不是原来的传统文明发展的大道，而是吸收了现代西方文明的成就，并对其加以社会主义改造和提升后的中华民族现代文明大道。在吸收中华文明优秀传统基础上，按照约束和反对资本主义，提升社会主义这样一个内在要求，进一步产生的一个发展道路。这个发展道路至少融合了中国优秀传统、现代化的普遍和一般要求、超越资本主义的社会主义本质要求三种因素，并在此基础上进行创造性转化、创新性发展的结果。这在某种意义上是向被拓宽了的中华发展大道的回归，是对现代化一般道路的中国式改造和拓展，是对资本主义现代化的社会主义改造，是中华民族现代文明的进一步提升和创造。从此新角度来看，我们就可以自动发掘中国传统中有利于中国式现代化，有利于社会主义新文明建构的那些因素。

西方第一位来到中国的大哲学家罗素，1921 年 7 月 6 日在教育部会堂做了离开中国前的最后一次演讲《中国到自由之路》。他在这个演讲中强调中国不要照搬西方，也不要学俄罗斯，要保持自己的和平传统，清除西方资本主义的瘤毒，保留中国传统的善良，不要掉到西方功利主义和战争的逻辑里面去。后来罗素曾比较中国与日本，主张中国要保存顺从和爱好和平的天性，不要像日本那样把西方现代化的物质至上主义跟传统的军国主义结合起来，而是要把工业文明与中国的和平传统、善的伦理结合起来。日本既学习了西方的技术和物质文化又保留了自己的（不好）传统，中国为什么不能把物质—技术的成就与本国的好传统结合起来呢？20 世纪 50 年代罗素给周策纵的信中明确说，"我了解中国已经决定要尽速工业化。世界上所有工业落后地区也正在进行工业化"[1]。这是不可逆转的。罗

---

[1] 周策纵：《五四运动史》，陈永明、张静译，世界图书出版公司 2016 年版，第 235—236 页。

素对此没有异议。有异议的是工业化是不是必然采取西方的形式？罗素注意到，中国人身上有一些抵御世俗财富和权力的优雅与艺术气质。他担忧，中国人的这些美德会不会在现代化过程中丧失掉？会不会流传下去？"抑或，中国为了生存下来，反而不得不去选择那些损人利己的恶德？"① "那样的话，徒增一个浮躁好斗、智力发达的工业化、军事化国家而已，而这些国家正折磨着这个不幸的星球。"② 遗憾的是，罗素没能看到中国式现代化的成就，不能看到中国式现代化对西方式现代化那种战争模式的拒斥，并且进一步在兼善天下、多元并包、和而不同、协和万邦、共同构建人类命运共同体的历史伟业中发扬光大。就像习近平总书记指出的，中华传统文化中的"天下为公、民为邦本、为政以德、革故鼎新、任人唯贤、天人合一、自强不息、厚德载物、讲信修睦、亲仁善邻等，是中国人民在长期生产生活中积累的宇宙观、天下观、社会观、道德观的重要体现，同科学社会主义价值观主张具有高度契合性"③。"中国式现代化是走和平发展道路的现代化。我国不走一些国家通过战争、殖民、掠夺等方式实现现代化的老路，那种损人利己、充满血腥罪恶的老路给广大发展中国家人民带来深重苦难。"④ 无论是中国传统的再评估，还是中国式现代化开拓的现代化新路，都有助于重新打造新的中国形象。

欧洲的基督教是一种一神论文明，尊崇其他神灵的文明在基督教文明看来要么是有待归化、向着自己靠近、处于发展中低级阶

---

① ［英］罗素：《中国问题》，秦悦译，学林出版社1996年版，第2页。

② ［英］罗素：《中国问题》，秦悦译，学林出版社1996年版，第4页。

③ 习近平：《高举中国特色社会主义伟大旗帜　为全面建设社会主义现代化国家而团结奋斗——在中国共产党第二十次全国代表大会上的报告》，人民出版社2022年版，第18页。

④ 习近平：《高举中国特色社会主义伟大旗帜　为全面建设社会主义现代化国家而团结奋斗——在中国共产党第二十次全国代表大会上的报告》，人民出版社2022年版，第23页。

段的文明，要么是冥顽不化的野蛮。欧美一神论文明能够接受的差异也只是与其本质一致基础上的差异，它难以接受与自己根本不同的异样存在。与此相比，中华文明能够接受的多样性差异更为宽泛，中华文明具有更大的开放性和包容性。一种交流、互鉴、吸收、融通的包容性品格，早就潜存于中华文明的内在逻辑之中。凭着这种传统智慧，中国人"在数千年时间里，他们比世界上任何民族都更加圆满地将数亿的民众在政治和文化上团结了起来。他们显示了在政治和文化上进行统一的技术，并且具有难得的成功经验，而且这样的统一恰恰又是当今世界绝对需要的"①。跟西方世界自从罗马帝国解体之后形成民族主义而非世界主义的政治传统不同，中国的传统和治理智慧一直是奉行和而不同的"世界主义"。如果说欧美的传统是不断地"分"，中华文明的传统则是不断地"合"。所以，汤因比指出，"在现在的各个民族中，针对世界一体化这一避免人类集体自杀的唯一出路，用了两千多年培养了独特思维方法的中华思维方法的中华民族是准备得最充分的"②。中国的传统治理有一个很好的优点，治理一个地方没有必要让这个地方变得和治理者奉行的文明一样，完全可以在尊重当地文明传统的前提下完成。正是由于这一传统，汤因比断言，"未来统一全世界的既不是西欧国家，也不是西欧化的国家，恐怕会是中国"③。因为中国的治理有这样一个容纳多样性、团结和包容不同文化的传统。恰如朱云汉所言，"中国大陆传承了兼善天下的文化基因，中国知识精英阶层仍深受传统的天下观、义利观等思维方式和道德观念的影响，更愿意承担对于弱小者的扶持责任。同时，中国传统文化

---

① ［英］汤因比、［日］池田大作：《选择生命》，冯峰等译，商务印书馆2017年版，第354页。

② ［英］汤因比、［日］池田大作：《选择生命》，冯峰等译，商务印书馆2017年版，第354页。

③ ［英］汤因比、［日］池田大作：《选择生命》，冯峰等译，商务印书馆2017年版，第347页。

崇尚和而不同，包容并尊重多元宗教与文化，不强求价值标准齐一，不会制造文明冲突"①。跟西方传统动不动就诉诸战争，崇尚矛盾、纷争有利于发展不同，中国传统注重和合精神，注重和而不同基础上的协调合作。

在这个意义上，中国式现代化既是中华优秀传统文化的再创造，也是科学社会主义理论的再创造，是中华文明融合现代文明后的创造性转化、创新性发展，是超越资本主义的中国特色社会主义的新发展。

所以在目前这样一个中国式现代化的框架之中，我们再不能坚持那样一种激进的权威和落后的简单的二分框架，而要在一个扬弃它的更复杂的框架当中，重新审视传统中国的性质和作用，让它与现代文明的对接中按照社会主义的本质要求进行创造性转化和创新性发展，塑造一种更新的中华民族现代文明，重新打造崭新的中国形象，不断地摆脱早先西方现代化基于简单二元框架所塑造的那种中国形象。随着中国式现代化成就的不断提升，在这样一种框架内我们才能不断地改善和纠正西方现代化话语所塑造的那个不符合历史实际和现代实际的中国形象，恢复和进一步创造新的中国形象。

沿着这样的思路，传统中华文明本来具有的创造性活力可以通过恢复、激活并在与新引进的西方现代文明的融合中发扬光大，成就中华民族现代文明的新高度。汉、唐、宋的中国本有的那种开放、包容的普遍主义与世界主义品格，本来就是中华文明的内在品格。在遭遇草原文明、西域文明的挑战时，中华文明对外来文明的成功消化吸收，都壮大发展了中华文明自身，并完成了创造性转化和创新性发展。现在对西方现代文明的消化吸收，也完全可以按照这个逻辑，进一步恢复、发展中华文明，使其更加富

---

① 朱云汉：《全球化的裂解与再融合》，中信出版社2021年版，第291—292页。

有创造性活力。在这样的成就的基础上，主动打造中华民族现代文明的崭新形象，否定、替代西方传统现代化话语体系强加给文明的落后的"中国"形象，是我们必须主动承担和完成的思想任务。

普遍性和特殊性之争

——梁漱溟与毛泽东对于中国建国之路的不同认识（1911—1949）

干春松

干春松，北京大学中国儒学研究院副院长、哲学系教授

1893 年冬天，毛泽东出生于湖南韶山的一个小山村里；同一年，梁漱溟出生于北京。

与毛泽东生长在农村不同的是，梁漱溟出身于官宦家庭，其父是辛亥革命之后因对民国混乱失望而以身殉"诗礼纲常"的梁济。

1913 年，梁漱溟就接触到了幸德秋水的《社会主义之神髓》，对社会主义学说有所了解。这个时期毛泽东主要在湖南省立第一师范读书，并得到杨昌济的关注，且赞同梁启超、孙中山等人的思想。

1917 年，梁漱溟受蔡元培之聘到北京大学任教，同一年，毛泽东在《新青年》发表《体育之研究》。1918 年，毛泽东在湖南组织新民学会，展现出组织才能；同年，杨昌济受聘到北京大学教书，毛泽东也因组织新民学会赴法勤工俭学事到北京，并经杨昌济等推荐，在北京大学图书馆当助理。其间，毛泽东读到传播马克思主义的书籍，逐渐"建立了我对于马克思主义的信仰"。[①] 同在北京大学教书的杨昌济与梁漱溟关系密切，由此，毛泽东与梁漱溟相识。

1921 年，毛泽东参加了中国共产党第一次代表大会。毛泽东坚信在产业工人人数较少的中国，必须走农村包围城市的路线，因此，农村问题始终是毛泽东的思想基础。随后，毛泽东通过农村调查，形成了他对于农村阶级分析和暴力革命的理论。

梁漱溟虽在北京大学教书，但也自认为并非"学问中人"，而是

---

① "一九二〇年冬……我读了许多关于苏联的事情同时热烈地寻找当时中国所能见到的一点共产主义书籍。三本书特别深印在我的脑子里，并且建立了我对于马克思主义的信仰，我一旦接受它是历史的正确解释之后，此后丝毫没有过摇动。"参见〔美〕埃德加·斯诺《毛泽东自传》，载斯诺等著、刘统编注《早年毛泽东：传记、史料与回忆》，生活·读书·新知三联书店 2011 年版，第 21—22 页。

"问题中人"，他不满于陈独秀和胡适等人对中国文化的态度，其《东西文化及其哲学》所提倡的文化观所要对话的是《新青年》所倡导的"新文化"。不过，陈独秀回应说："梁漱溟所提出的三路向并非是文化的差异说，梁所关注的文化特性只是民族性而已；世界上的文明形态只有发展阶段的不同，并没有空间上的异同。"①

虽然一直生活在城市，但梁漱溟看到了改造农村对于建立新的国家的重要性。与毛泽东以阶级斗争理论为基础发动土地革命不同的是，梁漱溟试图从文化上来说明何以乡村建设是他心目中的"建国之路"。

1918 年之后，《新青年》开始传播马克思主义，李大钊等人坚信未来的中国将是"赤旗的世界"。而梁启超、梁漱溟等人对欧洲的精神并不抱乐观态度。梁漱溟从梁启超的《欧游心影录》以及欧美思想家的文明反思中，发现欧洲精神正在经历第一次世界大战带来的对科学主义和社会达尔文主义的批评，从而强调精神对于文明发展的重要性。这激励他重新找回东方文化的意义，来"拯救"西方的"科学破产"乃至文明破产。

1924 年，梁漱溟离开北京大学，辗转在河南、广东、山东等地或呼吁或实际从事乡村建设。其以《乡村建设理论》为代表的著作，对应的是国民党"平均地权"的农村政策和中国共产党（包括国民党左派）所开展的乡村革命。梁漱溟将这本书及相关的小册子在1938 年访问延安的时候带给了毛泽东，并引发了他们对于中国革命的特殊性和普遍性的争论。本文的论题就从梁漱溟对中国"独特性"的认识以及相关论述入手。

_____

① 陈独秀：《精神生活东方文化》，载任建树主编《陈独秀著作选编》第 3 卷，上海人民出版社 2014 年版，第 198 页。对梁漱溟这些从文化路向来瓦解进化历史观的方法，陈独秀甚至认为其对中国社会的害处要大于曹锟、吴佩孚这些军阀，因为"对陈独秀而言，那就导致革命队伍从内部分裂"，参见［日］沟口雄三《中国的冲击》，王瑞根译，生活·读书·新知三联书店 2011 年版，第 167 页。

一　中国的特殊性何在？

面对西方的挑战，无论欧化论者还是国粹论者，都在讨论中国的特殊性。就欧化论者而言，他们所关注的问题是中国缘何没有走上西方的道路。而国粹论者所担心的是中国欧化之后文明传统的沉沦。在戊戌变法前后这种分歧以"中体西用"论发展出一套调和论的思路。即通过对价值观和生产方式相分离的方式来解决学习西方的必要性和保存传统生活方式之间的冲突。

1911 年辛亥革命的胜利，使得"走向共和"成为举国之共识。但始于革命终于清帝逊位的妥协后果，使新生的民国成为政治体制和价值观念混杂的产物。以孙中山为代表的革命派的"共和"诉求和清廷在接受"共和"前提下的禅让，让民国政权具有"双重合法性"，即它既是革命派追求民主政治的成果，也是传统儒家的禅让理念和民本观念的现实版本。这种混合的政治理念与民国之后军阀混战、国家难以政权统一的政治现实之间存在着内在的关联。在梁漱溟看来，民国之后成立的新的国家有三大缺陷："第一，它不能应付国际竞争的环境，以减少外面的侵略压迫；第二，它不能防救天灾；第三，内战连绵不断，战争是常，不战是暂；或说是战争的休息，再战的预备。"[1] 一句话总结就是缺乏"国家能力"。

针对民国初年的乱象，守旧派批评共和政治"只破不立"造成政治能力缺失，而趋新派则认为传统的价值观阻碍了共和政治的落实。因此，支持共和政治的新文化运动将目标锁定在"政治化儒家"和作为"家族主义"价值根据的纲常伦理尤其是孝道上。

虽然新文化运动的主题从文学革命发展到后来的社会主义，但他们对儒家文化的批评和中国自身政治传统的否定是一致的。新文化运动内部的分裂并非是对中国自身传统的态度的分歧，而是在学

---

[1] 《梁漱溟全集》第 3 卷，山东人民出版社 2005 年版，第 323 页。

习欧洲还是追随苏联问题上的分歧。当时，批评新文化运动的声音也有很多，北京大学内部就有以《国故》为核心的保守主义阵营，另外还有《东方杂志》的杜亚泉和学衡派①。他们虽然不满意全盘西化的倾向，但也都没有给出一个新的文明发展的图景，来说明中国何以走出具有其独特性的社会发展路径。

与前述的思潮相比，梁漱溟的文化三路向理论是一种精巧又充满矛盾的体系。②

第一，梁漱溟有明确的对文化的定义，认为文化是"人们生活的样态"，生活样态取决于人内在的"意欲"，这就与当时流行的地理环境决定论甚至物质生产方式决定论等构成了对话关系。

梁漱溟反对地理环境决定论，认为人的生活样态并非单纯由其生活所处的地理环境所规定，不经过理智拣择的"直觉"是人们追求合理生活的依据。即使是作为人们行为准则的道德，它产生并成为我们行动的规则，也并非是有什么高深的理据，主要是基于直觉的冲动。"各时代各地方都有道德伦理等等的名词，但我们求其根本基础，差不多全在直觉，就是平常喜欢说的良心。"③ 他还认为，"我们从一种观察客观静理的方法，产出知识见解以为我们生活中的工具；许多常识和学术都是如此。但如见师当敬，出言必信之理则

---

① 杜亚泉所主张的是中西文明的调和，这遭到陈独秀的反驳；学衡派则主要受白璧德人文主义的影响，主要针对的是新文化运动的科学主义观念。

② 杨贞德说："梁漱溟在解释文化的性质和意义上，既抨击单线演化论，又难以完全排除其影响。这一现象同样见于他关于文化形成过程及其未来的说明。梁漱溟在提出文化由第一至第三路向循环演进时，清楚意识到实际的历史发展与此进程并不相合。他因此除了藉此否定单线演化论中所蕴涵的历史必然性之外，另且必须说明：何以实然的变化不曾依循所谓自然的路向？是否要使实然和自然的发展合而为一？如何能使二者合而为一？在这些部分，梁漱溟一方面以多元发展论解说西中印三文化的源起，另一方面则延续单线演化论的部分理路，指出西方和中国当前应取的走向。"参见杨贞德《转向自我：近代中国政治思想上的个人》，生活·读书·新知三联书店2012年版，第284—285页。

③ 《梁漱溟全集》第4卷，山东人民出版社2005年版，第671页。

非客观的静理，而为主观的情理。此理出于良知直觉，与知识见解由后天得来者根本不同"①。以良知来解释"直觉"，让梁漱溟的思想更具有"新心学"的意趣。②

第二，梁漱溟将他的文化多元论建立在多种文化比较的基础上，他从身心关系出发，将西方的"意欲向前"、中国的"持中"和印度的"向后"的生活方式通过身心关系的转移确定为历时性的连续的发展阶段。

关于文化发展的不同路向，是梁漱溟最受争议的理论"创构"。他以此来反对机械的历史决定论模式，但他的三路向的转折依然是"单线"的历史演化论。身心关系的转折背后也是遵循了历史决定论的模式，即他反对西方中心主义，却建立起西方—中国—印度的线性模式。不过，梁漱溟从身心关系来思考历史发展的观念与马克思的资本主义批判形成了共鸣。即梁漱溟也认为资本主义的生产方式是以物质欲望压制心灵的自由，从而陷入了身心关系的紧张，因此他呼唤礼乐文明时代的再度降临。马克思则是从"异化"的揭示出发，勾勒人充分实现自我的理想社会。在"未来"的时间维度上，强调精神对于历史发展之意义的梁漱溟和强调生产力发展来解决人与"物"矛盾的历史唯物主义产生了"共鸣"。在写于二十世纪六十年代的《中国——理性之国》一书中，梁漱溟认为中国的社会主义现实表明它具备为文明的未来提供榜样的文化力量。

第三，梁漱溟将西方文明的自我反省甚至将马克思的资本主义批评等结合起来，认为二十世纪二十年代的世界已经是文明模式转移的关键时刻。

梁漱溟并非简单地拒斥西方，他接纳科学和民主。他多次说到，

---

① 《梁漱溟全集》第 4 卷，山东人民出版社 2005 年版，第 719 页。

② 梁漱溟的新儒学或许也可以称为"新心学"，因为他不仅用良知来理解他所借以成为其文化观基础的"直觉"，而且他的乡村建设实践，也源自王艮等泰州学派的精神的现代发挥。

与西方相比，中国是农业国，但要让农业发达，就得依赖科学，"以前那样单靠有多大气力的手足及天然的风雨气候的农业，完全是靠天吃饭，一有天灾，毫无办法。所以就是要发达农业，所需要的器具机械即农业化学的学问，也非发达科学的工业不可"①。梁漱溟更指出，中国要发展工业以提升国家能力和人民生活。不过，梁漱溟虽然认为西方近代的生产力发展建构了民主的体制并促使科学飞速发展，但西方市场国家所采用的市场竞争的方式所造成的生产过剩、工人失业等一系列社会问题，则是中国工业化所要避免的。更为严重的是，这种片面追求利润的生产方式造成了西方人的精神痛苦。因此，中国不能简单地模仿西方的制度。梁漱溟说："西洋文化的胜利，只在其适应人类目前的问题，而中国文化印度文化在今日的失败，也非其本身有什么好坏可言，不过就在不合时宜罢了。人类文化之初，都不能不走第一路，中国人自也这样，却他不待把这条路走完，便中途拐弯到第二路上来；把以后方要走到的提前走了，成为人类文化的早熟。但是明明还处在第一问题未了之下，第一路不能不走，那里能容你顺当去走第二路？所以就只能委委曲曲表出一种暧昧不明的文化——不如西洋化那样鲜明；并且耽误了第一路的路程，在第一问题之下的世界现出很大的失败。不料虽然在以前为不合时宜而此刻则机运到来。盖第一路走到今日，病痛百出，今世人都想抛弃他，而走这第二路，大有往者中世[纪]人要抛弃他所走的路而走第一路的神情。尤其是第一路走完，第二问题移进，不合时宜的中国态度遂达其真必要之会，于是照样也拣择批评的重新把中国人态度拿出来。"②

第四，梁漱溟认为历史将建立新的文明模式的使命赋予了中国，而乡村建设则是这种模式的最佳切入途径。在梁漱溟这里，乡村建设不仅是一场建国运动，更是一次新文明模式的探索。中华民族需

---

① 《梁漱溟全集》第4卷，山东人民出版社2005年版，第690页。
② 《梁漱溟全集》第1卷，山东人民出版社2005年版，第526页。

要有此"自觉"。他说："所谓从民族自觉而有的新趋向，其大异于前者，乃在想世界未来文化开辟以趋，而超脱乎一民族生命保存问题。此何以故？以吾民族之不能争强斗胜于眼前的世界，早从过去历史上天然决定了，而同时吾民族实负有开辟世界未来文化之使命，亦为历史所决定；所谓民族自觉者，觉此也。"①

梁漱溟认为中国近代的问题是过度模仿西方的政治制度，其所以失败，当然有"物质"上的原因，比如广土众民、交通不便、工商业不发达，但更为根本的原因在于"精神气质"上的差异。梁漱溟认为他在《东西文化及其哲学》一书中的错误在于试图用中国文化的精神去补救西方制度之缺失，但根本的问题是中国有其自身的精神传统，比如不争、内省、协调而非牵制、"伦理责任"取代法律制约，因此在个人主义日益兴盛的今天，应当以非个人主义的伦理情谊作为制度的基础，并进一步开创"民族生命"的"新生机"。②

梁漱溟认为，近代以来中国民族自救的一个方向性错误是想建立一个接近西方的近代国家，"一反吾民族王道仁义之风，而趋于西洋霸道功利之途"③。即便如此，因为文化路向的差异，传统中国并非一个典型意义上的国家，传统中国乃是融国家与社会、以天下而兼国家，因此，中国缺乏掌控武力的阶级或政府。但旧中国很大，一个一姓一家的国家主体难以统治如此广大的国家，由此，武力与主体之间并不相称，因此中国文化主张修文偃武、道德为本。然而，在国际竞争的环境中，这样的理念已难以应对西方的武力挑衅，清政府便因此倒台。1911 年民国政府成立之后，武力依然寻不到主体，从而形成了军阀割据的局面。梁漱溟认为出路不是要为武力寻求主体，而是当真正的主体出现之后，武力就会出现。传统中国家庭独大，以伦理组织社会，消融了个体与团体的两端，因此中国人

---

① 《梁漱溟全集》第 5 卷，山东人民出版社 2005 年版，第 113 页。
② 《梁漱溟全集》第 5 卷，山东人民出版社 2005 年版，第 151 页。
③ 《梁漱溟全集》第 5 卷，山东人民出版社 2005 年版，第 109 页。

缺乏集团生活，也不能建立一个强有力的政权。

梁漱溟以八个字来概括中国社会的特点：伦理本位、职业分（立）途。即中国人以情理来认识这个世界，以伦理来组织社会；因为理性早启，以伦理代宗教，所以没有团体生活、没有阶级，故而社会成员以职业确定其身份。这样的社会既不可能建立起以民主和法制为基础的欧美式的现代国家，也不能建立起苏联式的以阶级斗争为社会机制的国家。有鉴于此，梁漱溟认为"乡村建设"是民族自救的唯一道路。他在《乡村建设理论》一书中着力阐发了这个认识。

二　乡村建设与梁漱溟的中国秩序原理

如果说《东西文化及其哲学》是梁漱溟反思现代性的理论建构，那么《乡村建设理论》则是梁漱溟试图给文明的第二种路向设计的路线图。更为复杂地说，他起笔于二十世纪二十年代，完成于二十世纪七十年代的《人心与人生》也是此路向的理论拼图之一。而在二十世纪三十年代中国乡村破败的大环境中，梁漱溟认为乡村建设才是培养新式政治习惯的入手处，也是他文明论现实化的试验地。

梁漱溟对中国近代以来暴力革命的发生有同情的理解，他认为二十世纪二十年代的反帝反封建的斗争有其必然性。首先，在海通之后，中国问题并非仅仅是中国人自己的问题，而是全球性问题的一部分。中国革命不是一个自下而上的自发的革命，而是在外力刺激下的被动的适应。"因为受了世界潮流的影响刺激后，上面先动起来而领导着下边去改革；而不是因为上面压迫下边，下边有了力量，于是奋起而推翻上边的一回事。"① 从近代的现实而言，中国要确立国家主权就必须要反抗资本帝国主义。其次，中国要让国内经济有所发展，就必须打倒军阀、建立有计划的革命的政党。梁漱溟认为

---

① 《梁漱溟全集》第 2 卷，山东人民出版社 2005 年版，第 228 页。

这些都是暴力革命发展的内在原因，若不明于此就反对暴力革命，终是隔靴搔痒而已。① 在梁漱溟看来，若要根除暴力革命，首先要找到暴力革命的根源并消除之，除此以外，就难以找到取代中国共产党通过农民运动来改造农村的途径。

梁漱溟之所以要亲力亲为地去乡村搞建设，也是看到民国政府所推行的包括"地方自治"运动的无效。他认为这一运动让政治权力扩展到乡村社会，这种对西方地方社会秩序的模仿事实上只增加了政府的财政负担并将之转嫁到农民身上，不可能真正改变农村秩序，反而加剧了农村的破败。梁漱溟甚至不赞成晏阳初等人的乡村建设实践，认为不能就乡村论乡村，而要从文明发展的路向来理解乡村建设，并将之视为建设新的中国政治社会秩序的一部分。"乡村建设运动，实为吾民族社会重建一新组织构造之运动。"② 此建设虽立基于乡村，但并非要把建设的重心完全回归乡村，而是从中概括出秩序原理，从而摸索出中国的社会建设之路。"所以乡村建设，实非建设乡村，而意在整个中国社会之建设，或可云一种建国运动。"③梁漱溟从乡村建设而概括并试图借助的秩序原理包括以下两方面。

（一）"理性"与贤能政治

梁漱溟之《乡村建设理论》一书是他以前对于中国问题之思考的系统性作品，因此他又将之命名为《中国的前途》，书中所讨论的许多问题是对他写作《东西文化及其哲学》和从事乡村建设以来许多思考的系统化，也是梁漱溟对鸦片战争以来中国人对于中国建立现代国家的探索实践的反思。他从理论和实践两方面否定了中国走西方道路、苏联道路和日本式后来居上道路的可能性，认为中国只能走自己的路。

在该书中，梁漱溟确立以"理性"为基础的分析中国社会的关

---

① 《梁漱溟全集》第 5 卷，山东人民出版社 2005 年版，第 126 页。
② 《梁漱溟全集》第 2 卷，山东人民出版社 2005 年版，第 161 页。
③ 《梁漱溟全集》第 2 卷，山东人民出版社 2005 年版，第 161 页。

键概念。① 他认为，与西方现代社会之建构立足于个人和法律不同的是，中国社会向来以礼俗和教化来维持秩序。从文化心理而言，此乃是一种"理性"，而非西方式的"算计"。梁漱溟赋予"理性"以独特的解释，认为理性即人情，"吾人所有平静通达的心理"② "要无外父慈子孝的伦理情谊，和好善改过的人生向上"③。由于理性早启，没有发展出团契式的宗教生活，由此造成的社会秩序短于团体生活而以家庭为本，在认知实践上则缺乏科学精神而被自然所宰制。

在中国社会中，家庭和宗族的伦理情谊生活是如此重要，以至于在社会形态上体现为伦理本位④、职业分立，这样的秩序具有持续性和稳定性。但此社会秩序在近代遭遇西方冲击的时候，却因为屡遭失败而失去了自信力，产生许多"自力破坏"，逐渐失去了文化自信。

梁漱溟将鸦片战争之后中国社会对西方的态度分为第一次世界大战前和第一次世界大战后，他认为第一次世界大战前是片面学习西方，但并没有获得日本式的成功。而第一次世界大战后，欧洲人开始了文明的自我反思，并出现了苏联的新政权，而中国在没有进入现代化的前提下，进行了现代性的反思，其反思的结果是反对个人主义和法制秩序，对农村进行革命，结果彻底破坏了中国的社会基础——伦理价值被否定，职业分立之社会亦遭崩解。"中国旧社会没有构成阶级，政治上是一人在上万人在下的局面。没有阶级，所以不能用武力统治，而只是以教化维持秩序；不好以法律强制，只

---

① 干春松：《梁漱溟的"理性"概念与其政治社会理论》，《文史哲》2018 年第 1 期。

② 《梁漱溟全集》第 2 卷，山东人民出版社 2005 年版，第 181 页。

③ 《梁漱溟全集》第 2 卷，山东人民出版社 2005 年版，第 186 页。

④ 总体而言，梁漱溟将中国传统社会定义为伦理本位社会，包括政治、经济、法律各个部分，比如财产上的家族共有；在人与人之间更主张义务而不是权利；相比个人自由，更注重集体的利益；看重贤能人士的作用；比起法治，更强调礼治的价值。

好以礼俗维持。"① 梁漱溟用"职业分途"来解释中国社会群体特性，这与毛泽东在《中国社会各阶级的分析》中以区分"敌我"为核心主题的阶级构成形成了鲜明的对比。因此，他的《乡村建设理论》实质上是要与毛泽东的农民革命理论进行"对话"。梁漱溟不赞成"乡村居民""农民""农工"这些对于乡村居民的称呼，还认为以压迫者和被压迫者来区分农村人群的构成并不合适。因为在民国之后，地主乡绅日渐逃离农村，留在农村的是"阶级不明，散散漫漫的中国人，其职业的或阶级的联系，远不如地方同乡里的关系之深，团结之易"②，故而不能将城市的阶级区分套用到农村。

　　《乡村建设理论》一书呈现了梁漱溟对于旧秩序崩坏和新秩序如何重建的思考。梁漱溟承认近代以来中国社会的变革导致了现代中国社会已经与传统社会之间有很大的变化。其具体表现为：（1）伦理本位的社会已经被破坏，使中国社会陷入价值矛盾之中。这种矛盾的关键是旧伦理被破坏，而新价值观建立不起来。（2）职业分立社会被破坏。这就是旧的农业社会被破坏，而工商业社会没有建立起来。因为没有阶级的存在，所以现代国家所需要的武力就只能委托给个人，这造成了军阀乱政，国家权力难以建立。究其原因是中国人受到外来压力的刺激之后，试图寻求变化以摆脱困境，但社会现实并不具备接受西方政治制度的基础，这造成了意识和现实之间的不匹配，失败是在所难免的。"西洋新兴阶级要求政权公开、自由平等，是事实上的需要；而在中国旧的秩序中，多数人正不必有此要求。这种要求，完全是一般知识分子的空想，与事实初不相干。事实如此，而要求如彼，秩序乃建立不起。民治不成功，再来一个党治；而党治也是从外来的，不与自家事实相符，故亦不成功。"③

---

　　① 《梁漱溟全集》第2卷，山东人民出版社2005年版，第221页。

　　② 《梁漱溟全集》第5卷，山东人民出版社2005年版，第216—217页。

　　③ 《梁漱溟全集》第2卷，山东人民出版社2005年版，第235页。

梁漱溟对乡村社会的认识与他的理论体系一样充满着自我矛盾的困境，比如：既然现代中国社会已不复伦理本位和职业分途的社会，那么缘何以传统的"理性"来否定阶级的存在和革命的合理性呢？既然承认城乡的差别，则也表明中国社会已经不复能从乡村得到完全的说明。

那么，如何解决中国的困境呢？梁漱溟提出了中西融合的思路。[①] 这个设想并非是重建乡村，而是要将中国固有的精神与西洋文化的长处进行具体事实的沟通、调和，他称之为"新礼俗"。这里面有几层问题值得我们反思，梁漱溟一直反对调和论，并认为中西属于不同的文化基础，因而秩序体系也自然不同。但在新礼俗的理念下，他认为中西之间可以达成实际的沟通，也就是从普遍性的原则上去发现中西秩序原理中的共同之处。比如，梁漱溟认为，中西同是人类，他们有许多共同的关切，导致他们能互相理解，而中西沟通让这种融合成为可能。再如，在西方的压迫之下，我们需要建立团体组织来与西方抗争，这使得素来没有团体组织的中国人，产生了建立团体的自觉需求。但梁漱溟认为中国要建立的团体并非是西方人建立在个人权利基础上的契约性团体，而是将中国传统的尊师精神扩展的政教合一的新团体。这种团体将是少数人领导多数人，从而避免互相制约所导致的团体品质低下。"因为智愚、贤不肖在人群里天然是有的；且从人生向上的意思来说，都应当把自己看做不如别人，必须时时求教于人，此时天然的就要走入少数领导的路，而非多数表决的路。"[②]

在这里，梁漱溟的思路体现出十分明显的贤能政治特色。他的论证是十分清晰的，他认为科学的进步导致社会事务的专门化，"将

---

① 梁漱溟在五四时期是不接受"调和论"的，但在乡村秩序建设的构想中，他其实体现出一定程度的"调和论"，但这种调和论既非中体西用论，也非西体中用论，而是中西融会基础上的"创造"。

② 《梁漱溟全集》第2卷，山东人民出版社2005年版，第283页。

不让从各地来的议员去讨论问题，去修正法条了；因为他们不是专家，若任其随便讨论，则势必大糟，所以必须有尊重学者，尊重专家的意思。由立法专门化，移到行政上去，就又有所谓技术行政"①。梁漱溟指出，政治事务的专业化客观上让现代政治与中国传统的"崇尚贤者"精神相符合，"中国与西洋不同：中国的科学不发达，可是它有一种对于人生向上，对于道德的要求；从这种要求出发，则要尚贤。中国不能有团体组织则已，如果有团体组织，那末，这个尚贤的风气仍要恢复，事情的处理，一定要听贤者的话"②。贤者就是智者，所以尚贤和尚智可以改变取决于多少人这种省事的办法。"一个团体，虽不必取决多数，可是并不违背多数；它正是一个民治精神的进步，而不是民治精神的取消。"③也就是说，在梁漱溟看来，贤能政治是对民治政治的补充，进而实现他所说的中西融合。梁漱溟对此冠之以"人治的多数政治"或"多数政治的人治"。"政治上的分别，不外多数政治与少数政治，我们现在的这种尊尚贤智，多数人受其领导的政治，自一方面看，的的确确是多数政治，因多数是主动，而非被动；但同时又是人治而非法治，因不以死板的法为最高，而以活的高明的人为最高。"④所以梁漱溟呼吁知识分子要下乡，要发挥传统社会中"士人"的作用，在知识上教育民众，在道德上成为民众的榜样。在他看来，"中国问题之解决，其发动的主动性以至于完成，全在其社会中知识分子与乡村居民团结在一起，并构成之一种力量。"⑤

（二）"以他人为重"与自由、平等、权利等观念的张力

梁漱溟的新政治习惯理论所要处理的中西融合还有"义务与权

---

① 《梁漱溟全集》第 2 卷，山东人民出版社 2005 年版，第 289 页。
② 《梁漱溟全集》第 2 卷，山东人民出版社 2005 年版，第 290 页。
③ 《梁漱溟全集》第 2 卷，山东人民出版社 2005 年版，第 290 页。
④ 《梁漱溟全集》第 2 卷，山东人民出版社 2005 年版，第 292—293 页。
⑤ 《梁漱溟全集》第 5 卷，山东人民出版社 2005 年版，第 210 页。

利""平等和差等""自由与制约"等问题，他在这些方面的论述都堪其最具有创造性的思想。

梁漱溟认为中西方对权利和义务的关系认识有很大差异。现代西方政治思想主张公民有天赋的权利，中国人则更为强调个人对团体的义务。伦理关系中的义务观念可以促进散漫的中国人走向团体生活，中国人并不主张自己的权利，而是强调自己的义务，"中西之所以不同，其分别点就是西洋人是自己本位，以自己作中心；中国则恰好掉过来以对方为重，话都是从对方来的，道理是从那里（非这里）讲的……从义来说话，则是我对你该当如何如何，从利来说，则是你对我该当如何如何"①。

对于平等问题，梁漱溟认为中国人的平等观与西方人从个人出发的平等观不同，而是承认知识上和血缘上的差等②，但"中国人则虽然有由尊亲长、尚贤智而来的等差，但与平等并不冲突，因为他心里最通达，故仍能承认平等；并且平等观念与中国人的心理最能相合"③。

对于自由，梁漱溟认为团体中的个体自由是西方近代文明的一大贡献，尤其是其对于公共领域和私人领域的区分确立了个人权利的基础。但这个观念对中国人而言，并没有激发出多大的波澜，因为中国传统社会十分散漫，所以自由观念传入中国并没有引发巨大的挑战。不过，强调个人权利神圣不可侵犯的观念也不符合中国传统的价值。梁漱溟认为西方的自由观念正在发生转变，已经开始意识到个人选择和团体利益的统一，个人主义发展到极端就会走入社会本位，并接受一定程度的社会干预的必要性。

---

① 《梁漱溟全集》第 2 卷，山东人民出版社 2005 年版，第 295 页。

② 梁漱溟认为两种差等必须承认："一种是从看重理性、尊尚贤智而来的等差；一种是从尊敬亲长而来的等差。"参见《梁漱溟全集》第 2 卷，山东人民出版社 2005 年版，第 296 页。

③ 《梁漱溟全集》第 2 卷，山东人民出版社 2005 年版，第 296 页。

　　值得注意的是，梁漱溟已然意识到"积极自由"和"消极自由"之间的差异，主张自由并非毫无约束，并认为政府对可能危害群体和破坏社会良俗的"自由"应该干涉。"许你自由，为的是要你向上，发挥你的长处，对社会有贡献，社会才能进步，你若违背了团体为希望发挥你的长处才许给你自由的意思，而许自由的时候，那么，团体就可以干涉你，不让你自由。"[1] 梁漱溟认为若是任由个人自由的泛滥，那么政治和教化的统一便无从着落。

　　在厘清了这些中西差异的基本理论问题之后，梁漱溟开始描述他理想中的中西融合的新社会组织。这样的组织建立在人与人互相理解、互相礼让的伦理情谊之上，目的是让每个人得到发展，并容纳西方社会强调团体生活及尊重个人、成员参与和财产的社会化优点，由此可以说为人类的文明开拓了一条新的道路。

　　梁漱溟认为这条新道路的入手处是乡村，但又不停留于乡村。乡村建设并非梁漱溟的核心目标，而是要以乡村作为基础来培育新的政治习惯。在梁漱溟看来，从家庭出发则范围太小，以组织国家为摹本则范围太大。而乡村社会的范围正好是人情社会的范围，而且农民相比于工商业者，不急于从效果来判别方法的对错。最关键的是，乡村是社会的本源，而都市是非自然生成的，是为了商业目的而建构起来的，而自然形成的秩序更适合成为新政治秩序的基础。

　　梁漱溟把乡村看作一个整体，其组织的基础是乡农学校，然后分化为四者：乡长、乡农学校、乡公所、乡民会议。梁漱溟认为经过这些培育过程，"在将来的时候，中国人一定有他所适用的一套政治制度；这个政治制度，我相信它全然不是西洋玩意。可是这个政治制度，只能从事实上去创造（并且亦是创造事实），才能慢慢创造出来，现在尚不能有"[2]。梁漱溟并没有提供一个明确的未来秩序的模型，而是为这个秩序的经济、社会组织如何运行提出了一系列具

---

[1] 《梁漱溟全集》第 2 卷，山东人民出版社 2005 年版，第 299 页。

[2] 《梁漱溟全集》第 2 卷，山东人民出版社 2005 年版，第 389—390 页。

体的构想。他以五点来说明何以乡村建设是矫正人类文明偏向的理由：（1）先农后工。即使人类已经发展到工业文明，但正常文明应该是农工平衡。（2）乡村为本，都市为末。即应以乡村的沉静来冲淡都市的焦虑。（3）人作为社会的主题，反对人为物所支配。（4）伦理本位的社会，反对极端个人主义或集体对个人的压制。（5）政治、经济和教育的结合。①

不过，梁漱溟的这些具体的政治、经济制度甚至金融支持谋划，更多的是一种带有想象色彩的设计。事实上，在当时的中国，这些设想并无落实的可能。梁漱溟也在1935年于乡村建设研究院的演讲中指出，乡村建设有两大难处：（1）高谈社会改造而依附政权。梁漱溟认为，社会改造若是依附政权，由此便难以从乡村建设出发来改造社会，而容易为政权所改造。（2）号称乡村运动而乡村不动。"本来最理想的乡村运动，是乡下人动，我们帮他呐喊。退一步讲，也应当是他想动，而我们领着他动。现在完全不是这样。现在是我们动，他们不动；他们不惟不动，甚且因为我们动，反来和他们闹得很不合适，几乎让我们作不下去。此足见我们未能代表乡村的要求！"② 很显然，梁漱溟从乡村建设的实践中看到了实现其理想秩序的困难。

三　梁漱溟对社会主义与唯物史观的认识

综上所述，笔者认为梁漱溟的乡村建设理论针对的是中国共产党的农村革命理论，在他的理由中，除了对中国文明的独特性之认知外，还以他所理解的唯物史观和社会主义理论作为理论武器。梁漱溟并不否定马克思的唯物史观在解释西方社会时的解释力，但对其解释中国社会的有效性持有怀疑。这种怀疑既是梁漱溟对历史发展的多样性的一贯立场所必然产生的，也是他探索中国特殊性的

---

① 《梁漱溟全集》第2卷，山东人民出版社2005年版，第558—562页。

② 《梁漱溟全集》第2卷，山东人民出版社2005年版，第575页。

动力。

（一）"生产力"和"精神力量"的双重决定论：梁漱溟对唯物史观的认识

梁漱溟的文化发展"三路向"说，是对进化主义的历史观以及唯物史观的一种理论反思的成果。他承认经济基础对上层建筑的影响，因而在一定程度上肯定了唯物史观的合理性。他说："若拿唯物史观来说明西方政治上社会上之'德谟克拉西'精神所从来，我只要问：如中国，如印度有像欧洲那样不断变迁的经济现象么？若承认是没有的，而照经济现象变迁由于生产力发展的理，那么一定是两方面的发展大有钝利的不同了。"① 梁漱溟据此认为，必然有一个影响生产力发展的因素，这个因素的存在说明生产力并不是决定社会变迁的最为终极的因素，"马克思主义说生产力为最高动因。这所以使生产力发展可钝可利的在哪里呢？还在人类的精神方面"②。

不过，梁漱溟还区分了"精神"和"意识"，这是对唯物史观的一种妥协性肯定。在他看来，物质决定意识是可以接受的，因为意识是没有力量的，而精神是独立发挥作用的。按照唯物史观，经济发展决定意识的程度，而经济发展的动力是人的"欲求"，这来自人的"精神"。"我以为人的精神是能决定经济现象的，但却非意识能去处置他。"③ 要探寻西方民主精神的源头，也要去探索其精神性的根源。正是因为"精神"因素的差异，中国、印度和西方走出了不同的方向。若是按线性的历史观，全球的文明都朝向一个方向前进，大家只是发展的快慢问题，但实质上，中、西、印走的是不同的路，"中国人不是同西方人走一条路线"；若是没有西方文化的接触，"那么无论走好久，也不会走到西方人所达到的地点上去的"。④

① 《梁漱溟全集》第1卷，山东人民出版社2005年版，第392页。
② 《梁漱溟全集》第1卷，山东人民出版社2005年版，第374页。
③ 《梁漱溟全集》第1卷，山东人民出版社2005年版，第392页。
④ 《梁漱溟全集》第1卷，山东人民出版社2005年版，第392页。

　　由此，梁漱溟将历史唯物论的规律"局限"于用以解释第一路向的规律，因为其社会发展的一切动力均来自征服自然和解决人自身的欲望。"其社会上层建筑之政治法律风俗道德为被推进的，以机械规律而进步，以武力形式而解决，殆亦有如唯物史观家所说者。"①但这种规律的发现会使人以为其可以适用于解释世界所有地区的社会发展状况："然不虞中国历史上之伦理及一切相缘而来之礼俗制度，是从人生第二态度照着第二问题来解决，来建造的。明白言之，此虽亦不能不有其一定经济条件，然非被经济进步所推动者，实出于人为调制，意识地照顾与事先。于是竟倒转过来而从社会上层牵制了他的下层之进步发展，自陷于绝境。"②

　　而近代中国同时具备接受历史唯物论的思想基础和外在压力。以客观的历史规律作为推动人们改变陈腐的政治体制的动力，与清末民初中国人急切改变中国积贫积弱之处境的要求相吻合。如康有为将公羊学派的"三世说"通过"托古改制"转变为推进维新运动的思想武器；而严复所翻译的爱德华·甄克思《社会通诠》所确立的社会发展三阶段说，也引发了维新派和革命派对于中国革命道路的争论。因此，当马克思的唯物史观传入中国之后，很快成为占主导性的历史意识，人们所争论的问题转变为中国是否具有与西方完全一致的历史发展规律，以及如何确定当时中国的社会性质，进而以此作为不同革命理论的依据。

　　梁漱溟在一系列著作中也反复征引爱德华·甄克思《社会通诠》中的观点，肯定生产力发展对于国家发展的意义。比如他在比较同为亚洲国家的日本和中国之所以在发展道路上有如此大的差距，就是因为近代工业的发展上的差距。梁漱溟认为中日的强弱之差别在于有没有近代工业，而若要发展近代工业，则必须要社会稳定和法律有效，此两项都有赖于强大的现代国家，故而中国与日本的强弱

----

① 《梁漱溟全集》第 5 卷，山东人民出版社 2005 年版，第 97 页。

② 《梁漱溟全集》第 5 卷，山东人民出版社 2005 年版，第 97—98 页。

差别就在于国家能力的问题。①

　　然而梁漱溟也多次提到马克思所指出的亚细亚生产方式，以此来说明马克思并非认为历史发展的规律在世界各地是一成不变的。梁漱溟从中国特殊的社会结构出发，以马克思的亚细亚生产方式理论为他的多元历史观做论证。从这个意义上，我们可以将梁漱溟的历史观视为"生产力"和"精神力量"双重决定论，并侧重于精神力量对历史发展的影响。比如梁漱溟十分强调中国古代圣人在形成中国文明特性时的创造性作用，并认为相比于其他文明区域的创造者，中国古代圣人令中国文化直接进入了"第二路向"。他认为中国古代的圣人天分高一些，由此，中国文化玄深而细密，具有持续的影响力。之所以中国文化看上去一成不变，是基于"中国古圣人由其观察宇宙所得的缜密思想，开头便领着大家去走人生第二路向，到老子、孔子更有其一盘哲学为这路向作根据，从此以后无论多少聪明人转来转去总出不了他的圈；而人生路向不变，文化遂定规成了这等样子不能再变"②。正是因为有这样的精神基础，所以梁漱溟认为在中西交通大开的今天，我们更应该看到自身文明的优势，而不应该回头去补"第一路向"课。

　　由此，梁漱溟认为马克思对资本主义生产方式所作出的批评，在内在精神特质上是符合"第二路向"的文明精神的，因此梁漱溟认为他的乡村建设路径和社会主义道路有内在一致性。

　　（二）梁漱溟与社会主义

　　前文已述，梁漱溟早在1913年就接触社会主义理论。在北京大学教书期间，他又与李大钊、杨昌济等人多有交流，丰富了他对社会主义的理解。从梁漱溟的乡村建设设想看，如何实现社会公平消灭剥削制度的问题，一直是他所关注的："倡社会主义的人，所提出

---

　　①　《梁漱溟全集》第6卷，山东人民出版社2005年版，第18页。

　　②　《梁漱溟全集》第1卷，山东人民出版社2005年版，第481页。

的问题。这个问题，感触我，成了我心目中唯一大问题，是在我二十岁的时候，一直到现在，常常在心。"①

　　梁漱溟对于社会主义的肯定，与他对于资本主义生产方式的批评和文明发展之中国路向的探索有关。他说："资本主义的经济，新兴中间阶级的民主政治，近代的民族国家之'三位一体'。继此又可认识出其富于组织性，而同时亦即富于机械性。"② 这种资本主义的动能崇尚力量，由此演化为人类文明的一幕"怪局"：对亚洲和非洲实行殖民，在民族内部造成剧烈的阶级斗争，在国家之间爆发世界性的大战。

　　梁漱溟认识到社会主义思潮乃来自对近代工业化所导致的分工和自由竞争的反思。这个制度是以个人发财为目的而努力工作的经济制度，由此导致生产过剩、财富分化是种种社会问题的总根源。中国虽然并没有类似的经济制度，但资本主义生产方式的传入导致个人本位的经济制度也随之进入，使中国变成一个竞食的世界，人与人之间只有争抢，安定和谐的社会氛围不复存在，这一切都是产业私有的结果。由此梁漱溟也要"将这种经济制度根本改过。"③ 这种弱肉强食的制度是社会的罪恶，"其尤为罪恶，尤为痛苦的是在那没力气，没智巧的弱者一面；像是老的、幼的、残废的，和妇女，和老实胆小人们，他们只有甘受欺凌，磕头叫爷或拿着身体委屈献媚，受人糟蹋、侮弄，以求食了！所有乞丐、小偷、娼妓，和社会类乎此的人，都是这样发生出来的"④。

　　梁漱溟对资本主义生产方式的批判与马克思对剩余价值的批评有一致之处。梁漱溟认为，"资本家与工人的关系看着是自由契约，一方面要招他作工，一方愿意就招，其实资本家可以完全压迫工人制其死命，而工人则除你愿意饿，可以自由去饿以外，没有别的自由。因

　　① 《梁漱溟全集》第 4 卷，山东人民出版社 2005 年版，第 734 页。
　　② 《梁漱溟全集》第 5 卷，山东人民出版社 2005 年版，第 50 页。
　　③ 《梁漱溟全集》第 4 卷，山东人民出版社 2005 年版，第 735 页。
　　④ 《梁漱溟全集》第 4 卷，山东人民出版社 2005 年版，第 735 页。

为你不工作就没有饭吃，要工作就得听命于他"①。即使是这样的不平等状况，工人还要时时担心失业。这样的制度虽然极大地刺激了物质财富的发达，但人们的精神却极其痛苦。因此，梁漱溟认为社会主义理想有其合理性，"许多人总觉得他们都是空想；虽然最初那种不免为激于感情而生之空想；就是科学气味的其所推测到今也多未中，而阶级争斗社会革命固未见就崩裂出来；最后颇切实际，也有许多理想；然而无论如何，这改造要求合理，那时必归于合理而后已"②。

梁漱溟认为，伴随着理想世界的出现，经济体制必然会产生转变，且人类将从对物质的需求转向对人的问题的时代，也就是从第一路向开始转向第二路向。梁漱溟是从西方思想的转变去证明这种转变的发生，他引述了罗素、倭铿、泰戈尔尤其是克鲁泡特金的互助论等，来说明西方社会对于理智算计生活已感厌倦，开始寻求新的文明发展路向。他也引述恩格斯的话，表达人类将要由被支配的状态转移为对自然和意识的真正主人。③ 对此，陈来概括说："社会主义的文化，在他看来，与中国的文化（在他即孔子思想），是属于同一种'路向'的。所谓第一种问题就是人对自然的关系，而第二种问题则是指人与人的关系。中国文化和社会主义文化都是以致力调整人与人的关系而见长的。"④ 只是梁漱溟并不认可通过阶级斗争和暴力革命进入社会主义的方式，这其实也体现了民国时期人们对社会主义的多重理解的思想实际。

由此可见，梁漱溟的思想倾向是极其复杂和丰富的，并不能化约为"文化保守主义、新保守主义、政治自由（或保守）主义、儒家资本主义或儒化马克思主义"⑤。他积极地将自己对中国社会历史

---

① 《梁漱溟全集》第 1 卷，山东人民出版社 2005 年版，第 490 页。

② 《梁漱溟全集》第 1 卷，山东人民出版社 2005 年版，第 492 页。

③ 《梁漱溟全集》第 5 卷，山东人民出版社 2005 年版，第 101 页。

④ 陈来：《现代儒家哲学研究》，北京大学出版社 2018 年版，第 137 页。

⑤ 王远义：《儒学与马克思主义——析论梁漱溟的历史观》，载杨贞德主编《当代儒学与西方文化：历史篇》，中央研究院中国文哲研究所 2004 年版，第 151 页。

和文化的独特理解与马克思主义的社会发展史理论进行融合。在梁漱溟看来，他提倡儒家文化，不是要将其作为现代化的批评性因素，也不是以其为革命的反对力量，他认为儒家文化是可以被看作革命话语的一种。王远义将梁漱溟的看法综合为："在此革命的世纪中，传统的文化，要在革命的进程中，显露实现它待长待成的价值；现代化的革命与道途，要俟素朴未琢的传统文化来指引，相辅并长、并行；置于第二路向（即中国文化路向——引者注）的文化开展，则早已为'过去'（历史）所决定，在那儿等待传统文化与现代化的'未来'融合结果，而今日的中国，逐渐地开步向预定的道路前行了。在这社会狐疑革命的时程中与路程上，'传统的'因和现代转折结合，由是而成长了、现代化了，'现代的'经由与传统互补融合，终而修正了、再传统化了，然后两相渗释，化成出人类新的文化路向来。"① 总而言之，梁漱溟肯定社会主义的目标，但并不认同中国共产党在土地革命时期通过暴力革命方式来实现的路径，而要通过儒家的伦理情谊来建构具有礼乐色彩的社会主义，让马克思主义与传统文化在融合中共同发展。他肯定革命，是肯定"建设性"的革命，而非"破坏性"的革命。

四　普遍性与特殊性②之争：梁漱溟与毛泽东在延安

从上文所述可见，梁漱溟和毛泽东都肯定由乡村出发的建设新中国之路，但他们对于如何从乡村出发有不可弥合的分歧，这个分歧基于他们对历史发展之普遍性和特殊性的不同理解。

① 王远义：《儒学与马克思主义——析论梁漱溟的历史观》，载杨贞德主编《当代儒学与西方文化：历史篇》，中央研究院中国文哲研究所 2004 年版，第 155 页。

② 沟口雄三说："围绕阶级问题，他与毛泽东之间产生的有关'特殊'与'一般'，亦即特殊与普遍关系的对立，是事关一个具有二十世纪特征的争论的焦点：马克思主义的卢纶如何具有欧洲的特殊性？它是不是在人类史上具有普遍意义？"参见[日] 沟口雄三《中国的冲击》，王瑞根译，生活·读书·新知三联书店 2011 年版，第 173 页。

　　毫无疑问，他们都是在深入乡村调研的基础上作出自己之思考的。梁漱溟为此辞去了北京大学的教职，毛泽东则在中国共产党初期城市革命道路的初步探索之后，很快意识到农村革命对于中国革命的重要性。在梁漱溟不断探索"乡治""乡村建设"的时候，毛泽东进行了他对于农村问题的调查和探索。1924 年，毛泽东在回韶山养病期间，写成了《中国佃农生活举例》一文。1925 年 12 月 1 日，毛泽东发表了《中国社会各阶级的分析》；1926 年 1 月 1 日，毛泽东又发表了《中国农民中各阶级的分析及其对于革命的态度》一文。在这些文章中，毛泽东对于中国农村社会的阶级构成和其革命性作出了他自己的分析，着重要解决"谁是我们的敌人？谁是我们的朋友？"问题。① 他指出：我们组织农民，乃系组织自耕农，半自耕农，半益农，贫农，雇农及手工业工人五种农民于一个组织之下。对于地主阶级在原则上用争斗的方法，请他们在经济上政治上让步，在特别情形上，即是遇了如海丰广宁等处最反动最凶恶极端鱼肉人民的土豪劣绅时，则须完全打倒他。② 对于游民无产阶级则劝他们站在农民协会一边，加入革命的大运动，以求失业问题的解决，切不可逼其跑入敌人那一边，成为反革命的力量。

　　在国共两党合作期间，毛泽东长期是中国农民革命的领导者和推动者。1926 年起，他担任广州农民运动讲习所的所长，系统阐发他的农民革命理论。1927 年 3 月，为了驳斥社会各界对农民运动的批评和不满，毛泽东撰写了《湖南农民运动考察报告》。他认为，农民主要的攻击目标是土豪劣绅、不法地主以及各种束缚人的宗法思想和制度，并强调了暴力革命的必要性，指出即使有一些"过分"的举动也是革命所必需，且主张建立农民武装来推翻地主武装，认为如果地主政权被推翻，那么族权、神权和夫权都会动摇，一个更

---

① 《毛泽东选集》第 1 卷，人民出版社 1991 年版，第 3 页。
② 《毛泽东年谱（1893—1949）》（修订本）（上卷），中央文献出版社 2013 年版，第 148 页。

加平等、富裕的秩序就可以建立起来。①

在 1924 年离开北京大学之后，梁漱溟也在山西、河南等地进行乡村治理的研究，并于 1927 年到 1928 年之间到了广州。在此期间，他肯定山西的村治实践，即农民参与乡村治理。他认为按山西的经验，村政，就是实现农民的乡村自治，使政治事务被百姓所"预闻"，提前知道。"村政是最好的民众运动，因为是全民的；与工会、农民协会等运动不同。照农民协会的办法，实是有意分化社会的；实是要乡间此一部分人，和彼一部分人作对的；换句话说，实为阶级斗争，而非全民革命……故农民运动，当废去农民协会的办法吗，而代之以村政；要唤起民众，应当如是唤起；要民众组织起来，应当如是组织；要训练民众，亦应当如此训练。"② 但山西的见闻也让梁漱溟颇有盛名之下、其实难副的感觉，他总结了几方面的问题，包括村长的产生、村民的素质、村级组织的建立、村政经费的来源、筹款的方式、村级公职人员的薪资问题等；这些问题亦是他在未来的乡村建设实践中所要着力解决的。

"今日农民之困苦，乡村之凋落，如前已说，苟不能针对其本身最急切之问题以入手，则无论何种谋划，何种作为，均不相干，枉费工夫，难其有成。"③ 梁漱溟认为欧洲国家和日本在现代化过程中，也经历过乡村凋敝的过程，但他们已经摸索出一系列的方式，比如消费合作社、销售合作社、信用合作社，或如丹麦人所实施的土地合并经营，这些都与中国传统的精神符合，可以引以为借鉴之法。

他反对晚清以来许多人所提倡的"地方自治"，梁漱溟认为晚清以来所提倡的地方自治实在是让地方自乱的方法。相比之下，中国共产党采取打土豪分田地的方法要好一些，"把土地重新分配得平

① 《毛泽东年谱（1893—1949）》（修订本）（上卷），中央文献出版社 2013 年版，第 182 页。

② 《梁漱溟全集》第 4 卷，山东人民出版社 2005 年版，第 894 页。

③ 《梁漱溟全集》第 4 卷，山东人民出版社 2005 年版，第 831 页。

均，这样痛快的干一下，也还不错!"① 不过从这个语气可见，梁漱溟不赞同当时主张社会主义理想的中国共产党的土地革命政策，而是试图通过乡村建设的方式来提升地方的经济力量。从文化观念上看，他认为中国社会并没有阶级，通过打击地主的方式来实现社会财富均等化的方式会破坏农村的伦理生态，并不能解决中国的社会问题。

梁漱溟认为通过阶级斗争的方式来发动农民，实质上会导致农民之间的分化，而且也破坏了传统中国的孝悌勤俭等传统美德。他坚持认为不能通过人为制造阶级矛盾的方式来改造社会，并指出这会激发农民的侥幸心理和仇忌心理。他断定中国共产党的农村革命道路必然行不通，并提出以下三点原因：（1）要培养农民自身的力量来解决农村的问题，而不应该采取疾风暴雨式的斗争方式。（2）中国共产党不能认识中国革命的特殊性（从外引发而非内部自发），因此需要通过建设来实现平等，而斗争则会让生产受到破坏。（3）中国共产党建立的革命政权，难以持续。②

梁漱溟声称他所进行的乡村建设运动比采用暴力革命方式的中国共产党的路径更接近社会主义的理念。他还引用恩格斯的话来证明他的理念，认为社会主义并非追求绝对的平等，"自然从贫富不均的事实而来的不平之感，也许是发动社会主义强有力的动机；可是社会主义之为社会主义，其意不单在均平；并且均平，亦不一定就是好处。社会主义之所以好，就是在那个时候的人类社会，大家能站在一个立场上，来共同对付自然界（人类对付自然界，即所以解决生存问题，亦即所谓经济），而减除了人对人的竞争；也就是说，人类的生存问题，由社会解决，而不由个人自谋"③。在梁漱溟看来，理想的社会是在生产力发展的前提下，社会对个人负责。因此，他

---

① 《梁漱溟全集》第2卷，山东人民出版社2005年版，第329页。
② 《梁漱溟全集》第2卷，山东人民出版社2005年版，第409页。
③ 《梁漱溟全集》第2卷，山东人民出版社2005年版，第412页。

的乡村建设也是要建立乡民的生产合作社，通过共同强调社会的一体性来解决贫富不均和其他社会问题。

梁漱溟发现，要从传统中去寻求中西融合的道路，而不应简单模仿西方和苏联的政治模式，但他又并不能拿出周全的替代性方案。在梁漱溟这里，乡村建设不是一个已经确定了的方案，而是一个摸索中国式制度的入手，而他只提供了相当轮廓性的说明。不过对于乡村建设孕育新的制度，梁漱溟认为最具体的方案是知识分子下乡与农民的结合，即以知识分子对于新知识的了解以及"师"与"士人"①的榜样性力量来带动农民，由此凝聚农民，让他们走上进步的道路，但梁漱溟其实已经意识到这个方案也难以落实。

梁漱溟的乡村建设运动是要寻找一条有别于毛泽东农村革命的道路。在梁漱溟看来，他的乡村建设首先要做的是改变农村的风气，不让农村一天天堕落下去，这除了防范农村的土匪横行、劝告当地的游手好闲者、禁赌禁娼之外，还有一个功能是替代共产党正在进行的农民运动。他说："共产党的作为，实是中国的一种农民运动。农民运动为中国今日必定要有的，谁若忽视农民运动，便是不识实务；要想消除共产党的农民运动，必须另有一种农民运动起来替代才可以。我们的乡村组织除了一面从地方保卫上抵御共产党外，还有一面就是我们这种运动实为中国农民运动的正轨，可以替代共产党。"②

抗日战争爆发后，中国共产党呼吁建立抗日统一战线，成为当时民心之所向，在梁漱溟看来，这是中国共产党在新的历史条件下相比于土地革命时期的一次重要转变，因此，他有热切的愿望去延安考察。

---

① 梁漱溟认为知识分子有三点适合做乡村建设的工作：其有教化的能力和职责；没有阶级立场；行事中立。参见《梁漱溟全集》第 2 卷，山东人民出版社 2005 年版，第 482 页。

② 《梁漱溟全集》第 2 卷，山东人民出版社 2005 年版，第 407 页。

　　1938 年 1 月，身为国民政府战时最高会议参议员的梁漱溟冒着凛冽的寒风，在颠簸的道路上，乘坐没有顶棚的卡车来到延安。他所见到的是在如此艰苦的环境中，人们"气象确是活泼，精神确是发扬"，[①] 很符合其所期待的"人生向上"的人民大众的生活态度。

　　按梁漱溟的回忆，在延安期间，他与毛泽东的谈话前后共八次，[②] 有两次甚至通宵达旦。在会谈的时候，梁漱溟把他的一些小册子，特别是《乡村建设理论》一书送给毛泽东。就梁漱溟的回忆看，他们之间谈话的许多内容关涉抗日战争时期的战略战术，但最关键的是关于中国道路的特殊性和普遍性之争。梁漱溟对毛泽东说："中国老社会有其特殊构造，与欧洲中古或近代社会均非同物。中国革命是从外面引发的，不是内部自发的；此其特殊性即由老社会之特殊构造来。他相当承认我的话，但他说，中国社会亦还有其一般性；你太重视其特殊性而忽视其一般性了。我回答他：中国之所以为中国，在其特殊之处；你太重视其一般性，而忽视其特殊性，岂可行呢？"[③]

　　梁漱溟对于他们两人之间的理论争论记录得过于简略。在延安时期，毛泽东除了处理日常的政务之外，也有许多深入的哲学思考。当时延安的学习氛围十分浓厚，同时在当时思想界十分有影响的"新启蒙运动"就与延安思想界有密切关系。对于梁漱溟的思想，毛泽东是十分重视的，尽管梁漱溟觉察到毛泽东可能没有看完自己的书，这让他略为不快。实际上，毛泽东对于梁漱溟的《乡村建设理论》一书作了许多批示，尽管批示的原文目前还不能完整地见到，但我们可以通过中共中央文献研究室的陈晋的梳理[④]看到毛泽东对梁

　　① 《梁漱溟全集》第 6 卷，山东人民出版社 2005 年版，第 194 页。
　　② 《梁漱溟全集》第 6 卷，山东人民出版社 2005 年版，第 198 页。
　　③ 《梁漱溟全集》第 6 卷，山东人民出版社 2005 年版，第 205 页。
　　④ 陈晋对于毛泽东批注的总结和分析主要体现在他所著的《一九三八年毛泽东与梁漱溟的一次争论》中。

漱溟观点的评论。

据陈晋的统计，毛泽东对《乡村建设理论》一书有一千五百字左右的批注，他们的分歧主要体现在以下两个方面。

（1）是经济基础还是生活样态造成了中西社会结构的差异。如前所述，梁漱溟认为经济基础接近也可以产生不同的社会结构，其背后的根本原因是文化，如中国的伦理本位造成职业分途和缺乏团体生活。而在毛泽东对上述几段话的批注中，毛泽东说："中国社会与西洋中古社会不同，这是不对的。要有其经济范畴相同，不能只看中国无中古的教会。""伦理关系是上层建筑，他的下层基础是农业经济，西洋中古也有这种伦理关系。"① 在毛泽东看来，梁漱溟的分析有价值，但中西社会在生产力发展水平接近的时候，其生产关系和上层建筑的差异并没有如此之大，而是在近代西方资本主义形成以后，出现了个人主义和现代民族国家体系，这是历史唯物主义关于社会形态理论的一个基本观点。再进一步，关于西方近代社会出现个人主义、自由主义抬头，是否因"其集团生活中过强干涉的反动而来"，对此，毛泽东的结论是："否，从资本主义而来。"② 毛泽东并不同意梁漱溟一直坚持的从宗教等因素去寻找中国没有产生个人主义的根源，而认为中国的封建生产方式和小农经济并不能导致个人自由和权利的观念。由此，西方在当下产生了强调团体利益来纠正极端个人主义的趋势也应该从生产力发展去找原因。

（2）毛泽东与梁漱溟之间最大的差异是"阶级"，即中国到底有没有阶级。如前所述，梁漱溟之倡导乡村建设，除了认为国民党政府所提出的"地方自治"行不通之外，也认为中国共产党发

---

① 陈晋：《一九三八年毛泽东与梁漱溟的一次争论》，《中共党史研究》1990 年第 6 期。

② 陈晋：《一九三八年毛泽东与梁漱溟的一次争论》，《中共党史研究》1990 年第 6 期。

动阶级斗争来解决农村问题的路子行不通，并会破坏中国农村的道德风俗。对此问题，陈晋认为毛泽东的思考与梁漱溟是针锋相对的。

首先，针对梁漱溟所说中国社会的经济是"伦理本位的经济"，在经济上是一种家族的财富共同体，家族关系使家族成员具有生计上的保障，并由此认为中国传统的社会模式有社会主义的因素；毛泽东在批注中指出："地主与农民不共财、不相恤、不互相负责，贫民生计问题绝无保障，仅有残酷的剥削关系存在，因此所谓'伦理本位的经济'实质上是一种'封建经济'，所谓'共产'的特征，只是一种建立在封建剥削关系上的家庭共产主义。"①

其次，梁漱溟认为中国社会的政治特征是只追求君臣和民众之间的伦理关系的确定，没有发展出人们对于国家和团体的权利义务关系，而这种泛家族伦理的关系让社会成员之间相安和谐。对此，毛泽东的批注说："这种伦理政治之目的不为别的，全为维持封建剥削，不是大家相安，而是使地主阶级相安，大多数人则不安。不是各作到好处，而是统治阶级作到好处，被统治者则作到极不好处。"②由此看来，这种所谓"伦理政治"本质上就是"封建政治"，而且"罪恶多端"。这其实与毛泽东早期在《湖南农民运动考察报告》中对于封建宗族关系的认识是一致的。

最后，梁漱溟在《乡村建设理论》中开始使用"理性"概念来说明中国人的伦理特性，并认为"理性"就是人与人之间的"情谊"。正因为这种情谊的存在，所以人们强调义务和责任，而不主张个人的权利。这种义务造成了中国人"在情感中皆以对方为主"的高尚品质。梁漱溟将这种彼此互以对方为重、一个人仿佛为他而存

---

① 陈晋：《一九三八年毛泽东与梁漱溟的一次争论》，《中共党史研究》1990 年第 6 期。

② 陈晋：《一九三八年毛泽东与梁漱溟的一次争论》，《中共党史研究》1990 年第 6 期。

在的社会称为"伦理本位的社会"。毛泽东在批注中指出："地主对农民无情谊，并不尊重对方，农民为地主而存在，臣为君、妻为夫而存在，并无所谓地主为农民、君为臣、夫为妻而存在。"① 毛泽东认为传统社会中人与人之间是一种不平等的关系，而这种不平等的关系是由儒家纲常所带来的，因此这种以他人为重的关系只是单方面的，因为对于社会底层的人而言，只有责任和义务。

在陈晋看来，毛泽东和梁漱溟的上述分歧，归结到一点就是中国传统社会中是否存在着阶级分化和阶级对立。②

参考毛泽东的著作和革命策略来看，毛泽东对于梁漱溟过于看重特殊性而不能看到普遍性的批评，并不意味着毛泽东对中国特殊性的否定。从二十世纪二十年代他注重农村革命的实践来看，毛泽东正是看到中国城市产业工人不发达的"国情"而作出的对中国革命特殊道理的探索。毛泽东和梁漱溟对于特殊性的差异，更应该被理解为基于特殊性的不同认识：在梁漱溟这里，因为伦理本位，所以中国不应该发生暴力革命，这是基于其对于特殊性的认识而产生的对于中国建国之路的认识；而毛泽东所看到的特殊性，是作为落后国家的中国所要进行革命必须了解中国的国情，进而找到中国革命的独特道路。从某种意义上说，毛泽东所探索的道理之成功恰恰在于他在延安时期对于"土地革命"策略的调整，即更多顾及家族因素在中国农村社会的意义。所以从阶级革命的角度看，实质上中国传统的伦理本位"从内部决定'中国式'社会主义特性的内在因素，从其与'革命'之间保持着的亲近而又和谐的状态而言，甚至可以将之视为'革命'得以成功的因素"③。

---

① 陈晋：《一九三八年毛泽东与梁漱溟的一次争论》，《中共党史研究》1990 年第 6 期。

② 陈晋：《一九三八年毛泽东与梁漱溟的一次争论》，《中共党史研究》1990 年第 6 期。

③ ［日］沟口雄三：《中国的冲击》，王瑞根译，生活·读书·新知三联书店2011 年版，第 188 页。

梁漱溟在 1949 年之后，一度认识到自己对于"阶级"的绝对否定所造成的对于中国革命能否成功的错误预判，但在 1979 年之后，他又坚持过度强调阶级斗争所带来的对中国经济社会发展的损害。①

针对梁漱溟所提出的中国近代社会的根本问题是文化失调的问题，毛泽东的批注是："这并非是文化失调，而是旧的文化不能适应新的环境，因此改良的道路是走不通的，我们应该革命。革命不仅是中国自身的生产关系随着经济的发展要进行改变，也包含有弱小民族争取独立的意味。"②

关于普遍性和特殊性的认识，是近代中西碰撞之后，中国人在寻求摆脱困境的道路时的一个长期而重大的问题。从晚清的中西体用问题、五四新文化运动时期的全盘西化与调和论的冲突，到中国共产党内部的教条主义和经验主义的两极化倾向，都是如何认识社会发展的普遍规律和中国的独特历史发展之间最为纠结的问题。对此，毛泽东于 1937 年连续发表了《矛盾论》《实践论》等文章，来处理这个哲学性很强的问题。在《矛盾论》中，毛泽东已经认识到了普遍性和特殊性的辩证关系，他提出教条主义的错误在于"不懂得必须研究矛盾的特殊性，认识各别事物的特殊的本质，才有可能充分地认识矛盾的普遍性，充分认识诸种事物的共同的本质""在我们认识了事物的共同的本质之后，还必须继续研究那些尚未深入地研究过的或者新冒出来的具体事物"。③ 由此，毛泽东从认识方法上认为不能因为中国文明的特殊性而看不到人类社会发展的一般性规律；同时也不能以为把握了一般规律，就可以将之视为一成不变的

---

① 1949 年之后，梁漱溟曾经放弃了自己的主张。"多年之后，夙性独立思考的我，渐渐恢复了自信，而毛主席临到晚年暴露其阶级偏见亦加倍荒唐错乱达于可笑地步。"参见《梁漱溟全集》第 7 卷，山东人民出版社 2005 年版，第 521 页。

② 陈晋：《一九三八年毛泽东与梁漱溟的一次争论》，《中共党史研究》1990 年第 6 期。

③ 《毛泽东选集》第 1 卷，人民出版社 1992 年版，第 310 页。

公式。毛泽东认为梁漱溟的错误在于基于"路向"而忽视了中西发展的一般性原则。

梁漱溟在《东西文化及其哲学》《乡村建设理论》中对中国社会所作的分析或许真的有可以商榷之处。比如"三路向"说理论本身的混杂性、精神性的因素是否是文明发展的决定性力量等，都很难成为定论。而毛泽东和梁漱溟之所以反复论辩的主题则是他们由此而推导出的对中国农村的认识和解决中国问题的道路选择。事实上，梁漱溟关于此问题的矛盾也是明显的，即他既承认中国问题由西方刺激而来，又不接受西方式的发展路径，这也是他不愿意看到无产阶级在中国的形成和农村客观存在阶级冲突的问题。而在1949年，历史给了梁漱溟和毛泽东一个答案，即经由阶级革命，一个无产阶级的政权建立了。

1945年，梁漱溟还有一次延安之行，这次他是要了解抗日战争胜利之后，中国共产党对于未来中国建设新中国之路的构想。这个时候，梁漱溟的思考重点侧重于政党、宪政等一系列现代国家建设的基本要素。当中国共产党以势如破竹的态势取得解放战争的胜利并建立新的国家之后，梁漱溟对自己的一贯主张有所怀疑，但他并没有丧失探索的热情，一方面，他希望建立"中国文化研究所"来系统研究中西文化的问题，并试图去苏联实地考察苏联的发展状况；另一方面，他也深入东北、西南、华东考察现代共产和农村的土改，并对中国共产党组织国家政权的能力深为赞叹。因种种原因，他所希望建立的研究所和计划的苏联之行并没有实现，随着1953年中国人民政治协商会议上，他与毛泽东关于社会主义农村建设方针的公开争论，梁漱溟逐渐淡出了人们的视野，尽管他的思考并没有停止。

从中国传统文化的创造性继承和创新性发展的角度看，毛泽东和梁漱溟都对此作出了他们的贡献。从现实的历史发展而言，毛泽东的革命道路取得了成功，但1949年之后农村发展的曲折也提醒我们，由于革命和建设的不同阶段，我们依然需要不断提升我们对于中国历史文化问题和农村问题的认识。目前随着城镇化的发展，中国农村又一次面临困难与发展并存的困境，如何借鉴毛泽东和梁漱溟对于普遍性和特殊性的争论，对于我们认识中国农村乃至中国社会的发展，依然具有巨大的参考意义。

共同富裕，特别是精神共同富裕，是中国式现代化题中应有之义

陈学明

陈学明，复旦大学马克思主义学院、哲学学院教授

　　来到浙江省的德清县，首先映入眼帘的是这样一句标语：加快建设共同富裕美好生活，在共同富裕中实现精神富有。后来我知道，这是德清县的领导和德清的人民对自己当下的工作内容和追求目标的概括。这就是：他们正在倾注全力实现共同富裕，特别是精神共同富裕。来德清之前，我也做了一些"功课"，了解了德清人民正在做些什么富有特色的事情，在哪些方面取得了突出的成就。我知道，以习近平同志为核心的党中央已经把首先实现共同富裕的使命交给了浙江，而德清人民不但立志成为浙江实现共同富裕的先行区，而且又富有创造性地提出在德清实现共同富裕将把实现精神共同富裕作为重心。

　　我认为，把实现共同富裕，特别是把实现精神共同富裕作为奋斗目标，这是德清县的领导和人民创造性地贯彻党的二十大精神，是根据德清的实际情况，把中国式现代化落到了实处。

　　追求中国式现代化，所要做的一件重要的工作就是实现共同富裕，特别是精神共同富裕，德清县的领导与人民对此有高度的认识，我在这里也谈些自己的看法。

一　共同富裕，是中国式现代化题中应有之义

　　西方社会自十五世纪以来，随着启蒙运动的开启，就踏上了实现现代性的征程。这一现代性确切地说，是资本主义的现代性，因为其主要的推动力是理性与资本的结盟。这种以资本与理性相结盟的方式为主要特征的资本主义现代性，正如马克思和恩格斯所描述的那样，使社会摆脱了旧有的、固定的生产关系和社会关系，展现了超乎人们想象的工业和科学的神奇力量，生产力获得了突飞猛进

的发展，实现了"数千年未有之大变局"。这一实现现代性的征程，自十五世纪以来一直处于增长和扩张之中，现代人都在享用现代性所带来的巨大成果。而问题在于，资本主义现代性给人类带来无限享受的同时，也使人类付出了沉重的代价。如果说到十八世纪末十九世纪初，这种代价还刚呈现于前，人们还能承受的话，那么，到了二十世纪末，这种代价已充分显示，人们对这种代价的承受快接近极限了。

西方社会孕育了资本现代性，资本现代性带来了"祸福相依"的现代文明。显然，资本现代性发源于西方社会，但它不仅仅是属于西方社会的，地球上所有的国家和地区，都会不可避免地卷入全球现代化的进程之中。十五世纪以来的世界历史，实际上就是西方资本现代性全球扩张的历史。西方资本现代性不断地越过西方国家、西方文明的界限，把商品、工业、经济以外的东西，如政治、法律、社会、文化等体现的"资本现代性"的内容，送到了非西方国家、地区以及非西方文明之中。

当然，这些非西方国家与地区卷入资本现代性的结果，不仅仅是享受到了现代文明的正面效应，与此同时也得忍受资本现代性所造就的磨难。资本现代性给予西方国家的那种繁荣昌盛，非西方国家和地区领悟到了，而资本现代性在西方国家所表现出来的凶险，非西方国家与地区更有深刻的体会。所以，非西方国家和地区面对汹涌而来的资本现代性，往往所表现出来的不仅是兴奋，更有焦虑，这也在情理之中。

比起其他非西方国家和地区，中国较晚走上资本现代性的道路，就现代性而言，有人把中国说成是"后发外生型"国家，即中国不但走上现代性道路较晚，而且又主要是在西方资本现代性的影响下"被迫"卷入现代性的洪流之中。这样，即使中国跨入现代性的门槛时间不长，对资本现代性的"祸福相依"这一点的感受也特别深切。

面对西方资本现代性的浪潮，在当代中国，似乎只有要么放弃对现代性的追求，要么执着地按西方的现代性的路子走下去这样两种选择。但事实清楚地摆在那里：第一种选择是要中国人民放弃对现代文明成果的享受；第二种选择由于置现代性的负面效应于不顾，很有可能中国人民现代性的成果还没有充分享受到，而代价却已把中国拖垮了。

那么，还有没有其他的选择呢？还有没有其他道路可走呢？

看来，中国必须选择一条既能充分享受现代性的成果，又能把现代性展现过程中所要付出的代价降到最低限度的道路，即"鱼和熊掌兼得"的道路。如果说原先的现代性是资本主义的现代性，那么中国实际上要走出一条与资本现代性不同的道路。西方文明不等于现代文明，同样，西方的资本现代性不等于现代性。中国要追求的是社会主义的现代性。中国特色社会主义道路在一定意义上就是一条社会主义的现代性道路，它所追求的正是既能充分享受现代性的成果，又能把现代性展现过程中所要付出的代价降到最低限度，让中国人民在尽情享受现代性所给予的愉悦的同时，不会经受现代性的种种磨难。

中国道路是不可避免地与西方的资本现代性"纠缠"在一起的，其原因就在于中国道路是在现代西方文明这个大背景下展开的，在一定意义上，没有这个大的历史背景，也就不可能有中国道路，离开西方现代性大谈中国道路是历史虚无主义的表现。但是，中国道路与西方资本现代性"纠缠"在一起，并不意味着中国道路无可选择地一定要全盘接受西方的资本现代性，并不意味着中国道路所追求的现代性一定是西方资本现代性的中国化，即西方资本现代性在中国的翻版，当然也并不意味着中国人民在追求现代性的过程中一定要如西方人那样在享受现代性的成果的同时必然经受现代性所带来的折磨。

习近平总书记在党的二十大报告中指出，中国式现代化有五大特征，其中第一个特征讲的是中国的国情，而余下的四个特征均是针对西方式现代化的消极作用和负面影响而言的。西方式的现代化在促进生产力发展、推进物质财富增加的同时，给人类所带来的消极影响和负面效应主要有以下四个方面：其一，两极分化严重，少数人占有大量社会财富，多数人日益处于相对贫困状态；其二，人的身心，即物质与精神方面越来越对立，人在物质富足的同时，精神日益贫乏。人成了充满着"物欲"的"单向度的人"；其三，以牺牲自然为代价获取物质财富，环境问题日趋严重，自然不断地对人类报复，人与自然处于尖锐冲突状态；其四，现代化推进的过程充满着血腥味，通过战争、殖民、掠夺的方式实现现代化，伴随现代化的是国家与国家之间、民族与民族之间、人与人之间的对立。

习近平总书记所提出的中国式现代化的主要特征显然就是要克服西方式现代化的上述弊端。

针对西方式现代化所带来的"两极分化"，习近平总书记指出："中国式现代化是全体人民共同富裕的现代化""我们坚持把实现人民对美好生活的向往作为现代化建设的出发点和落脚点，着力维护和促进社会公平正义，着力促进全体人民共同富裕，坚决防止两极分化"①；针对西方式现代化所造成的人的身心之间的对立，习近平总书记指出："中国式现代化是物质文明和精神文明相协调的现代化""物质贫乏不是社会主义，精神贫乏也不是社会主义。我们不断厚植现代化的物质基础，不断夯实人民幸福的物质条件，同时大力发展社会主义先进文化，加强理想信念教育，传承中华文明，促进物的全面丰富和人的全面发展"②；针对西方式现代化所伴随的人对自然的严重破坏，习近平总书记指出："中国式现代化是人与自然和

---

① 习近平：《高举中国特色社会主义伟大旗帜　为全面建设社会主义现代化国家而团结奋斗——在中国共产党第二十次全国代表大会上的报告》，人民出版社 2022 年版，第 22 页。

② 习近平：《高举中国特色社会主义伟大旗帜　为全面建设社会主义现代化国家而团结奋斗——在中国共产党第二十次全国代表大会上的报告》，人民出版社 2022 年版，第 22—23 页。

谐共生的现代化""我们坚持可持续发展，坚持节约优先、保护优先、自然恢复为主的方针，像保护眼睛一样保护自然和生态环境，坚定不移走生产发展、生活富裕、生态良好的文明发展道路，实现中华民族永续发展"①；针对西方式现代化充满的血腥味，习近平总书记指出："中国式现代化是走和平发展道路的现代化""我们坚定站在历史正确一边，站在人类文明进步的一边，高举和平、发展、合作、共赢旗帜，在坚定维护世界和平与发展中谋求自身发展，又以自身发展更好维护世界和平与发展"。②

我们看到，共同富裕是中国式现代化的一个主要特征，并与其他几个特征一起构成了与西方式现代化截然有别的中国式现代化的样态。习近平总书记在讲到共同富裕这一中国式现代化的主要特征时，又特别强调它是"中国特色社会主义的本质要求"③。共同富裕确实是中国式现代化的题中应有之义。

中国人民在中国共产党的领导下，立志克服西方式现代化的"两极分化"等种种消极作用和负面效应，实现共同富裕等在西方式现代化的氛围中不可能实现的崇高目标，走出一条既能充分利用现代化的正面成果又可使代价降到最低限度，即"鱼和熊掌能够兼得"的中国式现代化之路。

这在理论上留下了一个难题：中国人民选择这样一条道路有合理性吗？按照新自由主义和后现代主义思潮等的理论，这是不可能

---

① 习近平：《高举中国特色社会主义伟大旗帜　为全面建设社会主义现代化国家而团结奋斗——在中国共产党第二十次全国代表大会上的报告》，人民出版社 2022 年版，第 23 页。

② 习近平：《高举中国特色社会主义伟大旗帜　为全面建设社会主义现代化国家而团结奋斗——在中国共产党第二十次全国代表大会上的报告》，人民出版社 2022 年版，第 23 页。

③ 习近平：《高举中国特色社会主义伟大旗帜　为全面建设社会主义现代化国家而团结奋斗——在中国共产党第二十次全国代表大会上的报告》，人民出版社 2022 年版，第 23 页。

的，因为按照它们的理论，现代化过程中出现的负面效应是与现代性的理念，与理性、科学、技术等不可分割地联系在一起的，在某种意义上，现代化的负面效应是由现代性理念本身滋生的。人类在追求现代化的过程中必然也得接受其负面效应。这就是说，人类在追求现代化的过程中，出现"两极分化"等现象是不可避免的。

西方面对现代性，主要有两种截然有别的思潮：一是坚守现代性的新自由主义；二是批判现代性的后现代主义。我们看到，尽管两者对待现代性、现代化的态度完全对立，但两者在一个关键问题上是一致的，即都强调：现代性在展现过程中所出现的"两极分化"等消极效应是同现代性的核心精神原则紧紧联系在一起的，是这些核心精神原则本身所带来的，从而也具有必然性。选择了现代性，也就选择了这些核心精神原则，也就得接受由此带来的负面效应。现代性有正效应，也有负效应，关键在于要明了，正效应、负效应都是与现代性的核心精神原则捆绑在一起的，不可能只要前者而不要后者。这样，不但坚守现代性的新自由主义认为旨在既充分享受现代性的积极成果又要把代价降到最低限度的中国式现代化道路，并不具有合理性，而且批判现代性的后现代主义也强调中国式现代化道路企图"鱼和熊掌兼得"仅仅是一厢情愿。

能够为中国特色的新型现代化道路提供理论依据的是马克思主义，严格地说，是马克思的现代性批判理论。马克思也看到了现代性展现过程中所出现的"两极分化"等种种弊端，并对此展开了激烈的批判，主要在于，这些弊端是如何造成的？它们是可以改变的吗？正是在这关键的问题上，马克思与新自由主义者、后现代主义者形成了尖锐的对立。

马克思的现代性批判理论在揭示现代性的种种弊端时，并不简单地把这些弊端归结为理性，而是揭示理性背后更深层的"物质"原因，即资本逻辑，马克思主义的现代性批判并不是一种"观念论"的批判，而是基于历史唯物主义的资本现代性的批判。正因为马克思主义的现代性批判理论并不把现代性的弊端归结为理性，而是归结为资本，从而并不认为现代性走向反面是现代性的逻辑展开的必然结果，并不强调现代性走向反面是必然的、不可以改变的。

这样，马克思主义的现代性批判理论就不会得出结论：人们选择现代性就必然要承受由此带来的痛苦与不幸，倘若不想承受这些痛苦与不幸，那只能放弃现代性，回到前现代去，而是强调只要改变造成现代性走向反面的真正根源，创建一种与资本现代性不一样的新的现代性，就能实现"鱼和熊掌兼得"，即既能充分享受现代性的积极成果，又可避免承受现代性展现过程中所付出的沉重代价。

马克思的现代性批判理论强烈要求现代化运动不是与资本主义而是与社会主义结合在一起，提出了实现现代性的资本主义形式与社会主义形式之间的区别，这样它就由对现代性以及现代化运动的负面效应的揭露和批判变成了对社会主义理想追求的必然性的论证。

正是马克思主义的现代性批判理论可以为我们在追求物质财富的过程中克服"两极分化"等负面效应，实现共同富裕等崇高目标，为中国式现代化道路提供坚实的理论依据。马克思的现代性批判理论以其深刻性和前瞻性，在中国特色社会主义道路的开辟中具有天然的"在场"权和话语权。关键就在于，按照马克思的现代性批判理论，既然在现代化实现过程中所出现的种种负面效应并不是现代性逻辑所必然带来的，那么中国人民完全可以找出并逐步消除造成现代性走向反面的根源，从而在充分享受现代性的积极成果的同时，使所付出的代价降到最低限度。所谓中国式现代化道路其宗旨正在于此，而这样做有着马克思主义的现代性批判理论的强有力支撑。中国人民有理由对这样一条道路充满理论自信。

习近平总书记在党的二十大报告中在概括中国式现代化的五大特征后，马上又指出了中国式现代化的"本质要求"，在他所提出的"本质要求"中最前面的两条就是"坚持中国共产党的领导""坚持中国特色社会主义"①。这说明，习近平总书记把坚持中国共产党的领导和坚持中国特色社会主义制度作为实现中国式现代化的前提和条件。

我们在浙江省德清县看到，德清人民正是在党的集中统一的领导下，充分展现中国特色社会主义制度的优越性，在走向共同富裕的道路上迅速地前进着。

二　把精神共同富裕作为共同富裕的不可或缺的内容，也是中国式现代化题中应有之义

浙江德清县的领导和人民不但致力于实现共同富裕，而且在实施共同富裕的过程中又把实现精神共同富裕作为其重要环节和内容。共同富裕是中国式现代化题中应有之义，而把精神共同富裕作为共同富裕的重要环节和内容，也是中国式现代化题中应有之义。习近平总书记在党的二十大报告中明确地指出，"不但'物质富足'是社会主义现代化的根本要求，而且'精神富有'也是社会主义现代化的根本要求"②。这里所说的"物质富足"当然指的是"共同的物质富足"，而"精神富有"当然指的是"共同的精神富足"。

资本主义文明是与西方式现代化即资本主义现代化紧紧联系在一起的。马克思批判资本主义文明就是批判资本主义现代化，而马克思批判资本主义现代化的一个重要内容就是批判资本主义现代化是一种片面的现代化，即批判资本主义社会只是在社会的某一个领域，即经济的领域实现现代性。可以说，批判资本主义社会的现代性的片面、畸形的发展，是马克思批判资本主义社会的一个主要视

---

① 习近平：《高举中国特色社会主义伟大旗帜　为全面建设社会主义现代化国家而团结奋斗——在中国共产党第二十次全国代表大会上的报告》，人民出版社 2022 年版，第 23 页。

② 习近平：《高举中国特色社会主义伟大旗帜　为全面建设社会主义现代化国家而团结奋斗——在中国共产党第二十次全国代表大会上的报告》，人民出版社 2022 年版，第 22 页。

角。如果把资本主义社会的现代性视为"一元现代性"，即只是在经济领域实现现代性，那么马克思批评的正是这种"一元现代性"。在马克思看来，现代化的那种片面、一元的发展是资本主义文明的一个重要象征。

在马克思那里，实际上存在着两种批判资本主义的方法：其一是像《资本论》所指出的那样，主要批判资本家如何榨取工人的剩余价值，也就是说，主要批判资产阶级对无产阶级的经济剥削和政治压迫；其二是像《1844 年经济学哲学手稿》那样，以人道主义和异化理论，特别是人的全面发展理论为出发点，批判资本主义社会如何造成人的畸形发展，如何摧残人性。这两种批判有着内在的联系，当前尤其要注重后一种批判。

马克思肯定的是整体的现代性，而不是片面的现代性。与马克思把现代社会历史视为一个不断总体化的过程相一致，马克思也认为现代性具有总体性特征。正因为现代性概念在马克思那里是个总体性概念，所以马克思所期望的现代性的实现应当是整体性的实现，即不仅仅是社会的某一领域实现现代性，而是社会的各个领域实现现代性，社会在整体上贯穿现代性。马克思渴望现代化从片面性走向全面性，就是渴望人类文明从资本主义文明走向一种新的文明。如果说，片面的现代性是与资本主义文明联系在一起的，那么，全面的现代性就是与一种新的人类文明联系在一起的。

与批判资本主义文明片面的现代性相一致，马克思又批判资本主义文明人的片面性。又与片面的现代性是资本主义文明的象征相对应，人的片面性也是资本主义文明的一个重要特征。

1894 年，当有人要求恩格斯找一段能够概括地表达马克思主义思想的题词时，恩格斯说："除了从《共产党宣言》中摘出下列一段话外，我再也找不出合适的了：'代替那存在着阶级和阶级对立的资产阶级旧社会的，将是这样一个联合体，在那里，每个人的自由发展是一切人的自由发展的条件。'"① 恩格斯的这段话表明，实现人的自由的、全面的发展，是马克思主义整个理论体系的精华和核心。可以说，马克思的人的全面发展理论与马克思的唯物史观在马克思那里是同步形成的，两者是衍生物。马克思在创立其唯物史观的过程中，提出了他的人的全面发展理论。在马克思主义整个理论体系中，人的全面发展理论绝不仅仅是一个具体的学科即"人学"的原理，而是一个凝聚着马克思的唯物史观思想的精华，统御着马克思的一系列理论观点的核心理论。马克思强调，超越资本主义文明的人类新的文明的一个标志就是实现人的全面发展。马克思对人类新文明的谋划与对人的全面发展的谋划是紧紧联系在一起的。

人们注意到，东欧剧变、苏联解体后，西方的一批马克思主义研究者，特别推崇马克思的人的全面发展理论，他们对马克思主义现实性的论证，主要是对马克思的人的全面发展理论的现实性的论证。他们不但以马克思主义的人的全面发展理论作为出发点来批判当代资本主义社会，而且提出要用这一理论作为社会目标，来赢得人民群众的信任和支持。

在特定的历史条件下，中国选择首先在经济领域实现现代性，走上"片面的现代性"道路，有其历史的必然性。但是，当今天中国站到"强起来"新的历史起点上之时，就必须克服这种"片面的现代性"，即必须实施"全面的现代性"。不全面地实施现代性，中国进一步走向"强"起来是不可能的。如果说中国的"富起来"是与"片面的现代性"联系在一起，那么中国的"强起来"就应当与"全面的现代性"联系在一起。在中国，"强起来"是"富起来"的升级版，与此相应，"全面的现代性"也是"片面的现代性"的升级版。"富起来"的中国往哪里去？党的二十大报告重申了"两个阶段"的发展战略。这"两步走"的发展战略，全面、生动地描述

---

① 杨耕：《东方的崛起：关于中国式现代化的哲学反思》，北京师范大学出版社、北京出版社 2022 年版，第 324 页。

了中国如何从"片面的现代性"走向"全面的现代性"。

党的二十大报告把全面建成社会主义现代化强国，作为第二个百年奋斗目标。习近平总书记在党的二十大报告中是这样表述"新时代新征程中国共产党的使命任务"的："从现在起，中国共产党的中心任务就是团结带领全国各族人民全面建成社会主义现代化强国、实现第二个百年奋斗目标，以中国式现代化全面推进中华民族伟大复兴。"[1] 我们应当特别注意这段话中两处"全面"两字：其一是明确指出"全面建成社会主义现代化强国"，我们在第二个百年所要实现的现代化，不是仅限于某些领域的现代化，而是所有领域都要实现现代化，我们所要建成的社会主义现代化强国，不是仅在某些方面是强大的，而是在所有方面都是强大的；其二是明确指出"以中国式现代化全面推进中华民族伟大复兴"，我们借助中国式现代化推进中华民族的伟大复兴并不是一种在若干方面的推进，而是一种包括各个方面的"全面""整体"的推进。

党的二十大报告实际上提出了全面实现现代化的概念。这说明，中国式现代化是一个"全面现代化"的概念。这不仅是对西方式的现代化的负面效应的纠正，也是对我们原先所追求的现代化的超越。必须明确，这一概念就是针对片面现代化的。这说明，原先我们的现代化实际上主要局限于经济领域。在一定的历史时期这样做也是必要的。而现在到了超越这一历史阶段，从片面的现代化走向全面的现代化，也就是说，现代化不应当仅仅在经济领域，而是应当在政治、文化、精神，甚至人本身全面展开，党的二十大报告及时地实现了这一转折。

习近平总书记在党的二十大报告中阐述了中国式现代化是全体人民共同富裕的现代化之后，紧接着论述了中国式现代化的另一个

---

① 习近平：《高举中国特色社会主义伟大旗帜　为全面建设社会主义现代化国家而团结奋斗——在中国共产党第二十次全国代表大会上的报告》，人民出版社 2022 年版，第 21 页。

特征，即"中国式现代化是物质文明和精神文明相协调的现代化"。在一定意义上，这一特征是对上述"共同富裕"这一特征的具体解释和说明。习近平总书记在这里强调，"中国式现代化，不仅要实现物质富足，而且要实现精神富有，不仅要在物质的层面上共同富足，而且要在精神的层面上共同富有"①。习近平总书记最后概括为"促进物的全面丰富和人的全面发展"。

片面的现代化与全面的现代化对人产生的一个直接影响就是前者只有可能满足人对物质方面的需求，而全面的现代化则能满足人的多方面的需求；党的二十大把全面实现现代化作为发展目标，实际上就是把实现人的全面发展作为发展目标。全面实现现代化和人的全面发展是完全一致的，只有在全面实现现代化的条件下才能实现人的全面发展。

按照马克思主义的现代性理论对现代性的整体性的要求，中国必将全面提升物质文明、政治文明、精神文明、社会文明、生态文明，实现国家治理体系和治理能力现代化，全面建成富强民主文明和谐美丽的社会主义强国。如果说"站起来"主要着眼于取得民族独立和人民解放的政治层面，即着眼于为中国实施现代性创造政治基础，"富起来"主要着眼于解放生产力和提高人民物质生活水平的经济层面，即着眼于在经济领域首先实施现代性，那么，"强起来"则着眼于实现"两个一百年"奋斗目标和中华民族伟大复兴中国梦的整体概括，即着眼于在中国这块古老的大地上全面地实施现代性。那么，全面实现现代化的中国是一个什么样的中国？显然，这是一个完全进入了人自由而全面发展的一种新的文明形态的中国。

知道了追求精神富有，追求精神层面上的共同富有，在共同富

---

① 习近平：《高举中国特色社会主义伟大旗帜　为全面建设社会主义现代化国家而团结奋斗——在中国共产党第二十次全国代表大会上的报告》，人民出版社 2022 年版，第 23 页。

裕中的地位和作用，进而知道了追求精神富有，追求精神层面上的共同富有，在中国式现代化中的地位和作用，就会对浙江省德清县的领导和人民致力于"加快建设共同富裕美好生活，在共同富裕中实现精神富有"，产生由衷的敬意。

中国式现代化视野下共同富裕的多重逻辑

王永昌

王永昌，浙江省人大常委会原副主任，浙江省文史馆馆长，浙江省党的建设研究会会长，浙商发展研究院院长

党的二十大开启了全面建成社会主义现代化强国、实现第二个百年奋斗目标、以中国式现代化全面推进中华民族伟大复兴的新征程。中国式现代化是全体人民共同富裕的现代化，共同富裕是中国式现代化的一个本质特征和重要目标。从中国式现代化理论和共同富裕理论的统一性角度讲，目前学术界需要建构起两者之间内在的逻辑关系，并在中国式现代化视野下阐明共同富裕多重的丰富内涵，以指导推动共同富裕和社会主义现代化建设实践。

一　关于共同富裕与中国式现代化的内在逻辑关系

以党的二十大报告为基本标志，中国共产党形成了中国式现代化的系统性理论体系。这是党的二十大的一个重大理论创新，是科学社会主义的最新重大成果。

习近平总书记指出："党的十八大以来，我们党在已有基础上继续前进，不断实现理论和实践上的创新突破，成功推进和拓展了中国式现代化。我们在认识上不断深化，创立了新时代中国特色社会主义思想，实现了马克思主义中国化时代化新的飞跃，为中国式现代化提供了根本遵循。我们进一步深化对中国式现代化的内涵和本质的认识，概括形成中国式现代化的中国特色、本质要求和重大原则，初步构建中国式现代化的理论体系，使中国式现代化更加清晰、更加科学、更加可感可行。"①

与此同时，我们党也形成了新时代共同富裕的比较完整系统的思想理论。进入新时代以来，随着脱贫攻坚、全面小康完成，全面

---

① 《习近平在学习贯彻党的二十大精神研讨班开班式上发表重要讲话强调　正确理解和大力推进中国式现代化》，《人民日报》2023 年 2 月 8 日第 1 版。

建设现代化新征程的开启，以习近平同志为核心的党中央对推动共同富裕取得更为明显的实质性进展，进行了宏阔深刻的理论思考和实践探索，科学回答了"什么是共同富裕""为什么要推进共同富裕""怎样推进共同富裕"等一系列重大理论和实践问题，形成了一系列具有原创性的思想理论、思路目标、方针政策、体制机制等重大成果，并作出了支持浙江高质量发展建设共同富裕示范区的重大战略决策。

中国式现代化的内涵与新时代共同富裕的内涵具有内在的统一性。尽管我们应充分认识共同富裕内容的广泛性和丰富性，但新时代推进的共同富裕毕竟有其独特的主导内涵，需要我们在理论和实践上正确把握。在党的重要文献和党的主要领导人的讲话中，以及学术界的探讨中，对共同富裕的内涵及特性有着广泛多角度的界定。我们根据习近平总书记的一系列重要论述、党的二十大报告精神、党中央国务院《关于支持浙江高质量发展建设共同富裕示范区的意见》和浙江的实践，对新时代共同富裕的思想内涵和实践要求，作了初步的学习和思考，试图从共同富裕的"内生逻辑""主体逻辑""本义逻辑""问题逻辑""全面逻辑""辩证逻辑""实践逻辑"和"文明逻辑"八个视角，探讨新时代共同富裕所涵盖的多重意蕴，阐明共同富裕的中国特色和时代特征，进而从更深层面上揭示新时代中国共产党人守正创新的无畏理论勇气和实践创造精神。

我们认为，共同富裕是中国式现代化过程中的共同富裕，是中国式现代化最具标识度的本质属性。党的二十大报告把共同富裕放在整个中国式现代化总体框架中予以布局，并从中国式现代化强国、中华民族伟大复兴、人类文明新形态的战略高度予以阐述。我们应站在中国式现代化建设总体布局视野下去认识和推动共同富裕，注意把握全面与重点关系，围绕共同富裕的本义、主导内涵和主要问题加以突破，以期取得可行可感的成就。

二　关于共同富裕的"内生逻辑"

新时代中国共产党人领导全国各族人民积极主动、扎实稳妥地推动共同富裕，是有着内在的客观依据的。这就是基于马克思主义对人类社会发展规律、社会主义建设规律、共产党执政规律的科学认识的"合规律逻辑"，中国历史文化、近现代民族复兴奋斗史、新中国建立和改革开放发展史，特别是新时代党的理论创新和实践探索的"历史逻辑"。所有这些都推动新时代共同富裕既是合规律性的历史必然，又是具有客观现实可能性的时代创造。

这种历史的必然性和客观的现实性，就是新时代推进共同富裕生成的"真理逻辑"，或者说内在的"历史逻辑""生成逻辑""发生逻辑"。新时代共同富裕是对中国之问、世界之问、人民之问、时代之问作出的符合客观规律的科学回答，具有深邃的历史理性和宏阔的时代现实的客观依据。

三　关于共同富裕的"主体逻辑"

从遵循"三大规律"中必然要得出"人民是历史、社会的主体"的结论。历史是人民创造的，人民是创造一切社会财富的主体，必须坚持"以人民为中心的发展观"。"三大规律"内在蕴含着历史必然的真理逻辑，也包含着历史人民性的价值逻辑，也就是"道义性逻辑"。

我们讲的共同富裕是"全体人民的共同富裕"，也就是说，共同富裕的主体是"全体人民"。当然，"共同富裕"就其"共同"而言，意味着不是个人的富裕，也不是少数人的富裕。但"共同"有一个范围和层次问题，在"共同富裕"前面再加上"全体人民"，不但共同富裕的外延明确了，而且进一步突出了共同富裕的人民性，强调我们所追求和实现的富裕是全体人民的富裕。

马克思主义在揭示人类社会发展规律的基础上创立了科学社会

主义、唯物史观，并且把社会发展规律与人民的主体地位内在地有机统一起来，认为，人民是历史的主人，国家一切权力来自人民、为了人民。马克思主义理论、社会主义运动和共产党人就是为实现人民的根本利益而诞生的。这样，遵循历史发展规律的客观性、真理性与实现人民利益的价值性、目的性，就达到了高度融合，也就是我们经常讲的，马克思主义既占据真理制高点又占据道义制高点。这两个制高点历史的、辩证的统一，是马克思主义先进性、合理性和实践性的集中体现，这也是马克思主义具有强大生命力、感召力之所在。

人民立场是中国共产党的根本政治立场，也是马克思主义政党区别于其他政党的显著标志。人民是社会主体和社会发展的根本动力，是历史和社会财富的创造主体，因而也应当是享受社会财富的主体。人民是中国共产党的根基、血脉、力量所在，也是执政兴国的最大底气。习近平总书记指出："江山就是人民、人民就是江山，打江山、守江山，守的是人民的心。"[1] 我们党合乎社会发展规律主动推进共同富裕，充分体现了坚持客观真理与人民至上相统一的唯物史观。

四　关于共同富裕的"本义逻辑"

"三大规律"和人民的"主体逻辑"表现在现实社会生活层面，就要落实到人民的实践创造和现实生活之中，这就有一个全体人民共同富裕或者说社会结构在现实场景中的定位问题。直接地说，就是共同富裕本质上、本来意义上是一个什么样的问题，即它本来要说明、要解决的是什么问题？这就是"本义逻辑"问题。

一般地讲，社会运行和发展的最根本问题：是效率与公平问题。效率与公平被认为是一个社会生存和发展带有"本体性质"的基本

---

① 习近平：《在庆祝中国共产党成立100周年大会上的讲话》，人民出版社2021年版，第11页。

问题。是否共同富裕或者说贫富是否比较均衡问题，被认为事关"社会公平""社会公正"的基本问题。这个问题的核心所在，是有效创造财富和公平分配财富的"函数"问题。"全体人民的共同富裕"的本义，就是在创造财富的基础上侧重于财富分配。这个问题的实质，就是社会公平问题。

换句话说，共同富裕的本义实是如何更合理更公平地分配社会财富问题。当然，与这个本义问题相关的，还涉及以下一些重大问题：一是底层逻辑要防止两极分化（低保等社会保障体系）；二是经济增长要与收入增长基本同步；三是国民收入分配结构基本合理（投资与消费，三次分配等）；四是基尼系数结构基本合理（群体收入结构）；五是公共设施、公共服务等基本建立和健全；六是保障获得公正公平的公民权益制度基本建立和健全；等等。

需要指出的是，西方发达国家在现代化进程中，社会生产力和物质财富是相当"富有"的，在国家的"平均性"上是普遍富裕的。但这种全体人民被"平均"的富有不是我们讲的共同富裕，至多是一种失衡的国家富裕现象，也可以叫"单向度"的富裕。我们的共同富裕虽然也是有差异、有先后的，不是平均主义的，但不应是社会群体收入和生活水平差距过大甚至是两极分化的，而是相对均衡的普遍富裕状况。

同样，脱离实际的、"单向度"搞什么高福利主义，也是我们所摈弃的。因为高福利主义并不是建立在有效创造财富基础上的真正的共同富裕，归根结底是行不通的。

五　关于共同富裕的"问题逻辑"

共同富裕不是一个静态的结果，而是一个动态的历史过程。这就决定了共同富裕的内涵和形态都有一个历史过程中的阶段性、时代性特征问题。

那么，推进新时代共同富裕的现实基础、主要依据和时代要求是什么呢？或者说主要解决什么矛盾和问题呢？这就是推进共同富裕的"问题导向"，主要针对什么突出问题，要解决什么时代现实问题，从而扎扎实实推进共同富裕。

我们认为，新时代推进共同富裕的"问题逻辑"，就是在"本义逻辑"的基础上，进一步扩展为城乡、区域和群体的"三大差距"问题。"三大差距"是阻碍提升共同富裕水平的主要问题，是最大的现实逻辑，是当代中国的最基本国情和时代特征之一。逐步解决这"三大差距"，也就聚焦了共同富裕的"问题导向"。进入新时代，中国社会的主要矛盾是人民日益增长的美好生活需要和不平衡不充分的发展之间的矛盾，不断推动这个主要矛盾的解决，是我们各项事业发展的根本任务。2021年6月，中共中央、国务院《关于支持浙江高质量发展建设共同富裕示范区的意见》中指出，现阶段中国发展不平衡不充分问题比较突出，城乡、区域发展差距和群体收入分配差距较大，全国各地基础、条件千差万别，相对来说，浙江在解决城乡、区域发展和群体收入差距方面成效明显，进一步先行探索解决发展的不平衡不充分问题有更多优势和条件，同时也有短板弱项和发展潜力。中央希望通过浙江高质量发展建设共同富裕的先行先试，为进一步丰富共同富裕的思想内涵、探索破解新时代社会主要矛盾的有效途径、展示中国特色社会主义制度优越性提供省域范例。"三大差距"是社会主要矛盾的集中表现，也是制约共同富裕的主要"瓶颈"，逐步缓解"三大差距"自然成了推进共同富裕的"主攻方向"和重要含义。

这样，共同富裕的内涵就由收入分配的"本义"进一步拓展为以"三大差距"为主的社会均衡性发展和更广泛的社会公平发展的意义。换句话说，"共同富裕"便有了"共同发展"的内涵。新时代共同富裕既要重点关注社会阶层的收入差距，又要重视区域和城乡发展差距，而不能只关注"收入分配"差距问题。"共同发展""均衡发展"既是共同富裕的重要基础，也是共同富裕的本质内容。

六　关于共同富裕的"全面逻辑"

新时代的共同富裕既指全民富裕，也指"全面富裕"。中国的社会主义制度、中国式现代化的一个本质特性和优势，就是全面协调整体地推进各项事业的发展，从系统性和整体性视角讲，共同富裕的内涵和外延不只停留在"三大差距"上，而是进一步拓展到整个社会的各个主要领域，使共同富裕在内涵上成为"全面富裕"，从而使"共同"和"富裕"都有了更深更广的意义。

全面的共同富裕的主要依据在于：共同富裕是在社会统筹协调的全面发展中推进和实现的；满足人民对美好生活的全面性需要。显然，"美好生活"是一个具有丰富而全面的概念，人们的生活需求也是多样而全面的。共同富裕在本质上就是人民共享经济、政治、文化、社会、生态等各方面的发展成果，人民有更多、更直接、更实在的获得感、幸福感和安全感，从而不断促进人的全面发展、全体人民共同富裕。在中共中央、国务院《关于支持浙江高质量发展建设共同富裕示范区的意见》中指出："共同富裕具有鲜明的时代特征和中国特色，是全体人民通过辛勤劳动和相互帮助，普遍达到生活富裕富足、精神自信自强、环境宜居宜业、社会和谐和睦、公共服务普及普惠，实现人的全面发展和社会全面进步，共享改革发展成果和幸福美好生活。"这里，就明确赋予"共同富裕"以广泛内涵，几乎涉及"五位一体"的社会结构和社会全面发展的丰富内容。

因此，共同富裕不是单一的物质富裕，还包括满足人民群众精神文化需求的富裕；不只是物质生活和精神生活意义上的富裕，而是包括政治生活和社会生活意义上的富裕，是一个社会和人都共同进步的全面"富裕"过程。这样，"共同富裕"也就成了一个社会协调发展、人们美好生活和人的全面进步的"总体性"范畴了。社会和人的全面发展，既是中国式现代化的重要特性，也是共同富裕的题中应有之义。我们要坚持以造福人民为根本目的，不断解放和

发展社会生产力，全面推进经济建设、政治建设、文化建设、社会
建设、生态文明建设，为实现全体人民的共同富裕而不懈努力。

七　关于共同富裕的"辩证逻辑"

"全体人民的共同富裕"还具有历史的、辩证的本质特性。

推进共同富裕既有人类共同特性，更有基于国情的中国特色；
共同富裕既指向社会收入分配、社会公平意义上的内涵，又指向缩
小"三大差距"、人民美好生活和社会的全面发展；共同富裕是全体
人民的共同富裕，又是有先后、有差异的富裕，而不是整齐划一的
平均主义；共同富裕不是少数人的富裕，但也是鼓舞劳动和合法致
富先富的，是倡导先富带后富的；共同富裕既指向分享财富（切蛋
糕），又指向创造财富（做蛋糕）；推进共同富裕既是现实的重大紧
迫任务，又是历史的长期的过程；推进共同富裕是历史发展的必然，
也是中国共产党人的自觉创造；等等。

推进共同富裕的过程，就是历史辩证法的展现过程。

八　关于共同富裕的"实践逻辑"

新时代的共同富裕不只是一个抽象概念和理论学术问题，而是
我们党和国家重大的思想理论、战略纲领、制度体制、方针政策和
行动部署的现实的实践活动过程。这就是"怎样推进共同富裕"的
行动、实践逻辑问题。

新时代的共同富裕的实践逻辑主要体现在以下六个方面：推进
共同富裕的实践基础（现实可能性）；推进共同富裕的基本原则
（鼓励勤劳创新致富；坚持基本经济制度；尽力而为量力而行；循序
渐进）；推进共同富裕的战略目标（三步走）；推进共同富裕的基本
思路（坚持以人民为中心的发展思想，在高质量发展中促进共同富
裕，正确处理效率和公平的关系，构建初次分配、再分配、三次分
配协调配套的基础性制度安排，加大税收、社保、转移支付等调节

力度并提高精准性，扩大中等收入群体比重，增加低收入群体收入，合理调节高收入，取缔非法收入，形成中间大、两头小的橄榄型分配结构，促进社会公平正义，促进人的全面发展，使全体人民朝着共同富裕目标扎实迈进）；推进共同富裕的基本路径（提高发展的平衡性、协调性、包容性；着力扩大中等收入群体规模；促进基本公共服务均等化；加强对高收入的规范和调节；促进人民精神生活共同富裕；促进农民农村共同富裕；促进人的全面进步；推进共同富裕的组织领导方法和工作方法。

九　关于共同富裕的"文明逻辑"

新时代共同富裕涉及人民美好生活和社会的全面发展进步。这意味着共同富裕的"富裕"内涵是丰富多重的。

现在，我们一般将社会文明进步，广义地划分为物质文明、精神文明、政治文明、社会文明和生态文明五大文明形态，也就是我们党提出的"五位一体"的总体布局。推进和实现共同富裕过程，实际上是物质文明、精神文明、政治文明、社会文明和生态文明协调发展的过程。共同富裕广泛而深刻的丰富内涵，涉及"三大规律"和社会有机整体发展，涉及党和国家的整个事业发展，涉及全体人民的根本利益，涉及中国式现代化的本质特性等。总之，关乎整个社会发展的文明样态和文明水平。这是世界现代化进程和人类文明发展进程中的一场开创性的伟大变革，这是中国共产党人领导十四亿多人民在坚持中国特色社会主义道路上的一场划时代的实践创造。如此开创历史发展新河的宏阔场景，必将推动人类文明发展跃升到新的境界。

从人类文明形态视野来分析，中国式现代化进程中的共同富裕意味着什么历史深意、创造出什么文明之果？第一，在人类历史上是首次有思想有理论有规划有组织领导的自觉的创造历史的变革性实践活动；第二，超越个人本位至上的价值文化观，实现个人与社会有机统一的新的文化和新的价值；第三，超越基于单一私有制、自由市场经济基础上的效率与公平偏颇性自发性的单一文化价值观念，实现效率与公平更合理统一的新的文化新的价值；第四，超越基于物质、金钱主义的社会单向或偏重物质、资本的社会发展观，实现社会结构、内容更统筹协调发展进步的新的发展观和历史进步观；第五，超越基于人与物、人与自然、人与人、人与自我对立分离的异态化形象，历史地确立以人民为主体、以人的全面进步为目的的社会文明观、人与自然和谐共生的生态文明观以及人类互利共融的命运共同体的天下文明观，使人的主体性和人类文明境界达到一个新的高度。尽管这是永无止境的历史过程，但人类文明的历史长河总归是向着更美好的未来奔流的。

习近平总书记指出："中国式现代化，深深植根于中华优秀传统文化，体现科学社会主义的先进本质，借鉴吸收一切人类优秀文明成果，代表人类文明进步的发展方向，展现了不同于西方现代化模式的新图景，是一种全新的人类文明形态。中国式现代化，打破了'现代化＝西方化'的迷思，展现了现代化的另一幅图景，拓展了发展中国家走向现代化的路径选择，为人类对更好社会制度的探索提供了中国方案。中国式现代化蕴含的独特世界观、价值观、历史观、文明观、民主观、生态观等及其伟大实践，是对世界现代化理论和实践的重大创新。中国式现代化为广大发展中国家独立自主迈向现代化树立了典范，为其提供了全新选择。"[①] 中国式现代化是共同富裕的现代化。从广义上讲，我们党领导人民推进共同富裕的伟大历史进程，也是探索和创造全新的人类文明形态的过程。而作为中国式现代化视野下的共同富裕，同样构成了中国式现代化的最本质特性，是中国式现代化所蕴含的独特世界观、价值观、历史观、文明观、民主观、生态观的集中体现。

[①] 《习近平在学习贯彻党的二十大精神研讨班开班式上发表重要讲话强调　正确理解和大力推进中国式现代化》，《人民日报》2023 年 2 月 8 日第 1 版。

十　结语

积极稳妥地推进新时代共同富裕伟大实践，需要我们更全面更深刻地把握全体人民共同富裕的"内生逻辑""主体逻辑""本义逻辑""问题逻辑""全面逻辑""辩证逻辑""实践逻辑"和"文明逻辑"等丰富内涵，我们应从"为什么要推动共同富裕""要推动什么样的共同富裕"和"怎样推动共同富裕"的系统逻辑去认识其道理、学理和哲理依据。进入新时代以来，我们党形成了推动共同富裕的一系列理论创新、实践创新、制度创新和文化创新的重大成果。这些新成果是中国式现代化理论体系的重要组成部分。毫无疑问，中国式现代化和共同富裕的全面推进，将开创人类现代化和人类文明发展的新形态，为人类文明进步作出开创性的伟大贡献。

在推进共同富裕的实际工作中，我们更应该突出社会分配、社会公平、公众民生"本义"上的"共同富裕"，也就是要特别注重解决人民群众切身利益的民生生活现实问题以及公共服务和公共产品均衡化等"社会文明"意义上的"共同富裕"，也就是我们讲的共同富裕的最基本、最主导的内容。我们这样讲，丝毫不意味着共同富裕的广义内容及社会全面发展的重大意义，而要强调的是，在全面发展、全面富裕的基础上，更应关注解决共同富裕的"本义逻辑"和"问题逻辑"，坚持立足现实，以问题为导向，紧紧围绕共同富裕的主导内涵和主要问题加以攻坚克难，从而在中国式现代化建设总体布局视野下更扎实地推进新时代的共同富裕。

中国式现代化视域中精神富有的两个维度

张有奎

张有奎，厦门大学马克思主义学院常务副院长，教授

准确理解和深入把握"精神富有"的科学内涵，关乎中国式现代化的理论和实践。它有助于解决熟知非真知的表面化问题，破除物质繁荣和精神贫乏的二元对立，因而具有重要意义。

一　精神富有是中国式现代化的内在要求

党的二十大报告强调，"中国式现代化是物质文明和精神文明相协调的现代化。物质富足、精神富有是社会主义现代化的根本要求"①。中国式现代化不是资本主义现代化，不是以资本为中心的现代化，而是中国共产党领导的社会主义现代化，它是以人民为中心的现代化，强调共同富裕和全面发展，共同富裕包括精神生活的共同富裕，全面发展包括经济、政治、文化、社会、生态等方方面面的发展。"物质贫乏不是社会主义，精神贫乏也不是社会主义。"②以中国式现代化全面推进中华民族伟大复兴，必须实现精神富有。

其一，从中国式现代化的领导力量看，中国式现代化必须坚持中国共产党领导，中国共产党的宗旨在于共产主义和人的解放，包括劳动解放、经济解放、政治解放和思想解放。思想解放的前提在于摆脱物的束缚和各种教条性观念的束缚，弘扬理性精神，实现精神富有。康德指出："启蒙运动就是人类脱离自己所加之于自己的不成熟状态。不成熟状态就是不经别人的引导，就对运用自己的理智

---

① 习近平：《高举中国特色社会主义伟大旗帜　为全面建设社会主义现代化国家而团结奋斗——在中国共产党第二十次全国代表大会上的报告》，人民出版社 2022 年版，第 22 页。

② 习近平：《高举中国特色社会主义伟大旗帜　为全面建设社会主义现代化国家而团结奋斗——在中国共产党第二十次全国代表大会上的报告》，人民出版社 2022 年版，第 22—23 页。

无能为力。"① 理性取代信仰是人类的进步，它的积极意义在于，人类不再盲从某种神圣的教义，而是遵从历史的趋势和规律。马克思主义揭示了人类社会发展的本质和方向，因而是真理和科学。中国共产党以马克思主义为指导思想和行动指南，旨在为中国人民谋幸福，为中华民族谋复兴。人民的获得感和幸福感是至关重要的指标。没有文化繁荣和文明进步，没有社会主义先进文化，没有精神富有，就不符合党的宗旨和性质。

其二，从中国式现代化的根本性质看，中国式现代化必须坚持中国特色社会主义，社会主义强调以人为中心，克服以资本为中心的弊端，因而内在地要求人的精神的丰盈和富有。以资本为中心发展起来的文化强调享乐主义、消费主义和欲望至上，它是服务于资本增值需要的文化，是被资本原则支配和渗透的文化。以人为中心发展起来的文化的首要目的在于满足人们的精神需求，不应该出现目的和手段的颠倒。这种文化丰富了人们的精神世界，为改革开放和社会主义现代化建设提供了强大的思想保证、精神动力和智力支持。它包括"加强社会主义核心价值体系建设，坚持马克思主义指导地位，树立中国特色社会主义共同理想，弘扬以爱国主义为核心的民族精神和以改革创新为核心的时代精神，培育和践行社会主义核心价值观，倡导社会主义荣辱观，增强民族自尊、自信和自强精神，抵御资本主义和封建主义腐朽思想的侵蚀，扫除各种社会丑恶现象，努力使我国人民成为有理想、有道德、有文化、有纪律的人民"②。

其三，从中国式现代化的基本特征看，它是全面的现代化，不是片面的现代化，全面的现代化理所当然地包括人的现代化，包括人的精神富有。躺平、无意义感等描述的是现代人的一种无家可归

---

① ［德］康德：《历史理性批判文集》，何兆武译，商务印书馆 1990 年版，第 22 页。

② 《中国共产党章程》，人民出版社 2022 年版，第 7 页。

的精神状态。黑格尔曾经批评现代人"过于执着于世俗事物了"①。尼采指出,现代人陷入了虚无主义。虚无主义是目的性的丧失和意义的消遁,与之相应的是感性的张扬、欲望的勃发、相对主义的凸显。肉体和欲望在传统社会是被贬斥、否定、压抑的对象,在现代社会则成为被肯定、赞美、崇拜的对象。这些问题出现的深层次根源在于私有制、商品化和市场化,在于人对物的依赖。中国式现代化不是迎合和迁就这种精神危机状况,而是力图实现引领和改变,让干瘪和物化的精神生命重新焕发生机,回归人的全面发展的正途。

其四,从中国式现代化的本质要求看,它的实践要求有五个方面,其中之一就是"丰富人民精神世界"②。精神富有是中国式现代化的题中应有之义。实现精神富有的前提在于物质富足。中国有句古话,仓廪实而知礼节,衣食足而知荣辱。当然,物质富足、经济发展、人民生活水平的提高并不自然而然地带来人们思想认识水平和道德水平的提高。马克思强调指出,物质生活的生产方式制约着整个社会生活、政治生活和精神生活的过程。精神生活不是疏离于物质生活的另一个独立的世界,而是深深扎根于物质生活之中,精神生活具有历史性、社会性、实践性和人民性。精神生活的生产资料牢牢掌握在统治阶级的手中,也就是说,"一个阶级是社会上占统治地位的物质力量,同时也是社会上占统治地位的精神力量。支配着物质生产资料的阶级,同时也支配着精神生产资料,因此,那些没有精神生产资料的人的思想,一般地是隶属于这个阶级的"③。资本主义社会的无产阶级的精神状况,从历史实践方面证明了马克思这一说法的正确性。中国式现代化不同于资本主义现代化的地方在

---

① [德]黑格尔:《精神现象学》(上卷),贺麟、王玖兴译,商务印书馆1979年版,第5页。

② 习近平:《高举中国特色社会主义伟大旗帜 为全面建设社会主义现代化国家而团结奋斗——在中国共产党第二十次全国代表大会上的报告》,人民出版社2022年版,第32页。

③ 《马克思恩格斯文集》第1卷,人民出版社2009年版,第550页。

于，它坚持人民至上而不是资本至上，因而能够做到为了人民、依靠人民和发展成果由人民共享，因而必然照顾到人民的精神需求。

精神富有关涉人的精神生活。人的生活大致有三个领域和样态，这就是物质生活、社会生活和精神生活，基本对应的是人与自然的关系、人与人的关系、人与自我的关系。哈贝马斯的三个世界概念，客观世界、社会世界、主观世界，也与前述的说法基本对应。精神生活具有不同的层次。有学者指出："区别于物质生活和社会生活的精神生活，本身又可以区分为相对于肉体生活的'心理生活'、相对于经济生活的'文化生活'、相对于日常生活的'心灵生活'。"① 借用这种区分，我们认为精神富有强调的是文化生活和心灵生活的两个层次，因而具有两个维度。追问精神富有是否可能和如何可能的问题，乃是深层次的另一个问题了。

二　精神富有的第一个维度：公平地享有丰富的公共文化产品

精神富有的基本维度在于，公平地享有丰富的公共文化产品。中国式现代化就是要打破现代化等于西方化的迷误，破除全盘西化的错误导向，探寻基于中国国情的具有中国特色的现代化。它的重要维度之一在于解决物质至上主义的偏颇，寻找全面现代化的路径。精神富有的提法之任务在于解决精神生活的普遍贫乏问题。它的根本特征有两点。

其一，丰富性。精神富有的首要之点在于，人们可以享有丰富的文化生活。电影院、戏剧院、音乐会、文化公园、电视广播、视频软件、互联网、各种免费的电子阅读书籍等，这些极大地丰富着当代人的精神生活，当然也包括当代中国人的精神生活。我们有能力和条件享有更多的文化产品，享有文化产品量上的"多"。如果用两个字来形容当今人们的生活，一个是"忙"，另一个是"多"。

---

① 童世骏等：《当代中国人精神生活研究》，经济科学出版社 2009 年版，第 6 页。

"忙"的是工作，工作本应是目的性的活动，自我价值的实现，在当今常常蜕变为谋生的手段和工具。社会上的"996"等吐槽的说法，不过是一种变相的反映而已。如此之"忙"的困惑在于，生存意义的缺失。这就是乏味、无聊、无所凭依，这就是现代人的精神命运，即被连根拔起，陷入精神的深渊。解决这种精神危机的暂时性办法，就是文化产品的"多"。传统农业社会的文化精神生活是贫乏的，获得书籍等知识产品的成本高昂，一般家庭常常负担不起，这导致文盲是普遍的，人们的精神生活是贫乏的。"学富五车"的古代读书人，换算成今天的文字阅读量，也不过尔尔。活字印刷术和造纸技术是革命性的变革，书籍的成本降低了，一般的小康人家也能让自己的孩子读书识字，但这依然仅仅是初级的文化活动。现代工业极大地推动了文化繁荣。在互联网时代，数字技术的发展突飞猛进，信息量爆炸式增长，各种知识产品的获取几乎是免费的。人们的精神生活相比较于古人话，发生了翻天覆地的变化。文化的多样性，获取文化资源的便捷性和廉价（甚至免费）性，移动化、社交化、可视化成为这个时代的精神生活的基本特征。精神富有不是一个口号，而是迅速变成一个事实。

其二，公平性。文化产品享有主体的人民性和享有范围的公平性是中国式现代化关注的焦点。精神生产及其精神产品的享有不是有钱人的特权，而是人们普遍的权利，这是现代社会的基本法则。由于城乡差别、性别歧视、阶层不同，乡村、女性、穷人在传统社会常常是文化贫瘠和愚昧的代名词。随着现代社会的确立和平等理念的深入人心，教育平权运动和公平理念的流行，尤其是数字化的赋能，公共文化产品享有的人民性已经成为政策设计的基本要求，在实践层面也已经有根本的改观。虽然这种差别依然没有完全消除，但等级制的观念已经被扫入历史的垃圾堆，残存的封建意识也渐去渐远。习近平总书记指出，"要推动公共文化服务标准化、均等化。东部地区文化建设要搞好、中西部地区文化建设也要搞好，城市文化要繁荣起来、农村文化也要繁荣起来，特别是革命老区、民族地区、贫困地区文化建设不能落下"①。创新实施文化惠民工程，体现社会主义文化的本质，就是要解决文化分配和文化消费的公平性问题。

它的限度在于，无法解决深层次的当代中国人的精神需求问题。马克思曾经批评资本主义现代文明造成人对物的依赖，目的与手段的颠倒，死劳动支配活劳动，与之相应的精神生活层面的问题在于贪婪和占有欲的文化体现，拜金主义、个人主义、享乐主义、消费主义等。在社会主义市场经济的背景下，西方的多元文化渗透和侵入中国人的精神领地。资本原则支配精神生产的情况普遍存在，文化商品遵循和符合商品的一般生产规律。这种文化商品迎合和满足大众消费的口味和需求，引领和教化的功能越发弱化。阿多诺和霍克海默曾经批评的文化工业现象在我们这里也有表现，因而抵制低俗、庸俗、媚俗的倾向，倡导讲品位、讲格调、讲责任，推进文化领域供给侧结构性改革，健全现代文化产业体系和市场体系，坚持和鼓励原创性的精品力作，实现从"高原"向"高峰"的迈进，发扬学术民主，造就德艺双馨的名家大师和高水平人才队伍等应是一种导向和风尚。精神文化产品应实现社会效益和经济效益的统一，坚决把社会效益放在首位，不能是市场的奴隶，不能被市场牵着鼻子走，不要沾满了铜臭气，不能把发行量、收视率、点击率、票房收入等量化指标绝对化。

文化供给方面，数字技术的加持仅仅解决了文化资源量的稀缺性问题，它使得信息传播无限便捷。然而，文化的质的提升不是量的简单叠加，它必须面对和解决文化的工业化和泡沫化。信息茧房等问题的存在足以说明，隐性控制和心灵枷锁依然是普遍存在的，物的支配依然是根深蒂固的现实问题。电视、广播、电影、报纸等

---

① 《习近平新时代中国特色社会主义思想专题摘编》，中央文献出版社、党建读物出版社 2023 年版，第 322 页。

传媒虽然被互联网、自媒体、短视频等替代，但商业化的文化之本质是迎合性的文化，原因在于它的本质在于盈利和效率，在于文化公司投资人的利益最大化，因而难以很好地发挥价值引领作用。如何体现文化导向上的以人民为中心，而不是以资本为中心，这是当前的中心议题和需要着重破解的难题。

三　精神富有的第二个维度：超越性的精神家园

精神富有的第二个维度在于，指向超出日常生活的精神家园。它是生命之意义的反思和追问，指向生命的整体性和目的性，指向精神价值。它涉及个体和整体、小我和大我、现在与未来、有限和无限等之间的关系。启蒙运动的后果之一在于，它终结了传统信仰的时代，人取代神的地位，理性占据上帝的宝座，超验萎缩，上帝退隐，工具理性滥觞，世俗化成为潮流，人蜕变为经济动物。超越性似乎成为遥不可及的一件事，理想主义成为被嘲笑的对象。人们日益陷入一种相对主义、多元化和虚无主义的深渊。然而，人的理性意识和意义的探寻内在地呼唤某种精神的超越性，它的何以可能的前提条件之探讨乃是当前的迫切问题。

马克思的意识形态理论突出强调了精神生产的物质基础。马克思告诉我们，"统治阶级的思想在每一时代都是占统治地位的思想。这就是说，一个阶级是社会上占统治地位的物质力量，同时也是社会上占统治地位的精神力量。……占统治地位的思想不过是占统治地位的物质关系在观念上的表现，不过是以思想的形式表现出来的占统治地位的物质关系"[①]。"物质生活的生产方式制约着整个社会生活、政治生活和精神生活的过程。不是人们的意识决定人们的存在，相反，是人们的社会存在决定人们的意识。"[②] 毛泽东指出，"一切种类的文学艺术的源泉究竟是从何而来的呢？作为观念形态的

---

① 《马克思恩格斯文集》第 1 卷，人民出版社 2009 年版，第 550—551 页。
② 《马克思恩格斯文集》第 2 卷，人民出版社 2009 年版，第 591 页。

文艺作品，都是一定的社会生活在人类头脑中的反映的产物。革命的文艺，则是人民生活在革命作家头脑中的反映的产物"①。"为艺术的艺术，超阶级的艺术，和政治并行或互相独立的艺术，实际上是不存在的。"② 生活是文学艺术的唯一源泉，其他则是流。从经典作家的这些说法中，我们很容易得出结论，精神生活离不开物质生活，思想一旦离开利益，就会使自己出丑的。

有人认为，从马克思的意识形态理论出发，任何思想都不过是历史性的存在，因而不存在超越性的东西。这种看法是不正确的。我们绝不能从机械决定论的角度理解马克思的意识形态理论。思想、精神、文化的超越性体现在它穿越时代的迷雾，洞穿历史的本质，揭示现实的趋势和方向，彰显民族的特色和精神内核。恰如中华传统文化既有历史性和阶级性，又有民族性和超越性一样，它的适应于农业文明时代的阶级局限性固然需要被摒弃，但它的民族性和超越性的方面构成优秀传统文化的内核，这些需要我们继承、坚持和发展，进而以之为根基创造中华民族现代文明。习近平总书记指出，"中华优秀传统文化源远流长、博大精深，是中华文明的智慧结晶，其中蕴含的天下为公、民为邦本、为政以德、革故鼎新、任人唯贤、天人合一、自强不息、厚德载物、讲信修睦、亲仁善邻等，是中国人民在长期生产生活中积累的宇宙观、天下观、社会观、道德观的重要体现，同科学社会主义价值观主张具有高度契合性"③。这里提到的中华优秀传统文化及其表现是中国人的精神之超越性的实质内核，它是中国人之所以是中国人的内在规定性，强调责任高于权力，集体高于个人，奉献高于索取，具有某种永恒性。习近平总书记针

---

① 《毛泽东选集》第3卷，人民出版社1991年版，第860页。

② 《毛泽东选集》第3卷，人民出版社1991年版，第865页。

③ 习近平：《高举中国特色社会主义伟大旗帜　为全面建设社会主义现代化国家而团结奋斗——在中国共产党第二十次全国代表大会上的报告》，人民出版社2022年版，第18页。

对中华文明的突出特性，强调有五个方面：连续性、创新性、统一性、包容性、和平性。①它对于治疗当今世界的精神病症，比如过度的欲望、贪婪、过度消费、享乐主义等，对于克服资本逻辑的操控和拜物教现象，具有积极意义。

实现精神本身的超越性的可能性是存在的。这种超越并不是非历史非阶级的永恒性，而是超出眼前、表面和局部，走向长远、本质和整体。从第二个维度看，精神富有的特征有以下两个方面。

其一，超越性。这里的超越是形而上的超越，但不同于传统形而上学的理念世界之构建。柏拉图的两个世界之区分是西方哲学的奠基性问题，这两个世界中，理念世界是真实的、永恒的、绝对的、唯一的世界，感性世界是不真实的、变动的、表象的、多元的世界。理性对感性的压制和宰割，构成整个西方的历史。十九世纪中叶以来的现代西方哲学就是要抛弃这种二元割裂，重新强调感性、经验、现实等。强调感性本身并没有错，问题在于把这种观念绝对化，这就导致消极的后果。这就是虚无主义的泛滥。人蜕变为经济动物，变得算计和功利，经济利益和其他利益使得人们常常无视良心和常识，突破社会道德底线，造成整个社会人文精神的失落，人变得卑俗不堪。超越性就是要超出眼前的个人主义、利己主义和功利主义考量，主张目的性的回归、理想性的确立、精神家园的建构。它是从眼前到长远，从局部到全局，从现象到本质。文化工业批判和反思就是对启蒙运动等所演进而形成的理性至上主义的批评，也是对人的超越性丧失之自觉和担忧。从其本质上看，它是私有制和资本逻辑的过度膨胀，造成价值理性的萎缩和人的片面发展，包括精神层面的沉沦。

其二，充实感。充实不同于丰富。文化生活的丰富是文化享有量方面的"多"和形式的"多元"，它不等于文化享有者必然有充

---

① 《习近平在文化传承发展座谈会上强调　担负起新的文化使命　努力建设中华民族现代文明》，《人民日报》2023 年 6 月 3 日第 1 版。

实的精神生活。"丰富"指向的是文化客体，"充实"指向的是文化主体。充实感是一种文化享有者的主观感受，它是心灵的安然，是"心有所归"。充实感是心灵的慰藉和支撑，是精神归宿和依托，类似于终极关切。它是生活的目的性和意义感。海德格尔指出的"无家可归"之"家"，即精神家园，也就是这种充实感的根基。现代哲人所说的流浪者之隐喻，也是现代人的精神家园丧失之后的形象描述。美学中的意境，比如"一半山水一半城""落霞与孤鹜齐飞，秋水共长天一色"等滋润心田的精神养料，已经成为遥远的过去，我们眼里现在只有干瘪的数字和利益算计。重新激活优秀传统文化的生命力，乃是获得精神生命之充实感的根和源。

解决缺乏充实感的问题有以下四种方向：一是回归宗教。重新从宗教中寻找某种寄托。这是西方人的普遍选择。当然，宗教也是当代中国人精神生活的重要领域。比如佛教、道教、基督教、天主教、伊斯兰教和民间宗教信仰等，都在当代中国有较广泛的信众。二是回归自然。这是东方文化的一般选择。所谓的归隐田园，寄情山水，云卷云舒，潮起潮落，在泥土和大地中静心和修养，所谓的放下，就是摒弃功利主义和世俗的各种偏见，寻找本心，重建价值体系和自我认知。三是重返传统。所谓的"此心安处是吾乡"，就是自在、坦然、不争，所谓"也无风雨也无晴"的淡然超脱，就是本体论意义上的精神生存。优秀传统文化是我们的根脉和魂之所在。这种重返有一定的道理，也是一种普遍现象。但它能否契合时代特点和要求，这是问题的关键。习近平总书记强调："优秀传统文化是一个国家、一个民族传承和发展的根本，如果丢掉了，就割断了精神命脉。我们要善于把弘扬优秀传统文化和发展现实文化有机统一起来，紧密结合起来，在继承中发展，在发展中继承。"[①] 也就是说，我们要古为今用，推陈出新，避免复古主义和文化虚无主义的两种

---

① 《习近平新时代中国特色社会主义思想专题摘编》，中央文献出版社、党建读物出版社 2023 年版，第 326 页。

偏颇倾向，坚决避免厚古薄今。四是重建理想。这就是放弃原来的虚幻的超感性世界之后，也不堕落为纯粹的经济动物，不安于享乐主义和感性消费、欲望至上等，在现实世界重建此岸的理想性，这种理想性不是虚构，而是"大我"的价值取向，遵循着历史的本质和趋势，不屈服于现存的压迫，按规律办事。

结语

　　精神富有的两个维度之间是辩证的关系。二者的联系在于，第一个维度是第二个维度的条件，第二个维度是第一个维度的内在价值和灵魂。离开第一个维度，第二个维度就会无所凭依，根基动摇；离开第二个维度，第一个维度就迷失方向和丧失提升的力量。当然，这里要准确理解这个条件的含义。俗话说，腹有诗书气自华。这个说法并不准确。只有那些从本体论意义上对待诗书的人，而不是仅仅从认识论和方法论意义上对待诗书的人，才能通过读书滋养自己的心灵，从而变得精神富有。区别在于，第一个维度是依托和底座部分，第二个维度是"立心""立魂"的工作，二者不能混淆。

　　解决精神富有问题要注意以下三点：一是人民性。以人民为中心是精神富有的根本取向。它体现为人民生活是文化艺术的原料库和创作源泉，文化艺术出发点和落脚点是满足人民的精神文化需求，人民的需要是文化艺术存在的根本价值所在。二是民族性。民族性在于强调优秀传统文化是重要的文化资源，要充分利用。这种利用不是简单的回归和复古，而是要实现它的创造性转化和创新性发展，从而做到守正创新。优秀传统文化是当代中国人的心灵得以安顿的根。马克思主义是当代中国人的心灵得以安顿的魂。特别值得提醒的是，我们要反对盲目排外和全盘西化两种极端化的观点。毛泽东曾说："中国应该大量吸收外国的进步文化，作为自己文化食粮的原料，这种工作过去还做得很不够。……但是一切外国的东西，如同我们对于食物一样，必须经过自己的口腔咀嚼和胃肠运动，送进唾液胃液肠液，把它分解为精华和糟粕两部分，然后排泄其糟粕，吸收其精华，才能对我们的身体有益，决不能生吞活剥地毫无批判地吸收。"① 三是时代性。时代性在于强调精神生活的时代特征和实践根基。比如，文艺工作者要了解时代，把握时代，反映时代，如果脱离群众，生活空虚，语言苍白，不接地气，这就难以有好作品。

2023 年 6 月 2 日，习近平总书记在出席文化传承发展座谈会并发表重要讲话指出，"在新的起点上继续推动文化繁荣、建设文化强国、建设中华民族现代文明，是我们在新时代新的文化使命。要坚定文化自信、担当使命、奋发有为，共同努力创造属于我们这个时代的新文化，建设中华民族现代文明"②。精神富有的核心在于加强文化建设，培育和弘扬社会主义核心价值观，从而起到凝魂聚气、强基固本的作用。丰富人民精神家园必须创作生产优秀作品。优秀作品要传播当代中国价值观念，体现中华文化精神，反映中国人的审美追求，实现思想性、艺术性和观赏性的有机统一。"优秀作品并不拘于一格、不形于一态、不定于一尊，既要有阳春白雪、也要有下里巴人，既要顶天立地、也要铺天盖地。只要有正能量、有感染力，能够温润心灵、启迪心智，传得开、留得下，为人民群众所喜爱，这就是优秀作品。"③ 教育是实现精神富有的重要途径。这里的教育不是工具性的教育，不仅仅是技能的培养，更是成人之学的教育，是全人教育，是斯文和素养的教育，是人文情怀和家国情怀，是社会责任感和担当精神的培养，是铸魂工程，是以文化人和以文

① 《毛泽东选集》第 2 卷，人民出版社 1991 年版，第 706—707 页。

② 《习近平在文化传承发展座谈会上强调　担负起新的文化使命　努力建设中华民族现代文明》，《人民日报》2023 年 6 月 3 日第 1 版。

③ 《习近平新时代中国特色社会主义思想专题摘编》，中央文献出版社、党建读物出版社 2023 年版，第 320 页。

育人，是熏陶和启迪人的心灵。古人云："发乎情，止乎礼。""礼"是一个规范，它需要克制和人文教化。知识的丰富是构建充实精神家园的前置条件。我们要避免培养出有文凭、有学养但没有教养、极端自私自利的"有文化的野蛮人"。

高质量推进县域精神富有的实践机制与路径[*]

——基于德清案例的研究

章秀英

章秀英，浙江工业大学马克思主义学院副院长，教授

* 本文主体部分发表于《之江策》："如何建设高质量全民精神富有的县域?"（2022 年 6 月 25 日），文章中关于德清的相关材料主要来自德清县委宣传部，在此表示诚挚感谢。

党的二十大报告指出，"中国式现代化是全体人民共同富裕的现代化，是物质文明与精神文明相协调的现代化"①。物质富足、精神富有是社会主义现代化的根本要求。"郡县治、天下安"，县域是国民经济发展和统筹城乡经济社会发展的基本单元。改革开放以来，中国经历了波澜壮阔的城镇化进程，农村人口向城市特别是东南沿海城市流动，伴随城市产业发展和空间拓展，城乡公共文化服务水平差距扩大，以县域为中心、乡镇为纽带、农村为腹地的区域，人口外流、农业衰败，县域精神富有建设面临严峻挑战。进入新时代以来，随着中国经济结构调整以及新型城镇化战略推进，返乡人口和进城人口向县城流动聚集，一些县城走特色产业发展之路，建成了文化繁荣、产业振兴的现代化县城，在推进城乡公共文化服务一体化，促进人民精神生活共同富裕上发挥着示范作用。国内学界近年来围绕精神富有的意义、内涵、内容、价值遵循、实践路径开展了较为深入的探讨，但对当前中国县域层面如何推进精神富有实践案例的探讨较为欠缺。

德清县位于长三角腹地，浙江省北部，与杭州、桐乡、湖州、安吉等市（县）毗邻，境内有著名的莫干山国家级风景名胜区，德清县经济发达，富有改革创新精神，承担省级以上改革试点 144 项。2021 年，中共中央、国务院支持浙江高质量发展建设共同富裕示范区，德清将精神富有作为创建县域共同富裕示范的最亮底色，首创"百姓设奖奖百姓"道德治理载体，以"农家书屋 + 新

---

① 习近平：《高举中国特色社会主义伟大旗帜　为全面建设社会主义现代化国家而团结奋斗——在中国共产党第二十次全国代表大会上的报告》，人民出版社 2022 年版，第 22 页。

华书店"创新公共文化服务多元供给模式，艺术乡建繁荣乡村文化活动和引育乡村文艺人才，德清公共文化服务均等化、城乡统筹的案例成为联合国践行《2030 年可持续发展议程》的典范。系统总结德清县打造全民精神富有的创新举措、推进机制和实践路径，对于当前推进县域层面精神富有的中国式现代化具有借鉴和启示意义。

一　德清县打造县域精神富有先行地的创新举措

衡量县域现代化程度，不仅要看物质文明发展，还要看其精神文明程度，要看县域人民群众精神丰裕与自由发展的状态。为此，县域层面的精神富有不仅指个体在理想信念、道德生活、文化生活、心理生活等层面的丰富与发展，还指县域整体文化繁荣、文明和谐的精神气韵。为此，德清明晰打造"理想信念强、道德品行美、文化生活优、社会风尚好"的全民精神富有奋斗目标，推出了"八大创新举措"。

1. 打造"德"文化品牌，构筑精神家园。中华优秀传统文化具有长久的影响力、感染力和穿透力。德清将"人有德行，如水之清"优秀传统文化融入社会主义核心价值观，凝练为"德文化"品牌，建立德清城市品牌实验室，引入专家团队进行系统打造，申请成为全国首个入选新华社民族品牌工程的县域品牌。为了宣传推广文化品牌，通过县级 AI 赋能融媒体中心，依据自媒体、新闻媒体、文艺巡演、美术创作、道德论坛等方式宣传"德文化"；将"德文化"融入传统民俗活动，以"游子文化节"为龙头，"新市蚕花庙会""浙北乾龙灯会""防风文化节"等节庆活动传承"德文化"；将"德文化"融入城市景观，融入群众的日常生活，以文化礼堂、文化校园、文化车间、文化广场等文化阵地践行"德文化"，在传播践行"德文化"中记住乡愁，以文化品牌共筑凝心聚力的精神家园。

2. 激发民间道德力量，发挥道德榜样示范效应。引导培育"民间设奖"平台，由群众自发设立"道德草根奖"，涵盖孝敬父母、助人为乐、保护环境、见义勇为等家庭道德、职业美德、社会公德各个领域，借力数字化扩大影响力，以"百姓设奖、奖励百姓"方式，有效激发民间道德力量；持续推进"最美工人""最美社工""最美教师""最美民政人"等道德典型评选活动，丰富道德模范类型，形成道德模范的群体效应。通过县域新闻媒体开设《善行德清》《社会主义核心价值观》等栏目宣传模范事迹，设立全国首家公民道德教育馆展览模范事迹，利用融媒体发展优势，打造"线上"道德馆，创作文艺精品弘扬模范事迹，通过以小人物的道德风采及其感人事迹感召人们，发挥道德榜样示范效应、全面改进社会道德风尚。

3. 奖善罚恶，形塑"德者有得"义利文化。积极推进诚信制度建设，出台《德清县企业信用体系建设实施方案》《企业信用分类监管实施办法》，建立健全联合奖惩协同机制，运用"线上平台"、诚信积分制、红黑名单和信用修复机制等"数字化"手段，对诚信失信行为实施奖惩和教育。开展"讲道德·更健康"诚信农产品工程，"讲道德·更受益"道德信贷工程，"讲道德·更和谐"和谐医患关系创建活动，将"讲诚信、重品德"价值导向融入群众生产生活中，探索建立"道德银行"，以适度的物质激励推动精神文明建设，让"德者有得"理念深入人心。

4. 构建"五化"志愿服务活动模式，营造友爱互助的社会氛围。依托新时代文明实践"中心—所—站—点"四级阵地体系，以规范化、项目化、专业化、数字化、全域化推进志愿服务；建立志愿服务领导机制、考评机制，出台《德清县志愿者激励嘉许办法》，运用公益积分激励志愿服务行为；整合党政与社会组织资源，孵化、扶持"医路同行365""爱出者爱返"等120项志愿服务项目；依托"德文化学院""长三角志愿服务培训中心"提升志愿服务专业化水平；构建线上线下志愿服务联动机制和线上志愿服务管理模式；组建覆盖县、镇、村三级的志愿服务组织，聚焦空巢老人、残疾人等群体，瞄准就医、出行、救灾等群众急事难事提供帮助，营造友爱互助的社会氛围。

5. 实施"三文明"创建工程，提升社会生活文明程度。以创建文明城市为抓手，坚持民生导向，强化组织领导，构建全链条的责任体系；依托城市大脑，加强对交通秩序、渣土车辆、环境卫生、违章建筑等智慧化监管；采用网格化管理和专项整治，打造优美环境、优良秩序和优质服务，提升群众获得感和满意度。统筹"数字乡村一张图"，研发启动全国首个农村环境卫生全域整治智能监管系统——"德清·居"，推进农村人居环境全域整治，出台移风易俗实施细则，创建文明乡镇。弘扬"德清嫂好家风"，开展"文明家庭"创评工作，组织讲家风故事大赛、家庭情景剧比赛、家风文化节等活动，深化文明家庭细胞创建。引导群众参与创建工作，在参与中引导教育群众、凝聚群众，提升群众文明素养和社会文明程度。

6. 推进公共文化服务设施全覆盖，丰富城乡居民文化生活。构建"15分钟文体服务圈"，实现县、镇、村三级公共文体设施全覆盖：统一基础设施建设标准，打造"最乡土""最融洽""最重孝"等89家主题型文化礼堂，建成多条文化礼堂示范带；积极推进"瓷之源""珠之源"等"源文化"博物馆群建设；新建县非遗馆、改建县文化馆、优化提升德清大剧院，谋划推进"德享美好"十大标识性项目，使之成为具有审美品位、艺术气息、文化内涵，充满科技感的新型文化地标。打造"我们'德'系列服务品牌"，在民宿、社区、图书馆、员工书屋、景区书屋、农村文化礼堂举办运动会、村晚等多场文体活动；通过政策扶持和财政补贴推进文旅、体旅、农旅深度融合，丰富旅游产品，壮大夜游经济，促进居民文旅消费，丰富居民业余文化生活。

7. 遍布城乡的悦读悦享服务体系，提升人民群众文化素质。构建以县图书馆为基础，以镇（街道）特色分馆为主线的城乡公共图书馆服务体系，在全县建成图书分馆 15 家，"我们'德'书屋" 190 多个，打造 "15 分钟阅读圈"；率先试点开展 "新华书店 + 农家书屋" 微改革，推动形成公益阅读服务点和经营性实体互融互通的生动局面；通过 "书香进军营"、"民宿 + 书屋"、企业读书角等方式，构建纵横互联的公共图书服务模式，覆盖广泛、便捷高效的阅读设施大大提高了阅读的便捷性。首创 "驻馆作家" 项目，由著名作家、学者以开讲座、座谈会、读书会等形式加强阅读引领，发挥名人效应，涵育 "好读书、读好书、善读书" 的良好风尚。全民阅读提升人民群众文化素质和文明素养，为精神富裕启智增慧。

8. 艺术乡建赋能文化精品创作，激发精神富有的深层力量。布局作家村、编剧村、美术村、摄影村、书画村等新业态，邀请著名作家、书画家，深入德清山水古迹，考察采风、进行创作，产生了著名作家张抗抗的《我的德清外婆家》、何建明的《德清清地流》及潘向黎的《莫干茶 莫干水》等文学作品，陆严少的《上柏山居图》、费新我的《德清大桥图》等书画作品，这些具有原创性、文质兼美的名家作品，通过媒体的广泛传播，展现了德清人文之美、山水之美，激发了人民群众的德文化自信。艺术乡建引领文化精品创作工程，以德清县的抗日英雄、道德模范为原型，创作一批具有强烈家国情怀和高尚道德情操的文艺作品，例如纪录片《重读抗战家书——褚定侯：背水一站 视死如归》、微电影《德清若水》、现代越剧《德清嫂》、数字电影《守》、长篇报告文学《一百年的暗与光》，采用明星班与草根班双轨运作模式，让影视作品既走进国家大剧院，也登上乡村小舞台，通过传播具有强烈家国情怀的文艺作品，激发精神富有最深层的力量。

二　打造全民精神富有县域先行的推进机制

1. 党建引领机制。德清县委明确政府在推进县域精神富有中的主体责任，主动作为和积极谋划，增强党员干部对推进县域精神富有重要性认识，凝聚创建县域精神富有先行地共识。通过党建联盟组成"红色组团"，选准基层党组织带头人，发挥基层党组织战斗堡垒作用，实现组织引领。利用党的执政优势，汇聚资源要素，以土地改革引领深化"两进两回"，吸引返乡人才创新创业，引入乡村运营师，策划推进乡村文旅产业发展，引入城市文艺人才，帮扶乡村艺术振兴，以新时代文明实践中心为阵地引导社会精神文明建设，为推进全民精神富有实现思想引领、组织引领和资源引领。

2. 专班工作机制。按照省市架构打破原来的部室界限，进行内部流程再造，从相关部门抽调业务骨干组建"精神富有"专项小组，实体化开展工作，由专班统筹协调县域精神富有工作，围绕打造"红色根脉传承地、道德价值标杆地、源文化展示地、文化生活富足地、文明实践示范地、文化智融共享地"的"六个地"目标，用项目化形式明确18项具体任务，通过绩效考核与评估，夯实专班成员责任，细化工作举措、完成时限、责任单位和责任人，通过流程细化、责任到人，围绕工作目标，高效执行、全力推进，发挥集中力量办大事的制度优势。

3. 多元协同机制。为了破解精神文明建设公众参与度低、民间力量薄弱等问题。德清县探索市场参与公共文化产品供给的有效模式，创新开展"新华书店＋农家书屋"微改革，政府制定优惠政策，整合资源，引进新华书店入驻农家书屋，由村集体提供场地、新华书店进行运营管理，形成农家书屋服务提升、新华书店市场拓展、村集体增收的共赢局面。将社工组织引入社区，负责提供专业化、社会化的文体活动供给，组建起覆盖县、镇、村三级共100余个志愿服务组织，建立志愿积分激励机制，打响了"德清嫂""德小青""第一响应人""清禾公益"等一批志愿组织品牌，支持社会组织参与精神富有创建实践。支持乡贤参事会、红白理事会、老年协会等民间社会组织参与村庄乡风文明建设，提高社会组织参与风俗治理、公益活动的积极性。通过政策优惠、经济激励、社会动员、市场竞争等方式激励市场、社会和公民的合作愿望，引导其参与共建共享全民精神富有的公益文化活动。

4. 监督评估机制。从"理想信念、道德品行、文化生活、社会风尚"四个维度，包含目标层、准则层、指标层三层结构，研制发布全国首个《县域精神富有评价指南》，构建精神富有指标体系，探索将测评延伸至镇（街道）层面，通过定性和定量赋分，分等级评定县域、镇（街道）精神富有各领域的实现程度，将测评结果作为工作考核的重要依据。依托一体化智能化公共数据平台，聚焦精神富有33项评价指标，建立"以数据自动沉淀为主、人工采集为辅"的精神富有信息采录感知网，不断提升评价实时性、精准性，通过评价结果可视化呈现、智能化分析，科学研判全民精神富有建设成效，监控公共文化服务供需匹配度、服务品质度、公众满意度，依据结果有针对性地调整公共政策，针对"短板"和"弱项"创新举措，优化实践路径。

三　县域推进全民精神富有的有效路径

德清县围绕县域全民精神富有"干什么""怎么干""如何保障"等问题进行深入探索，以构筑精神家园、提升文明素养、涵养道德情操、满足精神文化需求为目标导向，从夯实物质根基、推进道德治理、数字赋能公共文化服务均等化为着力点，聚力解决全民精神富有的痛点、难点问题，以评价监管及时的闭环管控机制为保障，为县域推进全民精神富有提供了有效路径。

1. 返本开新的文化基因解码，为推进全民精神富有共筑精神家园。守护精神家园就是守护自身赖以存在的文化基因。以党建为引领，将优秀传统文化基因与社会主义核心价值观深度融合，精心打造地方文化品牌，形成独具特色的文化标识。以新闻播报、文艺巡演、美术创作、微电影展播、论坛宣讲等方式宣传地方文化品牌和文化标识，将地方文化品牌和文化标识融入传统民俗活动、节庆活动中，融入文化礼堂、校园、车间、广场等文化阵地建设中，融入城市和乡村景观中，融入产业建设、社会治理、幸福美好家园建设中，让人民群众在日常生活中感受与践行。根植本土的文化觉醒和创新，能唤醒人民群众的文化记忆，激发地方文化认同与文化自信，社会主义核心价值观宣传也因带有鲜明的地方特色和本土风味，成为人民群众的自觉选择，共筑凝心聚力的精神家园。

2. 高端智能绿色的产业体系，为提升现代文明素养夯实物质根基。自信自强，具有开放意识和奋斗精神是人的现代化显著标志。社会存在决定社会意识，人的现代化是生活经验和周围环境使然。个体现代意识和改革精神是在发展高端智能绿色的产业中，在市场经济磨炼中生成与强化。高端智能绿色的产业体系还为改善生态环境、人居环境和发展环境，推进全域数字治理提供理念支撑和物质基础。城市大脑和"数字乡村一张图"助力美丽家园建设，人民群众在参与美丽家园建设中养成生态文明意识，在基层民主实践中增强民主法治意识，在参与数字治理中增强数字素养，为提升现代文明素养夯实物质根基。

3. 刚柔并济的道德协同治理，为推进全民精神富有培植道德沃土。中国自古有乐善好施的传统，政府要引导培育民间道德力量，放大群众身边先进典型的引领示范效应，以小人物的道德风采及其感人事迹感召人们。依托新时代文明实践"中心—所—站—点"四级阵地体系，整合党政部门、群团组织和民间力量，打造规范化、项目化、专业化、数字化、全域化的志愿服务模式，瞄准就医、出行、救灾等群众急事难事提供帮助，营造友爱互助的社会氛围。运用"线上平台"、诚信积分制、红黑名单，信用修复机制等手段奖惩诚信失信行为。以群众身边人身边事为原型创作文艺精品弘扬美德。以道德榜样感人事迹激发道德情感，以志愿服务践行道德行为，以文艺精品弘扬美德，是道德建设的"软机制"。红黑榜单规范社会诚信、公益积分制激励志愿服务、道德信贷以奖促德，是道德建设的"硬手段"。刚柔并济、协同治理，为共同富裕示范区培植道德沃土。

4. 数字赋能的公共文化服务供给体系，满足人民群众个性化、多样化的文化生活需求。城乡基本公共文化服务一体化是缩小城乡区域差距、实现公共服务优质共享的重要内容。德清通过户籍制度、农村产权、"多规合一"等领域改革，全面并轨依附在户籍背后的差异政策，实现城乡居民同等待遇，为公共文化服务体系的城乡一体化破除体制机制障碍。全面繁荣文艺创作，打造具有本地特色的文化产品，积极推进"文化智融共享地"建设，推进基础设施数字化变革，利用云计算、大数据、人工智能、区块链等新技术，消除城乡数字鸿沟，让数字赋能公共文化服务体系，加强未来社区文化空间建设，打造"文 E 家""邻里帮"等数字化应用场景，以在线订单方式满足人民群众个性化服务需求，让城乡人民零距离共享文化发展成果。坚持强化服务的共享性、个性化，以"敞开门，广纳言"，拓宽了社会参与渠道，围绕农家书屋功能优化、文化礼堂改造提升等事关人民群众文化生活领域，推出一批落点准、收效快的"微改革"，着力回应人民群众对更便捷、更个性化、更多样化的文化服务需求，提升人民群众幸福感获得感认同感。

5. 闭环管控的精神富有评价激励机制，为推进全民精神富有提供制度保障。德清通过引入高校、社联等社科力量，依托广大党员干部群众智慧，研究形成县域精神富有的目标体系，颁布了推进全民精神富有的系列政策文件，让创建县域精神富有工作有章可循、有法可依。同时，联合科研机构研制了全国首个县域层面的精神富有评价指标体系，以定量化指标评价、以数字化的监控平台监测评估全民精神富有建设成效，以奖善罚恶的激励机制提升公民道德素养、打造文明风尚，以责任清晰的专班工作机制为推进全民精神富有提供制度保障。

后　记

习近平总书记在党的二十大报告中全面、系统地阐释了什么是中国式现代化、怎样实现中国式现代化这一重大时代课题，详细阐述了中国式现代化的历史进程、中国特色、本质要求、战略安排、目标任务、重大原则等，初步构建了中国式现代化的理论体系。

中国式现代化理论体系蕴含丰富的哲学内涵，彰显了习近平新时代中国特色社会主义思想的世界观和方法论，开辟了马克思主义哲学中国化时代化新境界，具有重大的理论和实践意义。

为深入学习贯彻党的二十大精神，从哲学高度理解和推进中国式现代化，推动马克思主义哲学中国化时代化研究，2023年5月26—28日，"第四届中国哲学家论坛"在浙江德清县召开。论坛以"中国式现代化与马克思主义哲学中国化时代化新境界"为主题，24位国内知名哲学学者进行了深入交流研讨。会后，我们将专家学者的精彩发言结集出版。在本书付梓之际，衷心感谢大力支持第四届中国哲学家论坛的浙江湖州市委宣传部，湖州市社科联，德清县委、县政府，特别是浙江省社科联党组书记、副主席郭华巍同志，原浙江省社科联副主席谢利根同志，市委宣传部副部长、市社科联主席谢占强同志，德清县委书记敖煜新同志等，为本论坛的召开提供了许多帮助，做了大量的工作。最后，也要衷心感谢应邀出席本次论坛的各位专家学者们。

赵剑英

2023 年 10 月 20 日

德清县域基本概况

德清县名取自"人有德行、如水至清"之义，地处浙江北部，县域面积937平方公里，户籍人口44万，常住人口65万，下辖8个镇、5个街道。2022年，全县完成地区生产总值658.2亿元；财政总收入132.5亿元，其中一般公共预算收入79.8亿元；城乡、居民人均可支配收入分别为71707元和45433元。全国综合实力百强县位居第35位、科技创新百强县位列第32位、绿色发展百强县位列第27位、新型城镇化质量百强县位列第26位。

德清生态环境优美。德清"五山一水四分田"，先后获评国家级生态县、国家生态文明建设示范市县称号，坐拥"全球最值得一去的45个地方"之一的莫干山、江南最大原生态湿地下渚湖。近年来，德清深入践行"绿水青山就是金山银山"重要理念，首创"洋家乐""河湖长制"等实践经验，成功实现"五水共治"八夺"大禹鼎"、两夺大禹鼎金鼎，6个案例成功入选联合国践行2030年可持续发展议程典范。

德清人文底蕴深厚。德清拥有1800多年的建县史，是中国原始瓷器、珍珠人工养殖技术等重要发源地，孕育了沈约、孟郊、赵孟頫、俞平伯等历史文化名人，形成防风文化、游子文化等独特地域文化。精神富有彰显特色，"德文化"底蕴深厚，先后首创"百姓设奖奖百姓""乡贤参事会"等实践做法。全国文明城市创建和复评均列全国县域第一；"构建量化闭环精神富有实现机制"入选第二批浙江省共同富裕试点地区，形塑"德文化"推动全民精神富有入选省共富最佳实践。

德清交通区位优越。作为浙苏沪、杭嘉湖"空间地理中心"，德清主动融入长三角一体化、"四大"建设、湖杭一体化等国家和省市发展战略，全面发挥要素导流节点作用。杭州绕城高速西复线将全县2/3的区域划入其中。杭宁、湖杭高铁开通后，德清与上海、南京、宁波、合肥等长三角核心城市均在两小时交通圈内，其中县城武康到杭州东站、西站13分钟，以后到上海45分钟。随着杭德市域铁路加快建设，将与杭州真正实现无缝对接。建成的莫干山机场成为全国首个拥有三字代码的通用机场。

德清产业基础厚实。高端装备制造、生命健康、绿色智能家居三大主导产业集聚提升，累计上市企业13家。德清地理信息、通航智造、人工智能等战略性新兴产业蓬勃发展，成功举办首届联合国世界地理信息大会，联合国全球地理信息知识与创新中心正式成立，成为全国县域唯一的国家新一代人工智能创新发展试验区，北斗地信未来产业先导区成功入选省级培育创建名单，获批全省唯一的国家地理信息服务出口基地。莫干山国家高新区、国家级旅游度假区和省级经济开发区等三大平台"矩阵效应"不断凸显，莫干山国家高新区排名实现"五连跳"、提升至全国第54位。

德清城乡协调融合。从2014年率先推进全省唯一的城乡体制改革试点起步，聚力破除城乡二元结构，33项城乡差异政策全面并轨，城乡公交、住房保障、供水、供气、污水处理、垃圾处理"六个一体化"全面实现，2022年城乡收入比降低至1.58∶1的全国领先水平。乡村振兴走在全国前列，A级景区村庄实现全覆盖，以全省第一成绩入选国家乡村振兴示范县，连续四年获评全国县域数字农业农村发展水平先进县，在全国农村人居环境评价中位居第一，全省农业现代化发展水平综合评价实现"六连冠"。

德清改革创新先行。德清历来是一个善于改革创新的地方，二十世纪八十年代，在全国首创了产学研结合的"德清模式"。1984年，在德清召开的莫干山会议，为二十世纪八十年代的改革提供了重要思路。近年来，持续打响"停不下来"改革品牌，累计承担省级以上改革试点 300 余项，全国首宗集体经营性建设用地入市、全国首张宅基地"三权分置"权证、全省首宗"标准地"等改革经验在德清诞生，数字乡村集成改革获全省改革突破奖银奖。科技创新走在前列，研发投入强度提升至 4.17%、跃居全省县域第二，创新指数跃居全省县域第三。德清已被纳入杭州城西科创大走廊北翼规划管理建设，城西科创大走廊北翼中心"一城一圈一谷"加快推进，浙江工业大学科技园正式揭牌。迭代升级人才新政 5.0 版，"海外优青""鲲鹏计划""省级团队"实现历史性突破、均入选 2 个，三年累计入选国家"引才计划"38 名，获评全省人才工作优秀县五连优。

浙江·德清

浙江·德清

浙江·德清

浙江·德清